中国工程院重点战略咨询项目(2019-XZ-60) 资助

现代能源与矿业治理体系

王国法　王成山　孙春升　庞义辉　等　编著

应急管理出版社

·北　京·

内 容 提 要

本书针对我国能源与矿业安全发展面临的风险与挑战，分析了碳达峰、碳中和目标下我国能源需求变化及发展格局，研究了5G、大数据、区块链、人工智能等新一代信息技术的特点及在能源与矿业领域的应用前景，提出了基于新一代信息技术助力我国能源与矿业治理体系变革的技术路径。从能源生产、能源运输、能源消费、能源市场与政府监管五大环节详细论述了新一代信息技术与能源矿业开发利用技术融合发展的技术方向及应用场景，阐述了新一代信息技术支撑能源与矿业治理体系重构，构建了能源与矿业体系治理新模式的战略思路，提出了基于新一代信息技术助力国家能源产业革命的相关政策建议。

本书可供政府及政策制定相关研究人员使用，也可以作为智能化矿山建设相关科研人员及高等院校的教学参考用书。

指 导 专 家

谢克昌　苏义脑　彭苏萍　张铁岗　谢和平　袁　亮
舒印彪　张玉卓　周守为　刘吉臻　汤广福　蔡美峰
金智新　范维澄　岳光溪　武　强　顾大钊　康红普
王双明　李根生　李　阳　孙金生　王运敏

主要撰写人员

王国法　王成山　孙春升　庞义辉　杨　挺　郭建利
任怀伟　胡亚辉　张　鹏　陈佩佩　牛艳奇　于洁潇
商德勇　雷明星　刘亚闯　张　潇　侯昱丞　蔡绍堂
霍国平　徐亚军　赵国瑞　牛宇卿　蒋　磊　张　文
杜毅博　耿毅男　张德生　王珩瑜　赵黎媛

前　言

能源是人类文明进步的基础和动力，攸关国计民生和国家安全，关系人类生存和发展，对于促进经济社会发展、增进人民福祉至关重要。

新中国成立以来，在中国共产党的领导下，中国自力更生、艰苦奋斗，逐步建成较为完备的能源工业体系。改革开放以来，中国适应经济社会快速发展的需要，推进能源全面、协调、可持续发展，成为世界上最大的能源生产消费国和能源利用效率提升最快的国家。

党的十八大以来，中国发展进入新时代，中国的能源发展也进入新阶段。习近平总书记提出“四个革命、一个合作”能源安全新战略，为新时代中国能源发展指明了方向，开辟了中国特色能源发展新道路。中国坚持创新、协调、绿色、开放、共享的新发展理念，以推动高质量发展为主题，以深化供给侧结构性改革为主线，全面推进能源消费方式变革，构建多元清洁的能源供应体系，实施创新驱动发展战略，不断深化能源体制改革，持续推进能源领域国际合作，中国能源进入高质量发展新阶段。

生态兴则文明兴。面对气候变化、环境风险挑战、能源资源约束等日益严峻的全球问题，中国树立人类命运共同体理念，促进经济社会发展全面绿色转型，在努力推动本国能源清洁低碳发展的同时，积极参与全球能源治理，与各国一道寻求加快推进全球能源可持续发展新道路。习近平主席在第七十五届联合国大会一般性辩论上宣布，中国将提高国家自主贡献力度，采取更加有力的政策和措施，二氧化碳排放力争于2030年前达到峰值，努力争取2060年前实现碳中和。新时代中国的能源发展，为中国经济社会持续健康发展提供有力支撑，也为维护世界能源安全、应对全球气候变化、促进世界经济增长做出积极贡献。

在经济全球化深入发展和中国现代化加快推进的大背景下，为了应对经济结构转型升级与经济发展的新常态，我党提出把推进国家治理体系和治理能力现代化作为深化改革的总目标。推进国家治理现代化是中国改革战略全局的治本之策，是中国完成国家转型的关键。作为中国改革战略的重要组成部分，能源与矿业也从国家治理现代化的理念中得到启示：中国能源革命的成功离不开能源治理体系和治理能力现代化。推进现代化的能源治理将为中国的能源革命带来新的能源科学技术、新的能源体制机制、新的能源法律体系，现代化的能源治理带来的新机遇，势必为中国能源革命扫除体制顽固、法律缺失等阻碍，进一步推动中国能源革命的前进，而能源治理作为国家治理的重要组成部分，对国家经济快速持续健康发展具有重大意义。

本书紧密围绕十九届四中全会提出的推进国家治理体系和治理能力现代化的任务，服务于能源与矿业领域借助科技支撑手段提升国家治理体系和能力建设的总体目标，分析了国内外能源与矿业发展现状与趋势，阐明了中国现代能源与矿业治理体系的内涵，提出了以新一代信息技术作为重要科技支撑手段的现代能源与矿业治理体系架构，研究了5G、大数据、人工智能和区块链等新一代信息技术的演进与发展，描绘了能源与矿业开发和利用的发展态势与需求，探索了新一代信息技术与传统工业技术的融合发展方向，分析了技术融合对能源与矿业领域生产、运营和利用的深刻影响。

本书编写过程中得到了中国工程院重点战略咨询项目“创新应用5G、区块链、大数据和人工智能技术推进能源与矿业治理体系的战略研究”（编号：2019－XZ－60）的资助。本书出版得到了中国工程院、中国煤炭科工集团、中国矿业大学（北京）、天津大学、煤炭工业规划设计研究院等单位的大力支持。

张铁岗院士、刘韵洁院士、余贻鑫院士、袁亮院士、蔡美峰院士、孙金声院士、汤广福院士、王双明院士、舒印彪院士对本书的编写给予了指导，特别是中国煤炭工业协会的梁嘉琨会长、刘峰副会长、张宏书记等对本书的编写给予了关心和指导，在此一并表示衷心的感谢。

由于水平有限，很多问题仍需要进一步深入研究，疏漏之处在所难免，敬请读者不吝指正。

作　者

2021 年 10 月

目　次

第一篇　现代能源与矿业治理体系总体架构

第二篇　中国能源与矿业治理体系技术演进

第一篇

现代能源与矿业治理体系总体架构

第一章 能源与矿业发展现状分析

第一节 世界能源、矿业发展现状与趋势

一、国内外宏观环境

（一）国际经济环境

2020年新型冠状病毒肺炎疫情（以下简称新冠疫情）在全球范围内蔓延。截至2020年9月10日，全球累计确诊新冠肺炎病例超过2773万例，累计死亡病例接近90万例；除一些国家疫情有所缓和外，大部分国家疫情依然严重，新增确诊病例和死亡病例仍持续增加。例如，美国累计确诊病例超过658万例，累计死亡病例超过19万例，印度累计确诊病例超过455万例，累计死亡病例超过7万例。巴西、西班牙等国家疫情仍在蔓延中。新冠疫情对主要经济体的打击十分巨大，世界经济陷入衰退。在就业方面，新冠疫情触发的社交距离限制措施导致大规模失业。受新冠疫情的影响，全球经济形势严峻，据IMF预测的世界GDP增速如图1-1所示，2020年全球GDP增速为-4.9%，发达经济体GDP增速为-8.0%，新兴市场和发展中经济体GDP增速为-3.0%，低收入家庭受到的负面影响尤其严重，损害了20世纪90年代以来在减少极度贫困方面取得的显著进展。摩根大通发布的全球PMI如图1-2所示，全球综合PMI、制造业PMI、服务业PMI在2020年4月受新冠疫情影响降到了最低点，其中全球综合PMI降到了26.2%，全球制造业PMI降到了39.6%，4月后3项PMI指数逐渐回升，到2020年7月3项PMI指数已经恢复到荣枯线50%以上。

由于新冠疫情全球扩散，使得生产者、消费者信心严重受挫，在这个特定背景下，某些逆全球化思潮重新抬头，孤立主义、单边主义、民族主义和贸易保护主义盛行。另一方面，新冠疫情蔓延严重影响双边、区域贸易投资自由化和经济一体化进程，如新冠疫情的全球性大流行，使很多疫情暴发国无暇顾外。更重要的是，各种逆全球化思潮、主张严重冲击经济全球化，导致双边、多边的自由贸易安排与区域经济一体化进程受到严重影响。全球产业链供应链已呈现出本地化、

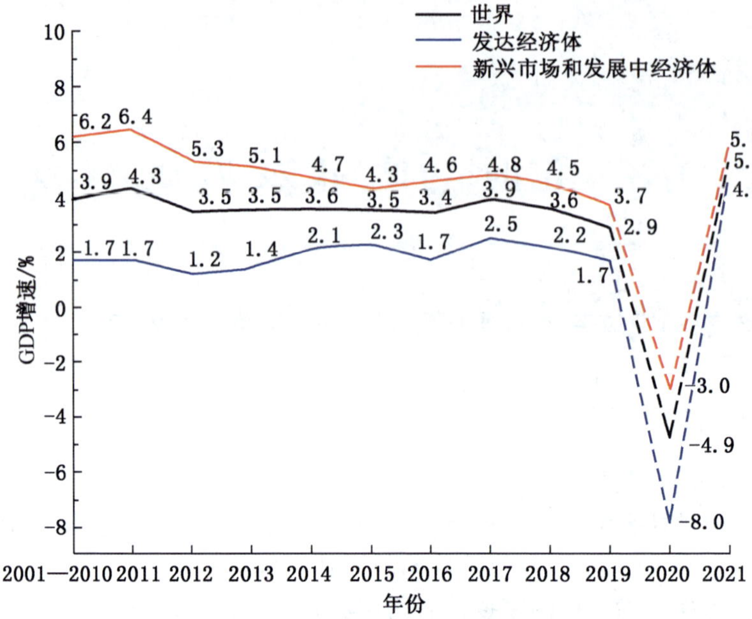

图 1-1 世界 GDP 增速及预测

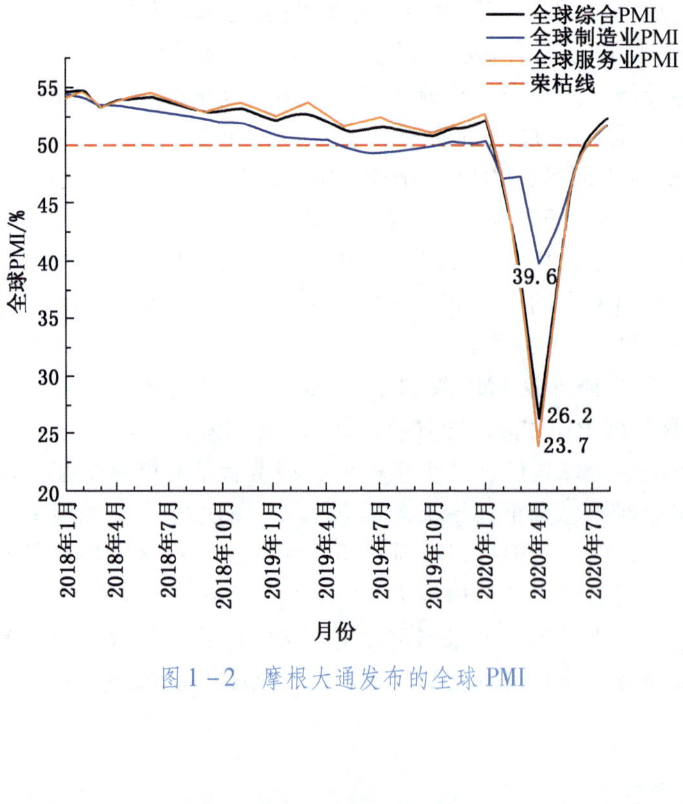

图 1-2 摩根大通发布的全球 PMI

区域化、分散化的逆全球化趋势，新冠疫情对全球生产网络产生了巨大冲击，各国都会从供应链安全角度进行供应链调整，这必然会加剧经济去全球化的趋势，全球产业链供应链布局面临巨大调整的可能。

受新冠疫情影响，全球石油需求大幅度减少，国际原油市场供应大于需求的形势严重，国际原油价格被严重压低。从2020年3月开始，由于受新冠疫情和原油价格战影响原油价格快速下跌，4月20日WTI油价甚至首次跌为负值。4月12日，以沙特阿拉伯和俄罗斯为首的“OPEC＋”产油国最终就联合减产达成协议，这是世界石油工业诞生以来最大的一次减产行动。从8月起OPEC＋开始正式执行第二阶段的减产计划，但部分非洲国家如尼日利亚、安哥拉和伊拉克等中东国家前期减产执行严重不达标，原油供应量出现“不降反升”的情况，随后在沙特阿拉伯给予的强压和带头积极减产的作用下，部分国家从8月起实施惩罚式减产，最终导致原油出口量并未出现明显上升。当前石油市场正进入需求淡季，北半球进入冬季后新冠疫情可能迎来新的反扑浪潮，国际产业链、供应链循环受阻，令石油需求受到压制，同时库存过剩状况已开始凸显，国际原油市场预计仍供过于求，国际油价反弹回升面临很大的不确定性。

新冠疫情在全球暴发后，美国和日本政府明确表示动用财政力量对产业链迁回本国或迁离中国至第三国的企业给予政策支持，涉及的厂房、设备、知识产权、基建等费用由政府买单，以保证自身产业链的完整性和经济自主性，摆脱对他国尤其是中国制造品的过度依赖。同时，美国加大了对中国技术产业发展雄心的钳制，禁止世界各地的公司使用美国技术向华为等科技公司供应核心部件。

中美贸易和科技上的加速脱钩，意味着经济全球化高峰时代已经结束，“未来的全球化，或许‘是一个世界、两个市场’，产业链去中国化加剧。未来的世界经济有可能形成两个平行的国际供应链，一个以美国为中心，一个以中国为中心”。新冠疫情促使世界各国反思全球化，世界经济即将迈入“有限的全球化”阶段，即全球化进程不会停止，但会改变其形态，以前的全球化所带来的一些负向影响需要消化，并寻求经济全球化与经济自主性之间新的平衡。

（二）国内经济环境

2018年国务院政府工作报告指出：“按照高质量发展的要求，统筹推进‘五位一体’总体布局和协调推进‘四个全面’战略布局，坚持以供给侧结构性改革为主线，统筹推进稳增长、促改革、调结构、惠民生、防风险各项工作”；“上述主要预期目标，考虑了决胜全面建成小康社会需要，符合我国经济已由高速增长阶段转向高质量发展阶段实际”。

我国经济数据全面收缩。2020年第二季度，我国GDP为250110亿元，按不变价格计算，同比增长3.2%（图1-3），第一季度下降6.8%，经济增速实现由负转正，整体呈现快速回升态势。其中，第一产业增加值15867亿元，增长3.3%；第二产业增加值99121亿元，增长4.7%；第三产业增加值135122亿元，增长1.9%。2020年上半年，我国GDP为456614亿元，比2019年同期下降1.6%。其中，第一产业增加值26053亿元，增长0.9%；第二产业增加值172759亿元，下降1.9%；第三产业增加值257802亿元，下降1.6%（图1-4）。工业生产由降转升，2020年上半年规模以上工业增加值降幅逐步收窄，1—6月，工业生产同比下降1.3%，降幅较第一季度收窄7.1%。其中，第二季度工业生产同比增长4.4%，第一季度下降8.4%。4月、5月、6月，同比分别增长3.9%、4.4%、4.8%，增速逐月加快。分三大门类看，第二季度，采矿业、制造业以及电力、热力、燃气及水生产和供应业均实现由降转升，同比分别增长1.1%、5.1%、3.2%。6月，三大门类分别增长1.7%、5.1%、5.5%，较5月均有所加快或保持稳定。

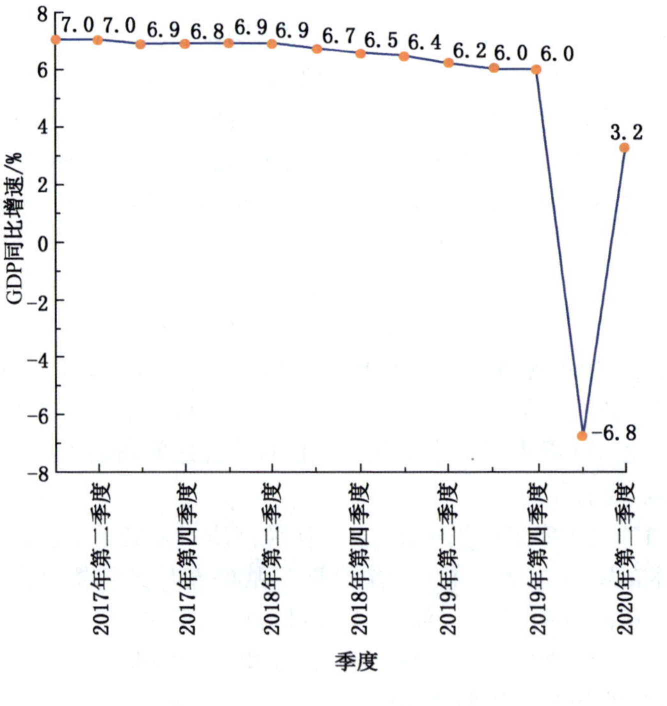

图1-3　我国2007—2020年季度GDP同比增速

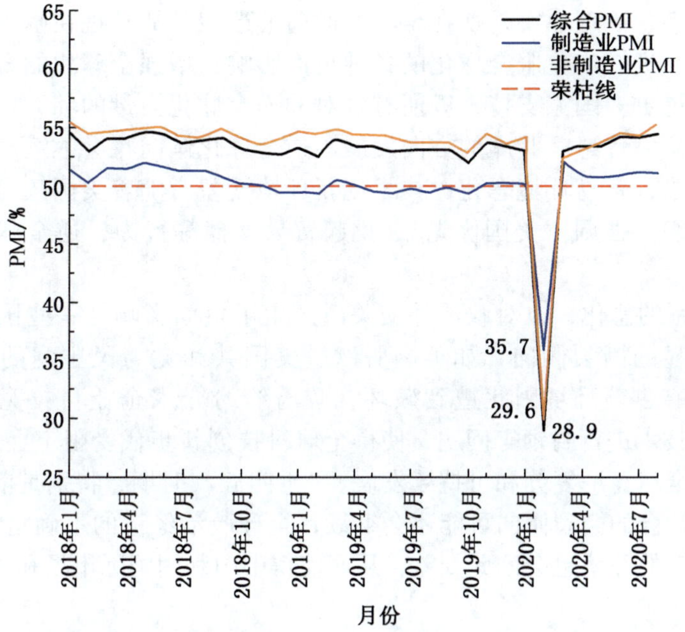

图 1－4　我国 2018—2020 年月度 PMI

制造业能耗普遍下降。新冠疫情所带来的影响使得制造业发展不振，造成能源需求锐减。中国物流与采购联合会公布 2020 年全球制造业采购经理指数为 47.8%，较 2 月回升 0.4%，但连续 2 个月运行在 50% 以下。中国制造业加快恢复，制造业采购经理指数明显回升，是 3 月全球制造业采购经理指数小幅度回升的主要因素。受新冠疫情影响，2020 年 2 月我国制造业采购经理指数下降至 35.7%，是近年来历史最低点，同比下降 27.4%，环比下降 28.6%。3 月制造业 PMI 上升为 52%，同比增长 2.97%，环比增长 45.66%。4 月，我国新冠疫情防控向好形势进一步巩固，生产生活秩序加快恢复，制造业生产经营活动继续改善。制造业 PMI 为 50.8%，比 3 月回落 1.2%。5 月，我国经济运行恢复势头稳中向好，制造业采购经理指数保持在临界点以上，为 50.6%，比 4 月小幅度回落 0.2%。2020 年，我国经济运行总体复苏态势持续向好，制造业 PMI 为 50.9%，高于 5 月 0.3%，制造业稳步恢复，基本面继续改善。

（三）国内外政治环境

单边主义、利己主义、霸权主义等力量仍存在。在当今世界上，全球经济增长需要新动力，发展需要更加普惠平衡，贫富差距鸿沟有待弥合，和平赤字、发展赤字、治理赤字是摆在全人类面前的严峻挑战。现在亟须通过完善全球治理机制，进一步克服全球化的各种负面影响，增强全球化的凝聚力，从而为全球化赢得更多国家支持，以便有效对冲逆全球化力量的壮大，促进全球化朝着更加均衡、普惠、共赢的方向发展。逆全球化倾向将会继续导致国际政治外交关系紧张，贸易环境恶化，技术创新环境变差。随着美国政府采取一系列退出国际组织、强调“美国优先”、挑起贸易摩擦等行为，逆全球化倾向不断加剧。

经贸关系的恶化，也对政治外交关系产生了负面影响。一些国家和国际社会出现了明显的撕裂倾向，如英国脱欧、美国共和党与民主党的竞争“白热化”等。科技创新环境因此遭到破坏，政府纷纷介入企业科技竞争，尤其是出现了对高技术进行封锁等问题，使得全球科技创新步伐受阻。上述种种问题，严重影响了全球经济复苏和可持续发展。“十四五”时期，特别是前期，逆全球化以及国际社会的撕裂倾向可能还会继续，全球政治经济的不确定性依然较大，全球科技创新的环境也会因此变差，从而使得中国利用国际市场和国际资源的空间弱化。

中美关系日益紧张。中国日益走向世界舞台中央，成为主要国家的竞争对手，面临重重阻碍；随着中国的崛起，一些国家的优越感正在降低或消失，产生了疑虑或防范之心，并实施相关遏制措施。少数国家，特别是美国人为设限，将企业之间产品的竞争与安全问题等联系起来对中国进行打压和遏制，如对华为5G 通信技术进行全面打压等。“十四五”时期，美国无论两党谁执政，其提出并实施的“美国优先”单边主义策略、以“退”谋“进”获取自身利益的政策取向及总的基调恐怕难有大的调整，特别是对中国的抑制政策不会有大的变化，最多只是程度上和形式上的差别，“摩擦—谈判—再摩擦—再谈判”可能会成为中美贸易关系的常态。

（四）国内外科技发展

全球新一轮科技革命和产业变革方兴未艾，科技创新正加速推进，并深度融合、广泛渗透到人类社会的各个方面，成为重塑世界格局、创造人类未来的主导力量。新一代信息技术、生物科技、清洁能源、新材料和先进制造领域技术快速发展，将催生重大产业变革。这些技术的进步将不断创造新产品、新需求、新业态，为经济社会发展提供前所未有的驱动力，推动经济格局和产业形态深刻调整，成为创新驱动发展和国家竞争力的关键所在。科技将更加重视生态环境保护与修复，致力于研发低能耗、高效能的绿色技术与产品。5G、大数据、人工智能等新一代信息技术的发展和应用场景不断增加，推动人类生产方式、商业模式、生活方式、学习和思维方式等发生深刻变革。国际科技竞争日趋激烈，深空、深海、深地、深蓝“四深”领域将成为科技制高点和国际科技竞争焦点。

就能源科技来说，太阳能、风能、地热能等可再生能源开发、存贮和传输技术的进步，将提升新能源利用效率和社会经济效益，深刻改变现有能源结构，大幅度提高能源自给率。新一代能源技术将取得重大突破，氢能源和核聚变能可望成为解决人类基本能源需求的主要方向。

随着经济全球化进程加快和新兴经济体崛起，特别是国际金融危机以来，全球科技创新力量开始从发达国家向发展中国家扩散，全球科技创新格局将由以欧美为中心向北美、东亚、欧盟“三足鼎立”的方向加速发展。欧美国家仍处于科技创新领先地位，但科技优势正逐渐缩小，中国、印度、巴西、俄罗斯等新兴经济体对世界科技创新的贡献率也快速上升。

二、世界能源发展趋势

（一）全球能源供需格局发生深刻变化

全球一次能源需求持续增长，需求重心继续向亚太地区转移。2009—2019年全球一次能源需求持续增长。2019 年，全球经济增长显著放缓，全球一次能源消费总量达 20. 6 Gtce，较 1980 年接近翻番，较 2018 年增长 0. 9%，增速明显回落。其中，亚太地区增长 2. 1%，北美洲下降 1. 2%，欧洲下降 1. 1%，占全球的比重分别为 43%、19%、20%。亚太地区对全球一次能源消费增长的贡献率达到 124%（图 1 – 5）。2019 年 8 月埃克森美孚公司发布的《世界能源展望 2040》中指出，至 2040 年，由于人口和经济的增长，全球能源需求将增长约 20%，发展中国家将是增长的主要来源。

2020 年，新冠疫情暴发后，国际能源署（IEA）最新报告指出，几乎所有能源产品的需求都出现大幅度下降，但这些负面影响有望在短期内恢复，预计到 2025 年全球能源需求将回升。新冠疫情还可能逆转部分发展中国家的电力发展进程。据国网能源研究院发布的《全球能源分析与展望 2020》预测，2035 年全球一次能源需求进入平台期，2050 年约 22. 3 Gtce，较 2019 年增长约 9%；2050 年，亚太地区一次能源需求较 2019 年增长 14%，占全球的比重提高至 45%，贡献全球增长的 70% 左右，北美洲、欧洲分别下降约 20%，占比分别降低至 14%、15%。化石能源需求将在 2025—2030 年达到峰值，2045 年以后可再生能源成为第一大能源。

（二）能源地缘政治风险加大，供应链存在安全风险

在世界一次能源消费结构中，石油占比超过 32%，全球能源安全的核心主要

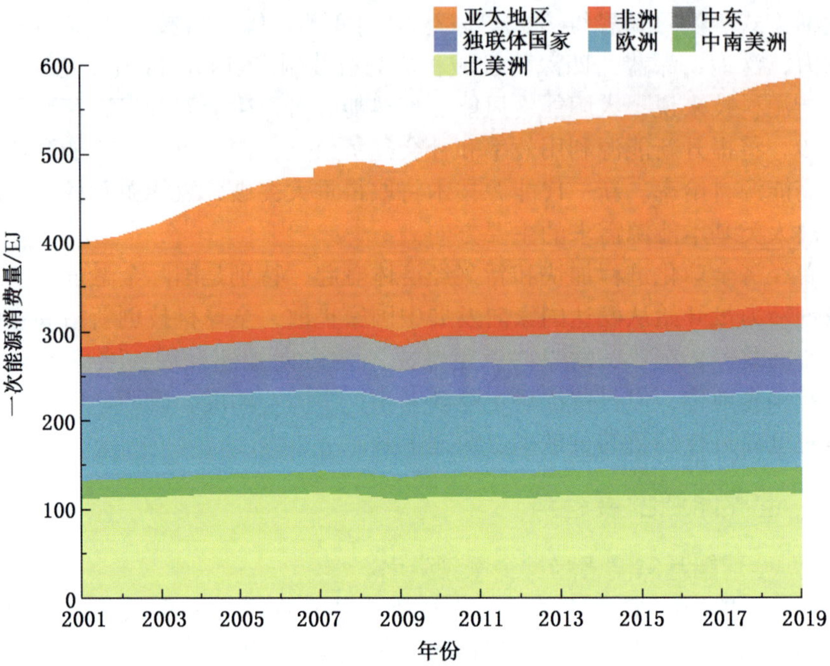

图1－5　全球一次能源消费量

聚焦在石油问题上。2020 年以来，新冠疫情的暴发及蔓延对国际石油市场造成极大冲击。由于石油消费需求受到抑制，主要产油国之间非理性博弈，未能及时达成深化减产协议，使供给侧产量严重过剩，引发油库爆满、油轮趋紧、油价断崖式下跌。进入第三季度，随着中国及部分国家、地区的疫情形势有所好转，石油消费需求明显回升，加之欧佩克产油国与俄罗斯等非欧佩克产油国减产协议生效，油价开始走出超低“阴影”（图1－6）。考虑到全球新冠疫情未来可能出现反复，诱发市场频繁“暂停”和“重启”，“OPEC＋”组织未来几期的减产协议执行情况存在不确定性，全球石油重要生产地中东地区阴晴不定，国际油价将进入一个较长的大幅度波动周期，能源产业链、供应链的稳定性和安全性面临严峻挑战。对中国来说，由于“富煤、贫油、少气”的资源禀赋特征，使自身石油资源造血功能不足，对外依存度持续攀升，国家能源供应安全问题尤为严峻。

（三）能源清洁低碳转型发展步伐加快

全球可再生能源高速发展，多能融合发展成为新趋势。2019 年，全球煤炭

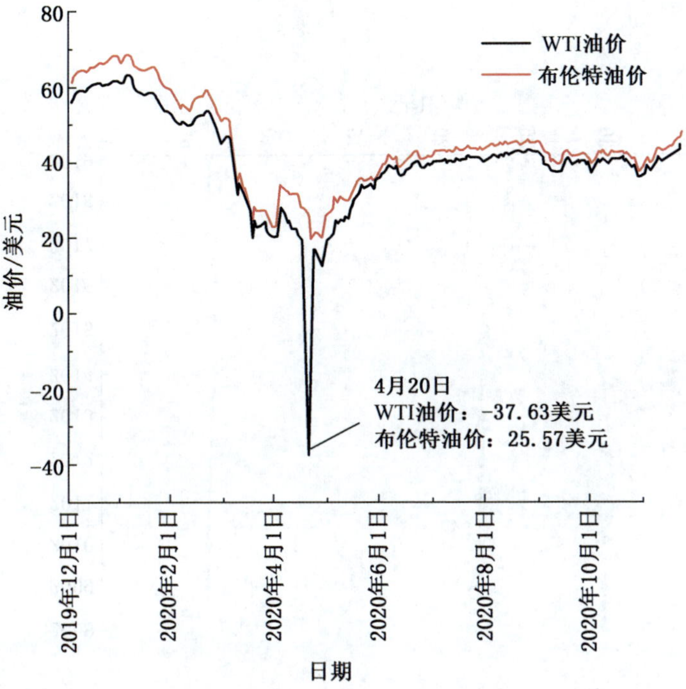

图1-6　国际两大油价波动曲线

消费增速由正转负，石油增速较2018年放缓，天然气增速回落至2010—2017年平均水平，可再生能源增速达3.7%，贡献全球一次能源消费增长的一半以上，其中风能、太阳能实现两位数增长。从一次能源消费结构来看，石油占33.06%、天然气占24.23%、煤炭占37.04%、核能占4.27%、水电占6.45%、可再生能源占4.96%，2008—2019年可再生能源占比持续快速上升（图1-7）。

可再生能源发电装机方面，2019年，可再生能源发电装机容量增长176 GW，增长了7.6%，其中，亚洲市场占主导地位，占新增总量的54%，可再生能源发电装机容量增速有所放缓，但比化石燃料仍高出2.6倍，延续了2012年首次确立的可再生能源在电力装机扩张中的主导地位。新增项目使可再生能源占全球电力结构的比例上升至34.7%。2019年光伏新增装机容量达到98 GW，其中60%位于亚洲；风电新增装机容量达到60 GW，中国（26 GW）和美国（9 GW）市场领跑。目前，全球累计装机容量光伏达到623 GW、风电达到586 GW，接近全球可再生能源装机容量的一半（图1-8）。

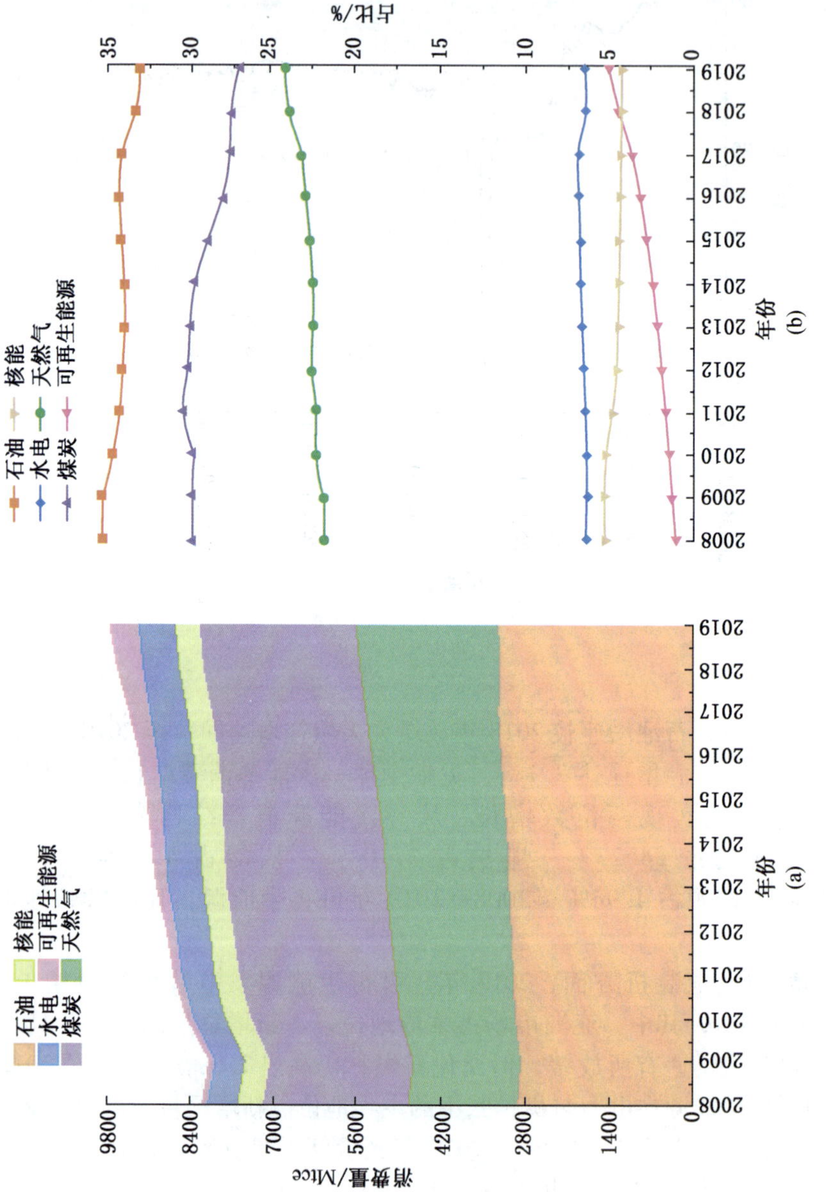

图 1-7　世界一次能源消费量及占比

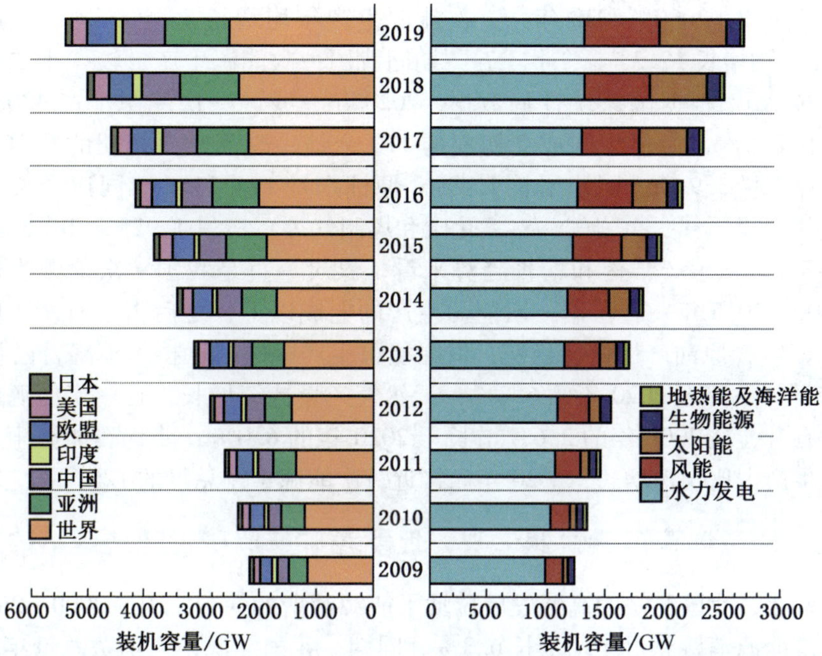

图 1-8　世界可再生能源发电装机容量

第二节　中国能源发展现状与趋势

我国一次能源生产、消费规模大，均居世界首位，供需结构以煤炭、石油、天然气等化石能源为主。其中，煤炭资源丰富，是我国能源消费的主体，2020 年煤炭占我国一次能源生产的近七成，消费的一半以上。煤炭生产能够满足我国的基本需求，随着供需结构的调整，“十二五”以来煤炭生产、消费在一次能源中所占比重均呈下降趋势。我国石油、天然气资源相对短缺，虽然潜力较大，但品质下降趋势明显，增储上产难度加大。近年来，原油产量保持在 0.2 Gt 左右，天然气产量增长较快，但国内油气生产难以满足需求的较快增长，对外依存度居高不下。核电和可再生能源发展迅速，2020 年两者已占我国一次能源生产的 18.9% 和消费的 16.1% 。

一、能源矿产在我国一次能源中的地位

我国能源矿产生产持续增长，有力地保障了国民经济的平稳运行，我国能源

生产增长迅速，2000—2020 年，一次能源生产年均增长 5.5%，国内生产总值（GDP）年均增长 12.3%。“十三五”期间我国一次能源生产量较“十二五”期间增长 6.4%。根据国家统计局数据，2020 年，我国一次能源生产 4.08 Gtce，同比增长 2.8%，为新中国成立初期的 170 余倍、改革开放初期的 6 倍多。其中，原煤产量 3.9 Gt，同比增长 1.4%；原油产量 194.77 Mt，同比增长 1.6%；天然气（含煤层气、页岩气、二氧化碳和煤制气等）产量 1.925×10^{11} m^3，同比增长 9.8%。从生产结构和增长趋势来看，煤炭一直是我国一次能源生产的主体，2000—2015 年一直占据一次能源生产的七成以上，之后占比有所下降，但仍超过 68%；原油产量保持稳定，但在能源生产中的占比持续下降，已从 2000 年的 16.8% 下降至 2020 年的 6.8%；天然气产量持续增长，在一次能源中的占比稳中有升，从 2000 年的 2.6% 增长至 2020 年的 6.0%；非化石能源生产增长迅速，生产占比快速增长，2020 年已接近一次能源生产总量的 1/5。

二、能源消费总量快速增长，但能源矿产消费占比持续下降

近些年，我国经济的高速发展拉动了能源消费的快速上升，2000—2020 年，我国一次能源消费总量年均增长 6.3%，同期，我国能源矿产消费总量年均增长 5.8%。能源消费结构趋向合理，煤炭消费总量自“十二五”期间冲高回落以来低速增长，年消费量近 4 Gt，消费占比呈不断下降的趋势，已由 2000 年的 68.5% 下降至 2020 年的 56.8%，但仍是我国一次能源消费的主体。原油消费量增长较快，从 2000 年的 213 Mt 增长至 2020 年的 736 Mt（表观消费量）；天然气消费总量快速上升，由 2000 年的 2.45×10^{10} m^3 增长至 2020 年的 3.277×10^{11} m^3（表观消费量），增长 10 余倍，所占一次能源消费的比例从 2000 年的 2.2% 增长至 2020 年的 8.2%。核电、风电、水电等非化石能源消费占比上升较快，不断压低能源矿产消费所占比例，我国能源消费结构向清洁低碳加快转变。

能源自给程度较高，但油气等能源矿产在较长时间内相对短缺，我国能源自主供应保障能力较强，能源生产总量与消费基本保持同步上涨。根据国家统计局和海关总署数据，2000 年以来，我国一次能源的自给率总体呈下降趋势，但“十三五”以后，能源自给率逐年小幅度回升，已从 2016 年的 78.4% 回升至 2020 年的 81.9%。2020 年，我国能源矿产自给率为 77.0%，不同矿种供给保障程度差异较大，其中，煤炭自给率为 98.5%、石油自给率为 26.5%、天然气自给率为 58.7%。我国能源结构性供需矛盾较为突出，“十二五”以来，煤炭消费比例不断下降，随着煤炭行业供给侧结构性改革不断深入，优质产能得到释放，国内煤炭生产基本能够满足消费；油气能源消费快速上涨，占比不断增大，而国

内产量增速不及消费增速，供需缺口不断扩大，导致我国石油、天然气对外依存度不断攀升。2018 年 7 月 21 日，习近平总书记做出了“大力提升勘探开发力度，保障国家能源安全”的重要指示，自然资源部、国家能源局、国内各大石油公司及有关单位积极落实中央领导同志批示，国家层面第一次在油气勘探行业提出了“七年行动计划”，有力地推动了国内油气勘探开发进程。

三、我国煤炭、油气资源分布和生产现状

我国煤炭资源丰富，但分布不均，截至 2019 年底，煤炭查明资源储量 1.72 Tt，面积 8×10^5 km^2，资源地域分布不均，主要分布在西北和华北等地区，山西、陕西、内蒙古、新疆 4 省（区）的资源储量约占全国查明资源储量的 4/5。近年来，在能源消费结构调整、煤炭需求下滑的背景下，我国持续推进煤炭供给侧结构性改革，积极化解过剩产能。通过淘汰落后产能、实施产能置换和升级改造提升，煤炭开发和产能布局不断优化，截至 2020 年底，全国煤炭产能不足 3×10^5 t/a的煤矿数量和相关产能较 2018 年分别下降了 45% 和 41% 。煤炭企业生产集中度显著提升，截至 2019 年底，我国共有煤矿约 5300 处，年产量大于 1.2 Mt 的大型现代化煤矿超过 1200 处，占全国年产量的 80% 左右，其中，千万吨级煤矿数量 44 处，产能合计 696 Mt/a。

煤炭生产、运输、消费环节的绿色、清洁和高效利用程度进一步提高，截至 2019 年，我国 85% 以上的煤炭消费已经基本实现了清洁高效利用和超低排放。2019 年，电力、钢铁、建材、化工等主要耗煤行业煤炭消耗占比分别为 58.1% 、16.5% 、9.6% 和 7.6% 。

我国油气资源潜力较大但品质下降明显。截至 2015 年底，我国石油、天然气可采资源量分别为 30.067 Gt 和 5.008×10^{13} m^3。截至 2019 年底，石油、天然气累计探明技术可采储量分别为 10.680 Gt 和 8.19×10^{12} m^3，可采资源探明率分别为 35.5% 和 16.4% 。天然气潜力大于石油，但我国油气地质条件复杂，资源品位相对较差，待发现油气资源中的低渗、致密、稠油和海洋深水等占比约 80% 。新发现油气储量品质变差、丰度变小、埋藏变深、油藏类型趋于复杂。以 2019 年为例，新增石油、天然气储量中，低渗和特低渗分别占 84% 和 91% ，特低丰度分别占 46% 和 31% 。2020 年，我国石油企业实施“七年行动计划”，在新冠疫情蔓延、国际油价低迷和勘查开采投资大幅度减少的情况下仍然实现了增储上产，2020 年，我国石油新增探明地质储量 1.32 Gt，同比增长 17.8% ；天然气新增探明地质储量 1.2948×10^9 m^3（含页岩气和煤层气），同比下降 18% 。2020 年原油产量 195 Mt，同比增长 1.6% ；天然气产量 1.925×10^8 m^3，同比增

长 9.8%。

第三节　中国矿业发展现状与趋势

新中国成立尤其是改革开放以来，我国矿业持续快速发展，为经济建设提供了巨大的物质基础，支撑起经济社会的全面发展。但是，我国矿业高质量发展受到资源基础不牢、规模结构不合理、产品附加值低、技术装备水平不均衡、政策吸引力不强等方面的影响和约束。新时代，我国经济转向高质量发展阶段的巨大潜力和增长空间使得对矿产资源的需求将持续增长，但传统的粗放型发展模式难以为继，资源安全、经济安全、生态安全的压力不断增加，矿业发展必须以习近平新时代中国特色社会主义思想为指导，按照建设现代化经济体系的内在要求，夯实资源基础，加快结构优化调整，提高开发利用效率，推动矿业转型升级和绿色发展，实现治理能力现代化，全面推进矿业高质量发展。

一、中国矿业为经济社会全面发展提供了坚实的物质保障和重要支撑

目前，我国不仅是矿产资源大国，而且已经成为世界上最大的矿产品生产国、消费国和贸易国，矿产资源勘查、开发利用水平不断提升，为新时代矿业高质量发展奠定了扎实的基础。

（一）大部分矿产查明资源储量保持了较长时间的增长态势

新中国成立初，全国发现的矿产资源仅 20 多种，探明储量的矿产资源仅有 2 种。到 2018 年，全国已发现矿产资源 173 种，已查明资源储量的矿产资源就有 162 种，地质找矿工作取得了重大突破。特别是 21 世纪以来，随着社会需求大幅度增加和矿业产业快速发展，我国大部分主要矿产查明资源储量保持了较长时间的增长态势，截至 2017 年底，煤炭、石油、天然气、铁矿、铜矿、铝土矿、铅矿、锌矿、钼矿、钨矿、锑矿、金矿、钾盐（KCl），全国查明资源储量分别为 1666.67 Gt、3.542 Gt、5.5221×10^{12} m^3、84.89 Gt、0.104 Gt、5.089 Gt、89.67 Mt、184.939 Mt、30.068 Mt、10.3042 Mt、3.1976 Mt、131.956 Mt、1026.95 Mt，较 2001 年分别增长了 63.4%、44.5%、199.4%、46.1%、50.3%、106.0%、139.8%、89.5%、212.6%、76.7%、36.1%、195.3%、45.1%，为守住矿产资源安全保障底线奠定了扎实的资源根基。特别是页岩气，不仅查明资源储量实现了从无到有的历史性突破，而且到 2018 年 4 月末累计探明地质储量已经超过万亿立方米，成为能源安全保障的重要力量。

（二）主要矿产品消费量和产量迅猛增长

21世纪以来，我国在快速工业化进程和崛起过程中，主要矿产品消费量快速增长。据统计，2017年我国煤炭、铁矿石消费量占全球的比重分别为50.7%、60.5%，成为世界第一大消费国；石油、天然气消费量占全球的比重虽然分别只有13.3%、6.5%，但已成为世界第二大消费国。期间，经历了矿业十年的黄金周期，在需求大规模增长的驱动下，带动了我国大宗矿产品产量大幅度增长，其中煤炭、粗钢、10种有色金属和水泥的产量增长最为显著。2017年，全国煤炭、粗钢、10种有色金属和水泥的产量分别高达3.45 Gt、0.83 Gt、0.05378 Gt、2.33 Gt，较新中国成立时分别增长了100多倍、5000多倍、4000多倍、3000多倍。目前，我国是煤炭、铁矿石、铅矿、水泥用灰岩、建筑石料用灰岩等20多种矿产品的全球最大生产国和消费国。一些战略性新兴产业矿产品，其消费量和产量增长速度更快，其中钨、锑、稀土、萤石、菱镁矿、石墨、铟、镓等矿产产量占全球的比重已从1990年的20%～30%增长到当前的70%～90%以上。目前，中国矿石年开采总量超过30 Gt，在全球矿产品生产和消费中占有关键性地位。

（三）矿产资源开发利用水平不断提升

改革开放以来，我国矿产资源开采、选冶加工、综合利用等水平大幅度提升。“十二五”期间，黑色金属矿开采回采率提高了5.7%，有色金属矿开采回采率提高了1%～2%。近年来，原国土资源部已经发布了39个重要矿种的最低“三率”指标，对矿山企业提高资源利用水平起到了积极的促进作用。目前，我国黑色金属和有色金属等矿产资源的开采回采率大多能够达到90%左右，选矿回收率大多高于85%的水平，整体上接近或高于国际水平。2017年，我国井工煤矿薄煤层采区回采率一般达到85%、中厚煤层采区回采率一般达到80%以上、厚煤层采区回采率一般达到75%，露天煤矿薄煤层采区回采率达到70%以上、中厚煤层采区回采率达到80%以上、厚煤层采区回采率达到85%以上；原油采收率达到24%～28%；铁矿地下开采回采率87.6%，露天开采回采率总体稳定在96%以上；有色金属主要矿种开采回采率和选矿回收率均超过85%，其中铜、铅、锌、钨、锡、锑、钼等开采回采率接近或超过90%；非金属采矿回采率保持稳定，其中磷矿露天开采回采率维持在95%左右、地下开采回采率提高到79%。例如，金矿，国外典型矿山的金矿平均入选品位约为3.70 g/t，选矿回收率约为82.64%；我国金矿平均入选品位为2.39 g/t，而选矿回收率达到83.38%。另外，我国废石、尾矿等固体废弃物利用率不断提高，其中废石、尾矿的利用率分别由“十二五”初期的11.76%、11.18%提高到“十二五”末期的17.77%、18.97%，许多砂石矿山资源实现了从骨料到机砂直至石粉的全利用。随着我国矿产资源开发利用水平的不断提升，有效缓解了我国面临的资源环境压力。

（四）矿山规模和技术装备水平不断提高

21世纪以来，我国矿业产业实力不断增强，矿山规模结构得到了显著改善，大中型矿山数量占比由2005年的6.1%提升至2017年的16.0%，小型矿山及小矿数量占比由2005年的93.9%减少至2017年的84.0%。我国矿业技术装备走过了从引进吸收到创新研发的过程，综采液压支架、300吨级重型卡车、大型电铲、节能型液压钻机、半固定移动式破碎机、高压辊磨、尼尔森选矿机等的引进和研发，极大地推动了我国矿产资源开发利用水平的提高。近年来，我国技术装备自主创新进步明显，自主研制的矿业技术装备不少已达到国际领先水平，如综采设备、大型破碎研磨机、输送设备、地浸采铀、伴生萤石选矿等，均已迈入世界先进行列。当前，节能、环保、采选、加工工艺智能化、设备大型化已成为矿业技术发展的趋势。原国土资源部已经先后发布了6批334项矿产资源综合利用先进适用技术，激励引导了技术工艺装备的创新研发。另外，信息化技术在矿山设计、施工、开采、安全、管理、环境保护及科学决策等方面得到了广泛应用，有效提高了矿山企业的作业和运营效率。大多数现代化矿井和大型集团公司都实现了井下监测系统联网，部分矿山实现了智能矿山的目标。

（五）矿业已经成为我国经济社会发展的重要组成和支撑

矿业在我国国民经济中占有重要地位，目前矿业经济贡献占全国GDP的比重超过了30%。2017年，全国规模以上采矿业企业资产总计93681亿元，占同类工业总资产量的比例为8.3%；主营业务收入47443亿元，占工业主营业务收入总和的4.2%；利润总额4210亿元，占工业利润总额的5.6%。此外，矿业相关规模以上工业企业81920个，资产总计403912亿元，主营业务收入357492亿元，利润总额21353亿元；如果将采矿业和矿业相关工业的经济指标相加，那么采矿业、矿业相关工业的企业单位数量、资产总计、主营业务收入、利润总额占工业总量的比例分别为24.9%、44.4%、35.7%、34.1%、26.7%。另外，矿业领域解决了大量的劳动就业，据国家统计局统计，2017年全国采矿业从业人员年平均人数为527.94万人，占全国从业人员年平均人数总量的5.9%，其中，煤炭开采和洗选业、石油和天然气开采业、黑色金属矿采选业、有色金属矿采选业、非金属矿采选业、其他采矿业从业人员年平均人数占比分别为65.6%、12.7%、6.8%、7.5%、7.3%、0.1%，矿业及其相关工业从业人员数量更大，为我国社会稳定和发展做出了重要贡献。

二、影响矿业高质量发展的问题依然突出

新时代对矿业高质量发展提出了新要求，但当前我国主要矿产查明资源储量

增长乏力、矿山规模和产品结构不合理、创新能力不高、市场投资环境缺乏吸引力等问题还很突出。

（一）主要矿产查明资源储量持续增长乏力，支撑矿业高质量发展的资源基础不牢

我国大部分矿产查明资源储量保持了较长时期增长态势，主要得益于连续十几年大量地质勘查投入的贡献。2017 年，全国地质勘查投资虽然达到 782.85 亿元，较 2016 年增长 1.0%，但非油气勘查投资只有 198.36 亿元，较 2016 年下降了 19.8%，已经连续 5 年下降。2018 年上半年，虽然油气勘查投资了 199.40 亿元，同比增长 8.6%，但非油气勘查投资仅 74.79 亿元，同比减少了 7.2%。受勘查投资、环境约束等影响，2012—2017 年我国 20 多种主要矿产查明资源储量增幅呈下降趋势。其中石油勘查新增探明地质储量从 1.522 Gt 降到 0.877 Gt，增幅从 2.8% 降到 1%；天然气从 9.619×10^{11} m^3 降到 5.554×10^{11} m^3，增幅从 8.9% 降到 1.6%。另外，非油气矿产资源半数以上新增查明资源储量出现下降，2018 年上半年与 2017 年同期相比，在有勘查新增资源储量变化的 74 种矿产中，新增查明资源储量同比增长的有 33 种、下降的有 41 种，其中金、铜、稀土、锰、锑、钛、锗、镉、磷矿、钾盐、重晶石、萤石等 34 种矿产新增查明资源储量同比减幅较大。

（二）矿山规模结构不合理，支撑矿业高质量发展的中坚力量不大

改革开放以后，在矿产品需求大幅度增加、有水快流等开发模式等影响下，我国矿山企业数量曾出现快速增长的局面，20 世纪 80—90 年代曾超过 28 万座。其后，通过矿业秩序整顿和加大资源整合力度，到 2005 年，非油气矿山企业（不含铀矿，下同）数量为 126696 个（大型矿山 3331 个、中型矿山 4341 个、小型矿山 55091 个、小矿 63933 个）。近年来，通过加大结构优化调整力度，同时在去产能、环境约束、自然淘汰等因素作用下，到 2017 年，全国非油气矿山企业 67672 个（大型矿山 4233 个、中型矿山 6586 个、小型矿山 39598 个、小矿 17255 个），较 2005 年减少了 46.6%。我国矿山企业数量虽然大幅度减少，矿山规模结构得到显著改善，但“大矿少、小矿多”的格局仍未得到根本性改变；特别是当前的许多小型矿山及小矿中，还存在很多“僵尸”或“休眠”矿山不能正常运行。例如，目前非金属矿山超过 4 万座，但实际正常运行的只有一半左右；另外，我国主要矿产查明资源储量增长乏力、矿山规模和产品结构不合理、创新能力不高、市场投资环境缺乏吸引力等问题还很突出。有行业话语权的跨国航母型矿业公司寥寥无几，掌控国际资源市场的能力很弱。

（三）产品结构不合理，支撑矿业高质量发展的保障能力不足

新时代，虽然我国矿产品的需求结构开始逐步发生变化，但是矿产品结构不合理直接制约我国矿业高质量发展进程。

一是产业结构重型化决定了初级矿产品大规模消耗，并导致拼资源、比消耗等粗放型资源开发利用现象时有发生。1978—2017 年，虽然我国第二产业国内生产总值占国民总收入的比重由 47.8% 下降到 40.6%，产业结构总体有所优化，但是产业重型化现象依然突出，驱使矿产资源开发数量规模持续扩张，而效益并未提升。例如，2017 年我国粗钢产量和水泥产量分别为 0.83 Gt、2.33 Gt，为支撑这些重型化产业发展，2017 年全国生产铁矿石原矿 1.23 Gt、较 2016 年增长 7.0%，生产水泥用灰岩 1.33 Gt、较 2016 年增长 9.5%，生产建筑石料用灰岩 0.91 Gt、较 2016 年增长 13.6%。

二是产品消费结构不合理导致资源低效利用，约束了资源型产业转型升级。近年来，我国能源、铁、铜等重要矿产资源消耗强度持续下降的趋势明显，但是与发达国家相比还有很大的差距。例如一次能源，2017 年我国消费强度为 3907.09 美元/t，比 2007 年增长了 1 倍，但只相当于德国的 1/3。我国以煤炭为主的能源消费结构，决定了能源系统效率低和生态环境压力大。同时，消费和大量出口低附加值初级产品，造成了初级矿产品过度消费。

三是勘查结构不合理导致部分勘查产品过剩或浪费。例如，一些钼矿等优势矿产勘查成果无法转化，部分铁矿等埋藏过深且区位偏远成为呆矿。

四是具有资源环保优势的再生资源利用水平不高。例如，2017 年我国再生铅产量占消费量的比重只有 32.7%，远低于美国 61.6% 和日本 52.6% 的水平。

五是我国铁矿、铜矿、钨矿、金矿等矿产资源的综合利用率虽然都高于 50%，但是采矿废石的利用率却较低。例如，煤炭、铁矿、金矿、铜矿和磷矿 5 种矿产资源的采矿废石排放量占 20 种重要矿产资源排放总量的 87.6%，但是铁矿、金矿、铜矿和磷矿的废石利用率均低于全国 17.8% 的平均水平。

（四）科技创新投入不足，支撑矿业高质量发展的技术装备水平不高

目前，我国矿山企业的技术装备水平存在发展不均衡和创新能力不足等问题，与矿业大国的地位不相称。大多数中小矿山企业采用的生产工艺和设备仍然相当落后，与世界先进水平相比还有较大差距。据国家统计局《2017 年全国科技经费投入统计公报》，虽然 2017 年全国规模以上工业企业研究和实验发展经费为 1.2 万亿元，但是采矿业研究与实验发展经费只有 281.8 亿元；其中，煤炭开采和洗选业、石油和天然气开采业分别为 148.9 亿元和 57.3 亿元，黑色金属矿、有色金属矿、非金属矿采选业及开采辅助活动分别为 7.3 亿元、31.2 亿元、11.9 亿元、25.4 亿元。矿业研发经费投入不足影响矿业科技创新能力，导致我

国矿业科技创新水平与国外先进水平相比有明显的差距。例如，从我国近万座金属矿山的装备技术水平来看，大约只有 8% 的大型矿山已接近或达到国际先进水平，约 30% 的中型矿山仍在使用 20 世纪 70—80 年代的技术装备，约 60% 的小型矿山生产规模小、技术装备落后。另外，加拿大、德国等国家大力发展数字化矿山技术，并集成了地下移动计算机网络、地下定位和导航系统、采矿过程监控等技术，矿山数字化程度较高，而我国数字化矿山建设进展相对缓慢。目前，我国少数拥有先进生产技术、装备与工艺的大中型矿业企业和绝大多数装备陈旧、工艺落后、技术水平低的小型矿业企业共存格局，制约我国矿产资源开发集约化规模化程度大幅度提高。

（五）矿业市场活力不足，支撑矿业高质量发展的政策吸引力不足

我国矿业经济从 2012 年第四季度开始滑坡，2016 年基本处于全行业亏损状态；2016 年底到 2020 年，矿产品价格虽然震荡回升，矿业经营环境略有改善，但是依然没有从根本上改变市场活力不足的态势，社会资金对地质勘探的积极性降低，投资大幅度减少。由于各方面因素影响，探转采的困难加大，一些项目成为“死矿”“呆矿”，投资效益难以实现。2017 年，全国有效探矿权 21200 个、有效采矿权 56600 个，与 2009 年相比，探矿权总数下降 43. 6%、采矿权总数下降 48. 9%。2018 年 1—6 月，全国出让探矿权 193 个，同比减少 50. 9%，主要涉及煤、地热、铜等矿产资源；转让探矿权 69 个，虽然同比增长 19. 0%，但是转让的绝对数量很低，主要涉及金、煤等矿产资源。出让采矿权 530 个，同比减少 26. 0%，主要涉及建筑石料用灰岩、建筑用砂等矿产；转让采矿权 229 个，同比减少 17. 1%，主要涉及建筑石料用灰岩、水泥用石灰岩等矿产。目前，全国矿业权出让、转让绝对数量都降至近 5 年的最低水平。

采矿业固定资产投资已经连续 4 年下降。2013 年以前，我国采矿业固定资产投资总体保持了较长时间的增长态势，为主要矿产品的稳产增产奠定了坚实的产能基础。2013 年以后因矿产品价格下跌等因素影响，全国采矿业固定资产投资持续下滑；即便 2016 年主要矿产品价格有所震荡回升，但投资额依然呈现萎缩态势。2017 年，全国采矿业固定资产投资仅 9208. 95 亿元，较 2016 年下降了 10. 0%；特别是金属矿采选业，与 2016 年相比，投资下降幅度超过了 20%。2018 年 1—10 月，全国采矿业固定资产投资同比增长 9. 4%，主要原因是煤炭、石油、天然气和砂石等建筑材料矿产固定资产投资增长较大，而有色金属矿采选业固定资产投资同比下降了 11. 2%，采矿业投资意愿不强的局面没有得到明显改善。

由于对矿业产业前景、相关政策落实缺乏信心和没有重大激励性的矿业政策

出台，使得矿业投资者的信心和决心日渐枯萎，长此以往将难以支撑矿山产能持续运行，影响矿业产业发展后劲。

第四节　碳达峰、碳中和背景下的中国能源与矿业发展趋势

随着我国经济的快速发展和社会生产力的显著增强，我国能源领域发生了翻天覆地的变化，取得了举世瞩目的伟大成就，能源生产不断攻坚克难，实现跨越式发展，能源消费水平不断提高，实现历史性改善。2020 年底召开的中央经济工作会议首次将做好“碳达峰”“碳中和”作为 2021 年重点任务，提出“加快建设全国用能权、碳排放权交易市场，完善能源消费双控制度”。2020 年各省市区政府的工作报告中纷纷响应中央经济工作会议部署，均提到了“碳达峰”“碳中和”的相关内容，“碳达峰”“碳中和”无疑成为 2021 年全社会重点关注的话题。

一、什么是“碳达峰”和“碳中和”

气候变化是人类面临的全球性问题，随着各国二氧化碳排放，温室气体猛增，对生命系统造成威胁。《巴黎协定》确立了 2020 年以后国际社会合作应对气候变化的基本框架，提出把全球平均气温较工业化前水平升高幅度控制在 2 ℃之内，并为把升温控制在 1.5 ℃之内而努力。为实现 2 ℃目标，需要到 2030 年前全球削减（12～15）Gt 二氧化碳排放，1.5 ℃目标则需要削减（29～32）Gt 二氧化碳排放，大致相当于目前 6 个最大排放体的总排放量，只有各国共同行动才有希望实现《巴黎协定》的减排目标。在这一背景下，在第七十五届联合国大会一般性辩论上，我国明确要采取更加有力的政策和措施，提出了“碳达峰”目标和“碳中和”愿景。

碳排放与经济发展密切相关，经济发展需要消耗能源。暨南大学环境与气候研究院院长邵敏介绍：“碳达峰”是指国家承诺在 2030 年前，二氧化碳的排放不再增长，达到峰值之后再慢慢减下去；“碳中和”是指企业、团体或个人测算在一定时间内，直接或间接产生的温室气体排放总量，通过植树造林、节能减排等形式，抵消自身产生的二氧化碳排放量，实现二氧化碳“零排放”，力争 2060 年前实现“碳中和”。

二、我国做出 2060 年实现碳中和的减排承诺

2019 年，我国能源消费总量为 4.86 Gtce，比 2018 年增长 3.3%。其中，煤

炭消费量占能源消费总量的 57.7%，比 2018 年下降 1.5%；天然气、水电、核电、风电等清洁能源消费量占能源消费总量的 23.4%，比 2019 年上升 1.3%，全国万元国内生产总值二氧化碳排放下降 4.1%。能源消费结构继续优化，清洁能源比例持续提高，非化石能源和天然气仍是拉动能源消费增长的主导力量，占一次能源消费的比重继续提高（图 1－9）。

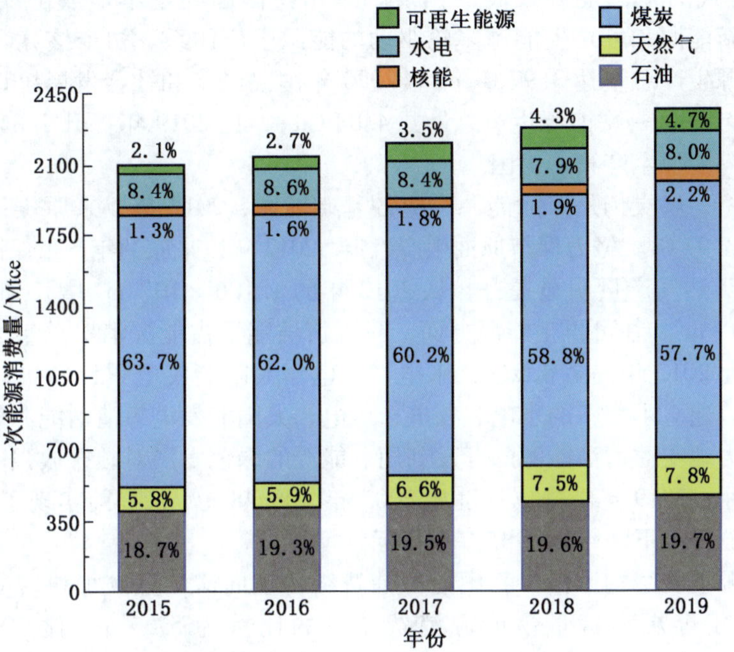

图 1－9 我国一次能源消费量及占比

2020 年 9 月 22 日，习近平主席在第七十五届联合国大会一般性辩论上指出，中国将提高国家自主贡献力度，采取更加有力的政策和措施，二氧化碳排放力争于 2030 年前达到峰值，努力争取 2060 年前实现碳中和，明确了我国减排最新目标。电力行业温室气体排放量巨大，且较其他行业减排相对容易，因而日益成为减排“排头兵”，驱动风电、光伏发电、水电、核电等非化石能源发电装机容量快速增长。

结合中石油、国家电网、清华大学等主要研究机构测算结果，预计伴随我国经济高质量发展，对能源消费总量和强度“双控”愈发严格，2025 年我国能源消费总量大致会落于 5.4～5.8 Gtce 区间，2019—2025 年年均增速 1.8%～3.0%。2030 年碳排放达峰前，考虑到国民经济承受、资源禀赋条件和能源安全保障需要等因素，煤炭消费占一次能源的比重相对平缓下降，仍发挥“压舱石”和主体能源作用。预计“十四五”煤炭消费量与“十三五”相差不大，但占比降至50%左右，2.7～3.0 Gtce。

三、“碳中和”的挑战和机遇

《新时代的中国能源发展》白皮书指出我国已经基本形成了煤、油、气、电、核、新能源和可再生能源多轮驱动的能源生产体系。初步核算，2019年中国一次能源生产总量达3.97 Gtce。《2020年国民经济和社会发展统计公报》显示，2020年我国一次能源生产总量共4.08 Gtce，比2019年提升2.8%，我国目前已是世界能源生产第一大国。

据介绍，煤炭仍是保障能源供应的基础能源，2012年以来原煤年产量保持在3.41～3.97 Gt。努力保持原油生产稳定，2012年以来原油年产量保持在0.19～0.21 Gt。天然气产量明显提升，从2012年的 1.106×10^{11} m^3 增长到2019年的 1.762×10^{11} m^3。在可再生能源方面，我国清洁能源占能源消费总量的比重达到23.4%，比2012年提高8.9%，水电、风电、太阳能发电累计装机规模均位居世界首位。建立了完备的水电、核电、风电、太阳能发电等清洁能源装备制造产业链，有力地支撑清洁能源的开发利用。能源的绿色发展对碳排放强度下降起到了重要作用，2019年碳排放强度比2005年降低48.1%，提前实现了2015年提出的碳排放强度下降40%～45%的目标。

在能源消费结构方面，我国能源消费结构正向清洁低碳加快转变。初步核算，2019年煤炭消费量占能源消费总量的比重为57.7%，比2012年降低10.8%；天然气、水电、核电、风电等清洁能源消费量占能源消费总量的比重为23.4%，比2012年提高8.9%；非化石能源消费量占能源消费总量的比重达15.3%，比2012年提高5.6%，已提前完成到2020年非化石能源消费比重达到15%左右的目标。新能源汽车快速发展，2019年新增量和保有量分别达120万辆和380万辆，均占全球总量的一半以上；截至2019年底，全国电动汽车充电基础设施达120万处，建成了世界上最大规模的充电网络，有效促进了交通领域能效提高和能源消费结构优化。

在“碳达峰”“碳中和”的目标和背景下，加快构建清洁低碳安全高效的能源体系，各能源品种有机融合，进一步优化和完善能源生产体系和能源消费结构无疑是实现绿色低碳发展的有效路径之一。

面对当下的新冠疫情和迫在眉睫的气候危机，中国主动提升《巴黎协定》下的减排承诺并呼吁世界经济绿色复苏，无疑体现了强大自信与担当。同时，不论是碳排放达峰目标还是碳中和愿景，对中国的发展转型既是机遇也是挑战。

从挑战来看，我国富煤、贫油、缺气，化石能源在一次能源总消费中占比高达 85% ，经过多年的努力，非化石能源占比也仅仅 15% ，这样高碳、高煤的能源体系意味着高碳排放。此外，对比全球范围内其他国家来看，大部分发达国家在 2000 年前就完成了工业化、现代化和城镇化，同时已经实现“碳达峰”了，这些国家计划在 2050 年实现“碳中和”，还有 50 年的时间。我国则是人为地设定了达峰时间表，现在二氧化碳排放量仍在攀升，仍没有看到峰顶，实现达峰还需要做出艰苦努力，进而考虑实现“碳中和”。但我国承诺的“碳中和”时间与“碳达峰”时间的距离是 30 年，意味着达峰之后平台期缓冲时间很短，就要稳中有降，以致快速下降，这是最大的挑战，减排道路几乎相同，但缓冲期较短。

但挑战中也蕴含着巨大的机遇，在国内产业方面，随着“碳中和”目标的设定，大部分新能源行业、储能行业与节能行业将会迎来发展的春天。这些行业所涉及的产业链也将迎来快速发展的机会，包括节能技术、节能设备、新能源车产业链、光伏/风电产业链等。在国际影响方面，部分发达国家已经以立法和政策的形式提出了“碳中和”目标，如法国、德国、英国、加拿大等。作为四大排放国家之一，中国是第一个提出“碳中和”目标的国家，无疑会对其他碳排放大国带来压力，加快全球的减排进程。在不断向“碳中和”目标迈进的过程中，将有机会增进与其他国家的交流与对话，进一步提升国际影响力。此外，在中国领先的减排领域与其他发展中国家展开经济技术合作，还能实现互惠互利、合作共赢。

四、“碳中和”下能源发展趋势

中国能源禀赋的特点是富煤、贫油和缺气，要实现规模化低碳乃至无碳能源，需要尽可能少用碳基能源，提升碳基能源利用效率，发展相对减碳的路径利用，研发碳捕集利用路径。为实现“碳中和”目标，要加快构建清洁低碳安全高效的能源体系，拆掉能源体系中的“围墙”，让各能源品种有机融合，共同担当起降碳减排的重任。

随着经济全球化和信息技术的快速发展，人才、资本、技术和数据等创新要素在全球加速流动和配置，“碳中和”成为重要方向。“碳中和”承诺是中国经济发展到新阶段的一个必然和更高的要求，是摆脱对资源和资本高强度投入的机会。只有认清方向，把“碳中和”的压力转变为新型能源产业技术、清洁能源业态发展的机遇和中国经济实现产业升级的动力，才是实现“碳中和”目标的关键要点。

第二章　现代能源与矿业治理体系内涵与技术架构

第一节　第四次工业革命对能源、矿业发展的影响

一、第四次工业革命的缘起和特征

人类社会的发展离不开技术的进步，在近代史上已发生过3次工业革命，现在正迎来第四次工业革命。第一次工业革命起始于18世纪，英国发明了蒸汽机并且得到了广泛的应用，从此煤炭开始逐渐代替了之前的人力、畜力，人类的生产方式从纯手工化逐渐转为机械化，生产效率得到了巨大提高。第二次工业革命始于19世纪70年代，美国开始了电力和内燃机的使用，催生了大规模的生产方式，促进了经济发展，极大地改变了人们的生活方式，还为“石油时代”和“汽车时代”打下了物质基础。第三次工业革命从20世纪60年代开始，是以半导体技术、互联网及计算机为代表的数字革命，不仅进一步改革了生产方式，提高了生产效率，还注重清洁能源的开发，提倡可持续发展的新能源体系革命。

（一）第四次工业革命缘起

在德国，工业4.0这一概念最早在2011年的汉诺威工业展上提出，它描绘了全球价值链将发生的变革。其技术基础是网络实体系统及物联网，旨在提升制造业的智能化水平，建立具有适应性、资源效率及基因工程学的智慧工厂，实现产品生产的彻底定制化，并催生新的运营模式。2016年9月，二十国集团领导人杭州峰会发布了《二十国集团新工业革命行动计划》，认为人类社会正进入新工业革命时代，二十国集团成员国要共同行动，通过有效的沟通协作，开展教育、劳动力技能培训、新型工业基础设施建设、知识产权保护等，促进全球经济增长。同时发布的《二十国集团创新增长蓝图》，也认为，一系列全新的先进技术，如机器人、人工智能、3D打印、云计算、纳米技术、生物技术等取得重大

进展，这些技术正深刻地改变制造方式和商业模式，在这种环境下，政府、企业、员工等各方要识别和应对这些挑战，利用机遇，将新工业革命带来的社会成本降至最低。

（二）第四次工业革命特征

研究认为第四次工业革命具有以下特征：第四次工业革命发展速度很快，涉及领域很广，并且造成了系统性的影响。第四次工业革命的发展速度呈现指数级发展，而不像前几次工业革命的线性发展，在各大领域都不断有新型突破性技术的同时，各大领域之间融会贯通，相辅相成，催生出更新、更强大的技术；并且它结合了经济、商业、社会和个人等各个层面的技术，不仅改变了人类所做的事情以及做事情的方式，同时还改变了人类自身。而它带来的影响也十分强大，它包含了国家、公司、行业和行业内部之间以及整个社会所有体系的变革，对整个社会系统都产成了很大的影响。在能源危机得到世界各国高度重视的同时，第四次工业革命席卷全球。第四次工业革命始于 21 世纪初，其内涵是以人工智能、清洁能源、大数据、新型通信技术、虚拟现实以及生物技术为主的技术革命，并且通过这些技术驱动了社会生产方式的变革。

在众多技术中，清洁能源技术与能源、矿业资源的开发利用直接相关。近些年，非常规油气和深水油气、化石能源清洁高效利用、可再生能源、智能电网、安全先进核电等一批新兴能源技术正在改变传统能源格局。可以预见，清洁能源技术必然会大幅度提升风电、光伏发电以及核能、氢能等新型能源的开发利用效率，降低煤炭、石油等一次性能源的消耗占比，降低二氧化碳的排放，带动世界新型能源格局的形成。

此外，更为重要的是，作为第四次工业革命主要驱动力的人工智能、5G、大数据、物联网和区块链等新一代信息技术与能源行业的深度融合，与世界能源转型的智能化不谋而合，对能源与矿产资源开发利用的影响力同样不可小觑。

二、第四次工业革命对能源、矿业带来的影响

首先，第四次工业革命将带来能源生产效率的大幅度提升，帮助能源生产企业提高能源勘测开发利用率。无人控制、人工智能等技术的发展，使得能源生产的智能化、无人化成为可能，大批机器人取代人力资源将成为生产一线的主力，从而带来能源勘探、开采等环节生产效率的提升。

其次，第四次工业革命将颠覆能源供给与消费模式，能源供给分布式、精准化、定制化，能源消费绿色化将成为未来能源与矿业资源利用的新模式。随着能源与新一代信息技术的深入融合，近些年采用能源互联网进行分布式能源供给与

消费已在世界范围内达成共识。此外，利用云计算和大数据技术采集处理产业链下游最终客户的能源消费数据，并利用人工智能等手段进行分析，能够更好地掌握能源消费情况，从而为能源的精准化供应提供科学的数据支撑。最后，能源消费将面向终端客户提供更为个性化和定制化的需求，以及能效管理服务。

再次，区块链与能源交易环节的深度融合将使得能源交易更为方便和透明，从而促进能源供给方以用户为中心对能源与矿业资源进行开发利用。能源区块链能够实现对能源的数字化精准管理，清晰记录能源资源的来源和用途，实现精确管理和结算。在点对点的能源交易中，尤其是对于分布式能源，通过区块链可以实现用户和能源企业之间的点对点交易，从而进一步影响能源供给结构。

最后，对能源勘测、生产、供给、转换、销售、消费等能源产业链各环节数据的精准收集、分析与处理，能够帮助政府部门掌握能源存量、产量、消费结构、碳排放等关键数据，科学合理地制定能源安全策略，从宏观层面对能源矿产资源的开发利用进行调配，在保证社会经济增长的同时，降低碳排放量，控制环境与大气污染，真正实现绿色环保。

综上所述，第四次工业革命不仅加快了风能、光能、核能等新型能源的开发利用速度，也利用新一代信息技术从根本上颠覆了传统的能源与矿业资源开发利用模式，推动能源开发利用向着更为绿色环保、高效智能、个性定制化的方向发展，有效支撑了能源与矿业领域的现代化治理以及国家能源战略转型。

第二节　第四次工业革命与中国能源革命的思考

从前几次工业革命对世界的影响可以看出，工业革命与能源革命存在着密切联系。除了第一次能源革命以外，每一次能源革命发生以后，都会产生新一轮的工业革命。而工业革命又可以促进能源的开发和利用。中国在全球能源结构发生变化的背景下，也面临着机遇和挑战。

一、提高天然气在能源结构中的所占比例

近年来，一直在传统燃料中占主导地位的石油和煤炭开始面临着资源量不足以及环境污染严重的问题，而全球天然气资源量丰富，据 BP 能源报告显示，至 2017 年，全球天然气能源已探明储量可观，且处于稳步增长阶段；并且天然气能源清洁、低碳、环保，应当成为大力开发和大规模应用的能源之一。另外，对于可再生能源的大规模应用，需要更多的技术突破与国家政策的支持与完善。因此，就目前状况来看，既要保持能源的供应充足，又要兼顾环境污染等方面的问

题，天然气作为充足的低碳环保的清洁能源，提高其在能源结构中的比例无疑是解决问题的重要途径。

二、推进煤炭清洁高效利用

到目前为止，煤炭依旧是我国的主体能源。2017 年我国的能源结构中，总能源消费 3.1322 Gtce，煤炭能源消费 1.8926 Gtce，虽然相比往年已经在持续下降，但仍占总能源的 60.4%，远远超过世界主要国家煤炭所占比例 20.6% 的平均值。以第四次工业革命为背景，在今后的发展中，我国应当利用新型科学技术，继续降低煤炭在能源结构中的比例，提高煤炭的生产技术和高效利用技术，使煤炭能够更加高效、清洁地生产和使用，减少污染排放。

三、积极发展清洁能源及其他可再生能源

近年来空气污染问题日益严重，随着层出不穷的新技术的出现，必将带动清洁能源及可再生能源行业的发展，使这些能源的应用成本降低。当清洁能源与可再生能源的成本与传统化石能源的成本相差无几时，这些能源清洁、高效的特点将会有很大的优势。所以，在第四次工业革命的浪潮中，我国应当抓住机遇，大力促进清洁能源与可再生能源的开发和应用，利用新型科学技术及工业技术，使其使用成本更低，应用范围更广，并且更具稳定性。提高其在能源结构中的比例，大幅度减少煤烟型大气污染，提高大气质量。简而言之，优化能源结构，减少传统化石能源的消费量，快速发展清洁、高效、低碳的新型能源，以代替传统化石能源，才能在第四次工业革命中占领先机。

四、积极发展水电，使其成为能源支柱之一

根据 2017 年世界主要国家能源消费结构数据来看，2017 年我国水力发电占总能源结构的 8.3%，高于世界主要国家水力发电所占比例 6.9%。水电是 2030 年前可再生能源发展的第一重点，而且资源清晰，技术成熟。我国小水电资源丰富，可开发的资源有 1.2×10^{8} kW，居世界首位，占全国技术可开发水能资源的 22%，其中西南地区可开发资源高达 4.9×10^{7} kW。我国具备充分开发利用水力资源的技术能力和投资能力，尽管水电分布比较集中，部分水电需要长距离外输，但第四次工业革命中，由于更多新技术的开发和应用，在解决这些问题的同时，这方面的技术能力将会再次得到加强，水电将成为我国的绿色能源支柱之一。水电能源可靠性高，可控性强，是十分具有竞争力的优质资源，其开发和利用对于工业化国家来说十分重要。我国的水力资源、技术能力、投资能力均具备

优势，应当把发展水电放在优先地位。

第四次工业革命，是以人工智能、清洁能源、机器人技术、量子信息技术、虚拟现实以及生物技术为主的技术革命，并且通过这些技术驱动了社会生产方式发生变革。从前三次工业革命来看，工业革命与能源革命存在密切的联系。除了第一次能源革命以外，每一次能源革命之后，都会产生新一轮的工业革命，而工业革命又可以促进能源的开发和利用，从而促进下一次的能源革命。第四次工业革命对于未来能源的发展无疑有着重要的影响，其中包含着无限的机遇与挑战。世界各个主要国家对本次工业革命都有各自的应对措施，而中国同样也需要找到符合国情的应对措施，抓住机遇应对挑战，从而踏上时代的浪潮。我国的能源结构与世界能源结构有所差异，需要找到属于自己的能源发展路径。

第三节　中国现代能源与矿业治理体系的内涵

一、国家治理体系和能源治理体系的关系

党的十八届三中全会通过的《中共中央关于全面深化改革若干重大问题的决定》提出："完善和发展中国特色社会主义制度、推进国家治理体系和治理能力现代化"，首次将国家治理体系和治理能力与现代化联系在一起，揭示出国家现代化与国家治理之间存在密切关系。国家治理体系是在党领导下管理国家的制度体系，包括：经济、政治、文化、社会、生态文明和党的建设等各领域体制机制、法律法规安排，是一整套紧密相连、相互协调的国家制度。

能源与矿业行业是国民经济的重要基础，关系到社会的稳定与发展，是习近平总书记和党中央一直重点关注的领域。在中央财经小组第六次会议上，习近平总书记明确提出"四个革命、一个合作"能源安全新战略，即能源消费革命、能源供给革命、能源技术革命、能源体制革命，以及"一带一路"能源合作；并在《中共中央关于坚持和完善中国特色社会主义制度、推进国家治理体系和治理能力现代化若干重大问题的决定》中提出："全面建立资源高效利用制度，推进能源革命，构建清洁低碳、安全高效的能源体系"。据此，能源与矿业治理体系是国家治理体系在能源与矿业领域的具体体现，是国家治理体系的重要组成部分，需要以国家治理体系为指导，同时体现能源与矿业自身发展规律和发展实际。落实能源安全新战略，推进现代能源与矿业治理体系已经成为国家治理体系和治理能力的重要组成部分，对国家治理体系有重要的支撑作用。2020 年 4 月 20—23 日，习近平总书记在陕西考察调研时强调要全面落实党中央决策部署，

坚持稳中求进工作总基调，坚持新发展理念，扎实做好“六稳”工作，全面落实“六保”任务，努力克服新冠疫情带来的不利影响，“保粮食能源安全，保产业链供应链稳定”为能源与矿业治理体系建设提出了更高的要求，凸显了国家对能源与矿业治理的重视。国家治理体系和现代能源与矿业治理体系的关系如图2-1所示。

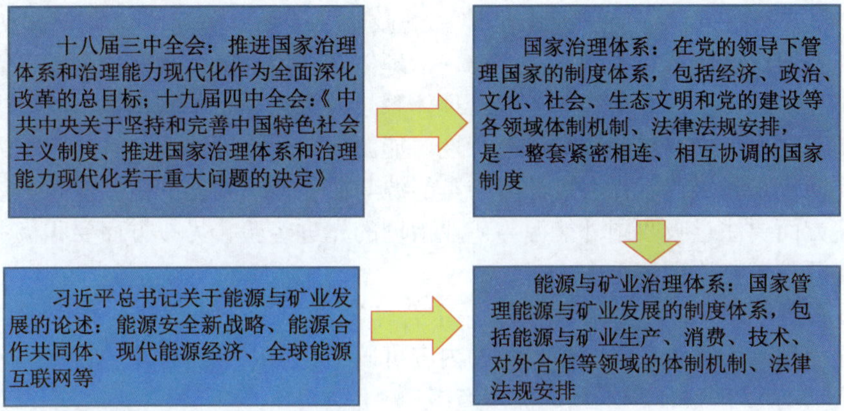

图2-1　国家治理体系和现代能源与矿业治理体系的关系

二、能源与矿业治理体系内涵

习近平总书记“四个革命、一个合作”能源安全新战略及《中共中央关于坚持和完善中国特色社会主义制度、推进国家治理体系和治理能力现代化若干重大问题的决定》为我国能源战略安全做出了正确规划，引领我国能源行业发展进入了新时代。

现代能源与矿业治理体系理论内涵可以表述为以下3个方面：第一，绿色低碳。秉承“绿水青山就是金山银山”的生态观，树立生态优先，绿色发展的理念，将新一代信息技术与绿色开发利用技术深度融合，推进立体生态产业体系，升级绿色管理制度，不断提高生态治理能力，实现生态与产业良性互补的绿色发展格局。第二，智慧创新。工业互联网、移动应用程序、技术和组织网络、物联网等数字空间将成为能源与矿业治理的重要场景，决策科学化、社会治理精准化、公共服务高效化将成为现代能源与矿业治理体系的主要特征，能源与矿业产业逐步实现科学化、精细化、智能化。第三，多元协同。借助新一代信息技术构建的协同治理平台，政府、企业、公民、社会组织将共同参与能源与矿业治理，形成“全方位、多维度、跨区域、跨领域、多主体”的多元协同治理制度体系，监督管理体制和问责机制将不断完善，区域间发展日趋均衡、产业内部和外部治理体系逐渐协调、治理精细化水平将大幅度提升。

现代能源与矿业治理体系的特点可以表征为：①规范、约束和引领性。能源与矿业治理体系中的体制机制、法律法规对相关主体行为具有约束、规范和引领作用。②系统性。能源与矿业治理体系受政治、经济、社会、文化等多因素影响，涉及面广，利益相关者复杂多样，治理体系和治理能力现代化是一项复杂的系统工程。③现实性。能源与矿业治理体系建设必须立足中国国情，解决中国能源与矿业发展中的突出问题。④社会性。能源与矿业治理体系一旦建立，需要全社会共同遵守和执行，社会广泛参与是能源与矿业治理效能的重要保障。⑤开放性。一方面要注意吸收国外能源与矿业治理的先进经验，另一方面要积极参与到全球能源与矿业治理体系中去。

在习近平总书记“四个革命、一个合作”能源安全新战略的指引下，能源与矿业治理体系和治理能力现代化的内容可以细化为以下内容。

（一）节约能源，优化能源消费结构

能源是经济活动中必不可少的投入要素，在经济高速或中高速发展的条件下，能源消费会导致资源枯竭和环境污染问题。同时，“富煤少油”的能源结构特点使我国经济在发展的同时呈现高煤耗、高排放和低效率的问题。针对此问题，各级政府可以基于5G、大数据、区块链、人工智能等新一代信息技术对能源消费结构进行消费模式分析与精准预测。通过产业结构升级优化能源消费结构，引导产业结构向清洁能源、低排放的方向调整，并对生产设备升级、技术研发等进行资源投入，根据行业特点合理规划行业规模、高耗能行业比重等，促进产业协调发展。此外，针对能源消费结构调整的区域差异，调整并促进产业布局，分区域推动清洁能源、低耗能产业发展，实现产业结构与能源消费结构的协调发展，以产业结构升级带动能源消费结构优化。

（二）保障供给，构建能源安全体系

当前国际政治格局与经济格局正发生着深刻的变革，国内经济结构转型加快，我国能源安全体系面临着前所未有的考验。我国实现能源安全需要获得数量充足且品质和价格适宜的能源供应，为经济持续稳定发展提供保障。针对面临的资源劣质化、勘探对象复杂化、勘探技术瓶颈、机制不灵活等方面的制约，以区块链技术为支撑，围绕能源数量、能源品质和能源价格3个方面保障供给，构建能源安全体系。首先，在“一带一路”的发展机遇下，扩大对外油气资源合作，

构建多渠道供应的保障供应体系，保障我国能源市场的稳定供应。同时，运用市场化思维调动能源社会治理力量，激发我国能源供给潜力，保障能源数量安全。其次，能源清洁化是当前世界能源结构转型的重点，结合我国当前大力推动的生态文明建设，推动能源生产和消费革命，提升我国能源品质，构建绿色清洁能源供给体系，保障能源品质安全。最后，能源价格关系国家的国际竞争力，在经济快速发展的背景下，能源价格对我国的经济政治实力提升有重要作用。除了能源勘探量以外，制约能源价格的关键因素在于技术瓶颈。通过自主创新、管理创新与持续创新，围绕世界能源领域研究前沿及关键技术瓶颈，加大科技人才培养与技术攻关，保障能源价格安全。

（三）深化改革，保障能源与矿业治理

能源作为战略资源，具有公共物品属性，同时其价值受供需关系的影响，也具有一般商品的属性，需要结合政府管理和市场调节的方式调节其在国民经济不同部门之间的配置。在深化国有能源企业体制机制改革方面，推进重点领域价格改革，进一步完善税费改革，发挥构建调节作用，构建现代能源市场体系。针对能源价格改革，确定政府管控与市场调控的边界，通过严格履行政府能源领域管理职能以及由市场决定能源配置与价格的方式，分别对竞争和非竞争性领域进行深化改革。针对能源税费改革，通过资源税、环境税、能源消费税等税种的制定及约束，引导能源开采、生产和消费，实现能源消费结构向清洁能源方向转变。同时，通过财政和税收补贴的方式，引导市场向高效和可再生能源的产业结构调整。在推进能源与矿业领域法制建设方面，我国能源与矿业领域法律法规不健全，存在能源与矿业基本法缺失、法律内容不健全且与经济发展形势不匹配、法律执行不到位等问题。结合我国国情及能源与矿业领域特点，构建以《能源法》为基础的能源法律法规体系，并完善法律法规的实施细则，提升能源与矿业相关领域法律的科学化、系统化。在健全能源与矿业监管体系方面，采用5G通信技术、大数据分析及区块链等新一代信息技术对能源进行全周期监测、预警、响应及信息监管，为现代能源市场体系发展创造良好环境。

（四）科技驱动，发展绿色与智慧能源

当前，5G、大数据、人工智能以及区块链等新一代信息技术在关键技术、设备、系统平台等方面已具备应用基础，且已在垂直行业获得初步应用，深度融合成为未来趋势。大数据获取、存储、管理、处理、分析等相关技术已有显著进展，在行业内的预测性及指导性应用将是其未来发展的重点。我国区块链相关专利数已占全球区块链专利数的80%以上。基于人工智能的技术已在能源和矿业行业各领域深入应用，智能矿山建设已取得初步成就。

新一代信息技术在能源与矿业领域融合发展的过程中，采取积极稳妥的推进方式，先以矿业领域为依托，基于5G与人工智能技术实现能源开采智能化等关键技术突破、落地与推广，并促进标准形成。同时，选择矿业领域内应用成熟的技术进行产业外推广，如大数据与分布式清洁能源发电、区块链与能量转换等。

（五）发挥大国责任，构建国际能源新秩序

中国作为世界能源消费大国，中国的能源治理离不开世界，世界能源产业的发展同样离不开中国，中国需要在国际能源治理体系中承担重要角色，参与国际能源定价、多边能源机制、能源信息配置等方面。在构建国际能源新秩序的过程中，最大限度地发挥自身优势，合理有效地利用国际能源市场，逐步构建公平、开放、合理、有序的国际能源市场新秩序，增强中国话语权和影响力，将成为中国推进能源与矿业领域现代治理体系的重点。

第四节　中国现代能源与矿业治理体系架构

构建能源与矿业治理体系是一个庞大而复杂的系统工程，涉及社会发展的方方面面，这就要求中国能源与矿业的发展必须坚持立足国内的具体情况和改革开放的基本国策，以国内能源稳定增长为基础，以能源结构优化为手段，以促进国际合作为机遇，全面保证中国能源的稳定供应。

一、总体思路

以“生态优先、绿色发展”作为核心理念，以“技术创新、智慧发展”作为核心手段，以“协同融合，共同发展”作为主要特征，从经济社会发展阶段与国家重大战略需求出发，在尊重能源与矿业资源开发利用技术发展规律的基础上，结合新一代信息技术带来的革命性变化，加快能源与矿业领域“智能化、绿色化”开发、“低碳化、集约化”利用、“网络化、服务化”管理的全面科技创新，重塑“治理主体多元化、治理方式规范化、治理手段立体化”的现代能源与矿业治理体系，为满足经济社会可持续发展的资源需求提供具有资源、环境、经济竞争力的能源与矿业社会产品和服务。

二、基本原则

（一）坚持基本能源要素发展路线

国家能源开发和矿产资源储备情况是影响一个国家能源事业发展的基石，现

有能源结构不仅影响国家能源与矿业事业发展的主体导向方向，而且决定了国家能源开发和利用设备以及技术水平的发展。现已探明的中国能源与矿产资源储备情况呈现出“丰煤、少油、缺气”的状况，且石油与天然气对外依存度逐年上升。利用、节约和发展好中国现有的能源资源，是目前维持国家长治久安，保证新能源创新开发，维持社会正常运转的唯一选择，因此我国目前的能源治理方针，必须把握住坚持基本能源要素发展的路线，加快发展对现有及进口煤油气的综合治理。

坚持现有基本能源要素的使用和发展是我国目前保障国家能源安全及维持社会正常发展的根本要求，是探索能源发展问题的基本方向。坚持国家经济建设创新改革与国际化发展合作是坚持能源基本要素发展的前提条件和技术保障。

（二）提高市场化的能源使用与配置效率

随着我国能源发展市场程度的不断推进，国家能源管理层级的划分逐渐清晰，权责发生和追究制度的优良效果得以显现。通过提高我国市场化的能源使用预配置效率，大量能源类国有企业长期垄断的市场地位受到挑战，资源、资本技术人才的竞争不断加剧，迫使这些企业更新技术提高运作效率，努力降低成本。在国家能源节约、提高使用效率和开发效率得以实现的基础上，使得大量企业的商业化运作模式改善，企业透明程度进一步加大，对社会监管、政府监管的实施提供了巨大便利。

（三）加快能源探索与技术创新进程

在不断推进和加速改善现有基本能源使用的基础上，加快发展和探索新能源开发和运用新技术是能源发展可持续的基本要求。为尽快适应世界能源格局变化，保证自身能源供给和运行安全，世界各国在能源探索与技术革新的进程中均投入巨大，除了对传统能源领域发展的大力支持，我国在能源创新领域也做出了诸多规划和投入。

新能源发展与能源技术创新大力推动和促进了全国范围内加强资源勘探、推进能源高效利用、推动能源供应、加快能源储运等相关产业的建设。实施能源民主等能源发展和使用的工程建设，充分体现了我国政府对能源创新发展事业的关注，作为社会发展和经济增长的重要引擎，能源创新预示着我国各领域事业的发展进程和社会进步速度，对缩小与发达国家间的差距，提高群众生活质量具有巨大的战略性意义。

通过国家支援以及技术探索，为我国能源企业的发展注入了新的活力，带动了全国范围内传统能源产业和新能源产业的良好互助发展，极大地鼓舞了我国行业发展的创新升级，为经济新常态下保持经济平稳发展打下了坚实的基础，同时能源治理战略性规划对我国加强国际合作，吸取国外优秀成果，展示我国的研发和创新能力，都具有窗口和示范作用。

三、战略目标

（一）总体目标

建立符合我国发展需求和资源特色，具备国际竞争力的能源与矿业治理体系，实现我国能源与矿业向以“绿色低碳、智慧创新、多元协同”为特征的新阶段迈进。

在治理主体方面，实现从一元主体治理向多元协同治理的转变。在治理结构方面，通过流程再造，将从数据孤岛、泛在互联的方式，实现从垂直化管理到扁平化治理的转变。在治理机制方面，实现依法执政，全程留痕，阳光治理。在改革能力方面，实现从经验决策到数据支撑、科学决策的转变。在发展能力方面，实现从资源驱动到数据驱动的转变。在稳定能力方面，实现从事后处理到事前预警和常态化管理的转变。

（二）阶段目标

1. 中期目标（2025）——构筑高地，科技强体

能源与矿业领域全面实现数字化、网络化、大数据化，人工智能、区块链技术应用环境初步建立。

矿业资源新技术研发与产业化支撑能力显著增强，部分技术达到世界领先，智能化、绿色化、服务化的治理水平大幅度提升。

2. 长期目标（2035）——科技领跑，安全可控

基本形成安全、高效、可靠的能源与矿业信息技术体系，夯实现代能源与矿业治理体系的建设基础。

构建成熟的技术规范与标准体系，推进能源与矿业科技产业体系不断完善，多数关键技术世界领先。

构建全流程透明感知、空地井大容量信息、全行业可信交易网络与监管网络，初步构建现代能源与矿业治理体系。

3. 远景目标（2050）——体系跃升，高端引领

能源与矿业、人工智能深度融合，能源生产、流通、使用、监管实现全智慧化，信息和智能成为能源行业生产与监管的第一驱动力和保障。

能源与矿业工程科技在世界范围内系统性领先。

全面实现我国能源与矿业治理体系和治理能力现代化。

四、整体构架

我国能源与矿业治理体系可以划分为3个层面，即价值、组织、制度3个层面。结合当前我国能源与矿业领域发展的基本现状，基于我国的具体国情，绿色低碳、智慧创新、多元协同的核心价值理念将引领我国能源与矿业治理体系现代化。制度作为基本原则和实质性内容而存在，是规范治理行为的法理基础和实施总纲，包含资源、经济、文化、社会等领域。而组织作为能源与矿业领域治理行为的承载主体和实现力量则发挥着最为重要的作用，包括政治权力系统、社会治理系统、经济组织系统，即政府治理、社会治理、企业治理三大主体。在这3个层次中，价值发挥引导、制度规范框架、组织承载行为，三者是一个系统的整体。我国能源与矿业治理体系的基本框架如图2-2所示。

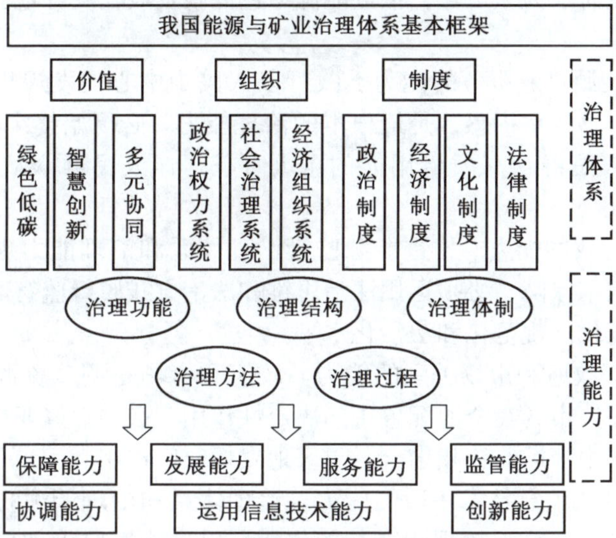

图2-2　我国能源与矿业治理体系的基本框架

从系统论出发，能源与矿业治理体系和治理能力是一个有机整体，相辅相成，完善的治理体系才能提高治理能力，提高治理能力才能充分发挥治理体系的效能。我国国家治理体系可以划分为治理结构、体制、功能、方法、过程5部分。治理结构关注能源与矿业治理主体构成及其相互关系，包含政府、企业、社会团体、公民个人等多个主体，并且不断协调相互关系实现治理体系的科学化、合理化、现代化；治理体制强调打破区域限制，以合理、高效的规范制度来实现组织成长和功能优化；治理功能是能源与矿业治理体系具备的治理能力；治理方法体系则着眼于实现治理能力现代化的具体手段，如新一代信息技术的融合应用等；治理过程则强调能源与矿业治理体系的运作过程。

提升能源与矿业治理能力在保障能源安全，促进经济发展，维护社会稳定三大核心能力的基础上，着力提升7种能力，形成支撑国家治理体系，推进能源与矿业治理体系现代化的治理能力。

（1）促进能源安全供应保障的能力。能源是经济社会发展的重要物质基础。必须强化政治意识、大局意识，始终把促进能源安全供应保障放在第一位，抓好能源供应保障监管，督导守好安全生产底线。

（2）推进能源高质量发展的能力。高质量发展是国家治理体系和治理能力现代化的目标任务。必须以推进能源供给侧结构性改革为主线，以满足经济社会发展和民生用能需求为立足点，推进能源绿色低碳发展，更好地服务经济社会发展大局。

（3）推进能源普遍服务的能力。践行以人民为中心的发展思想，让人民群众有更多的获得感、幸福感，是最根本的治理能力。必须始终牢记初心和使命，坚决扛起保障人民群众高质量用能的重大责任，让人民群众从“用上能”到“用好能”。

（4）依法行政的能力。推进能源监管治理体系和治理能力现代化，法治是制度基础，是根本保障。必须运用法治思维和法治方式履行监管职责，不断提高能源监管的制度化、规范化和法治化水平。

（5）处理好政府和市场关系的能力。政府和市场是调节资源配置的两种不同机制。必须发挥市场在资源配置中的决定性作用，必须抓好职能转变，做到简政放权与加强事中事后监管相结合，更好地发挥政府作用。

（6）运用现代信息技术手段的能力。治理体系和治理能力现代化离不开现代科技支撑。必须充分发挥现代科技的作用，促进能源监管和信息科技深度融合，推动“互联网+监管”，提高能源监管的智能化、数字化水平。

（7）改革创新的能力。改革创新是完善治理体系、提升治理能力的重要途径。必须坚持创新思维和问题导向，紧盯主要矛盾和薄弱环节，与时俱进、开拓创新，不断提高监管的整体效能，探索出一条适合我国国情、监管有效的能源监管模式。

五、指标体系

习近平总书记指出：“国家治理体系是在党领导下管理国家的制度体系，包括经济、政治、文化、社会、生态文明和党的建设等各领域体制机制、法律法规安排，是一整套紧密相连、相互协调的国家制度。国家治理能力是运用国家制度管理社会各方面事务的能力，包括改革发展稳定、内政外交国防、治党治国治军等各个方面。

构建现代能源与矿业治理体系和治理能力指标体系，表征能源与矿业治理体系和治理能力现代化水平，有助于及时发现问题，并为能源与矿业治理体系与治理能力现代化建设提供方向。针对能源与矿业领域现状、特征及存在问题，在现代能源与矿业治理体系影响因素分析的基础上，从能源与矿业治理过程角度出发，认为能源与矿业治理体系涵盖规划和决策体系、支持体系、评估体系、监督体系 4 个方面。首先，规划和决策体系是现代能源与矿业治理体系最重要的组成部分，这一体系决定了能源与矿业现代化建设的方向与手段。现代能源与矿业规划和决策体系应该是战略性与前瞻性的，通过法律、政策及制度等方式予以构建。其次，现代能源与矿业支持体系是指政府对于能源与矿业行业的资源支持，包括财政支持、简政支持、定价等放权支持等。再次，现代能源与矿业评估体系是指政府、媒体、社会等主体对能源与矿业治理状况的评估。通过社会调查研究、通信技术、大数据分析、区块链技术等进行信息采集、信息加工、信息分析、信息提炼等，对能源与矿业治理状况进行总体考察，判断能源与矿业系统的治理现状及治理方向。最后，现代能源与矿业监督体系包括行业内部监督、政府监督、媒体监督、社会监督等部分组成。监督体系的存在保障了现代能源与矿业治理体系的问题识别与持续改善，在此过程中需要保证行业内部、政府部门、媒体及社会等监督主体的信息获取与表达的权力。

能源与矿业治理体系的构建为能源与矿业现代化建设奠定了实现基础，而现代能源与矿业治理能力是实现治理实效的目的与关键。现代能源与矿业治理能力体现在能源与矿业治理的全过程，通过治理能力的控制与调节实现能源与矿业行业的战略目标。现代能源与矿业治理能力建设指标体系包括合法化能力、规范化能力、一体化能力、危机响应能力和管控能力。首先，合法化能力是实现能源与矿业现代化的首要能力，是获取社会与行业认可、支持与肯定的前提。因此，现代能源与矿业治理能力的首要问题是完善能源与矿业领域的法律体系，使法律体系与行业现代化发展相匹配，在现代化建设过程中获得合法性支持。其次，现代能源与矿业治理规范化能力是在能源与矿业行业现代化战略目标下，政府部门、能源与矿业行业按照权责分配各司其职，形成统一合力，实现治理目标的能力。规范化能力包括：政府对能源与矿业行业的规范能力以及能源与矿业行业的自身规范能力，体现在监督、约束、控制、规制等方面。再次，一体化能力是能源与矿业治理现代化过程中一项重要能力。能源与矿业行业在自身发展过程中的利益诉求表征为多元性和无限性，而政府制定法律与政策规定能源与矿业行业的活动范围与权限是有限的。当政府不能依据行业变化与发展需要制定治理纲领时，能源与矿业行业的一体化能力就会受到削弱，从而引起治理危机。最后，危机是任何行业、组织及个体均会面临的问题，是常态化的现象，对危机的响应及管控能力是能源与矿业治理现代化过程中一项重要的能力。现代能源与矿业危机响应与管控能力至少应该包括危机识别能力、危机评估能力、危机预警能力、危机控制能力，通过持续运行的危机闭环管理系统使得危机迅速响应及应对，尽快恢复能源与矿业领域的常态化治理。

根据上述指导原则，可以将能源与矿业治理体系和治理能力现代化建设指标体系构建成表2-1的形式。其中，规划和决策体系、支持体系、评估体系、监督体系、合法化能力、规范化能力、一体化能力、信息化与公众服务能力、危机响应和管控能力为9个一级指标，并利用规划与决策体系的战略性等33个二级指标对各环节进行详细说明。通过构建指标体系为能源与矿业治理体系和治理能力现代化提供建设方向。

表2-1　能源与矿业治理体系和治理能力现代化建设指标体系

	一级指标	二级指标	指标描述
现代能源与矿业治理体系	规划和决策体系	战略性	现代能源与矿业行业发展目标、方向
		协调性	能源与矿业行业现代化建设各阶段、资源投入量、建设进程等各方面协调配合
		适应性	现代能源、矿业规划和决策体系与治理环境、参与主体、构建过程相适合的现象
		有效性	规划和决策体系达到预期效果的程度
	支持体系	财政支持	政府为能源与矿业治理现代化投入的资金
		简政支持	政府简化行政审批环节
		放权支持	政府对能源定价等放权支持
		技术支撑	能源与矿业信息收集及能源与矿业治理决策平台建设
	评估体系	政府评估	政府通过信息收集、评估信息分析、综合评判等对现代能源与矿业治理情况进行总体评价
		社会评估	社会舆论、电子媒介、纸媒、协会等对现代能源与矿业治理体系的总体评价

表 2-1（续）

<table>
<tr><th></th><th>一级指标</th><th>二级指标</th><th>指 标 描 述</th></tr>
<tr><td rowspan="6">现代能源与矿业治理体系</td><td rowspan="6">监督体系</td><td>内部监督</td><td>国家各层级部门对现代能源与矿业治理体系的监督体系</td></tr>
<tr><td>政党监督</td><td>中国共产党和各民主党派对现代能源与矿业治理体系的监督体系</td></tr>
<tr><td>行业监督</td><td>能源与矿业现代化建设实施自我监督与主体间监督</td></tr>
<tr><td>社会监督</td><td>社会各组成部分对现代能源与矿业治理体系的监督体系</td></tr>
<tr><td>信息获取权</td><td>各监督主体的信息知情权</td></tr>
<tr><td>信息表达权</td><td>各监督主体的表达权、评判权和建议权</td></tr>
<tr><td rowspan="17">现代能源与矿业治理能力</td><td rowspan="2">合法化能力</td><td>法律体系完整度</td><td>能源与矿业治理法律体系的完整性</td></tr>
<tr><td>法律体系匹配度</td><td>能源与矿业治理法律体系和其现代化建设的匹配程度</td></tr>
<tr><td rowspan="4">规范化能力</td><td>监督能力</td><td>政府对能源与矿业行业现代化建设过程中的监督能力</td></tr>
<tr><td>约束能力</td><td>政府对能源与矿业行业现代化建设过程中的约束能力</td></tr>
<tr><td>控制能力</td><td>政府对能源与矿业行业现代化建设过程中的控制能力</td></tr>
<tr><td>规制能力</td><td>政府对能源与矿业行业现代化建设过程中的规制能力</td></tr>
<tr><td rowspan="3">一体化能力</td><td>行业变化预测能力</td><td>对能源与矿业行业主体诉求和需要予以关注，并对行业发展趋势进行预测</td></tr>
<tr><td>政策动态调整能力</td><td>依据能源与矿业行业变化和预测，对能源与矿业现代化构建的政策予以调整</td></tr>
<tr><td>社会参与及协同能力</td><td>能源与矿业治理中的社会参与及响应能力</td></tr>
<tr><td rowspan="4">信息化与公众服务能力</td><td>标准化能力</td><td>能源与矿业各领域标准、统计和计量体系健全程度</td></tr>
<tr><td>信息化能力</td><td>能源与矿业各领域信息报送的自动化和及时性</td></tr>
<tr><td>智能决策能力</td><td>能源与矿业治理决策的智能化程度</td></tr>
<tr><td>社会服务能力</td><td>能源与矿业大数据平台建设及社会服务能力</td></tr>
<tr><td rowspan="4">危机响应与管控能力</td><td>危机识别能力</td><td>能源与矿业行业现代化建设过程中的危机预知与识别系统</td></tr>
<tr><td>危机评估能力</td><td>危机分析与评价能力</td></tr>
<tr><td>危机预警能力</td><td>危机警示能力</td></tr>
<tr><td>危机控制能力</td><td>危机应对能力与危机善后能力</td></tr>
</table>

六、实现路径

结合新一代信息技术的演进与扩散，勾勒出建设现代能源与矿业治理体系的技术路线图。

（一）立足自身发展提升能源治理水平

根据中国自身的能源特点，结合当前国际能源发展新趋势提升中国能源治理水平，中国既是能源生产大国也是能源消耗大国。其中石油生产量为世界第一、消费量为世界第二、进口量为世界第一、石油需求增长为世界第一、原油对外依存度已经超过了60%，天然气超过1/3依靠进口。作为中国最大的能源消费形式的煤炭也需要大量进口，目前中国已经成为全球最大的煤炭进口国，国家能源消费在2013年就已经超越美国成为世界第一。作为世界最大的碳排放国家，中国的发展必须以立足自身发展为基础，虽然目前主要化石能源对外依存度很高，但是在能源治理与能源消费等诸多问题上必须坚持从中国国情出发。认清能源治理形式，大力发展自身能源产业，以科学发展观为指导推进新能源、可再生能源的开发利用，优化能源产业结构，提升能源综合治理水平。

1. 节约能源，优化能源消费结构

能源消费观念和消费习惯是能源治理意识形态方面的内容，关系到国家能源政策的方方面面，大到能源政策的制定、能源产业结构的调整，小到每一个人是否有节能环保意识“少用1度电少开一天车”。节约能源自国家十一五规划以来已经越来越得到政府和社会的重视，中国的能源消费观念随着中国社会经济的发展也发生了变化。自新中国成立之初到1978年改革开放的第一个阶段，能源的生产和消费主要是粗放型能源消费模式，该模式虽然为新中国的迅速发展提供了非常重要的支持和保障，但是也为中国长期可持续发展产业结构布局环境治理等方面带来了不利的影响。第二个阶段为改革开放至2006年，中国已经逐渐意识到社会经济的发展，不能简单地以高能源消耗为基础的粗放型生产方式实现，而要构建可持续发展的新型经济增长模式。关于能源政策方面也进行了适当调整，由封闭的能源市场逐渐向开放的国际能源大市场进行转换，国际能源合作成为中国能源构成的重要组成部分。第三个阶段为“十一五”以后，尤其是党的十八大以来国际局势和国内经济增长面临严峻挑战，党中央提出可持续发展的经济增长方式“新常态”，推动将资源消耗型的粗放式经济增长方式向环境友好型的可持续发展模式转变，为中国能源治理开辟了新道路。节约能源更多的是意识形态方面的内容，而优化能源消费结构则更多地体现在手段和方法上。在能源消费领域逐步减少煤炭的消费比重，提高电能、天然气、可再生能源等清洁能源的消费

比重，以能源消费结构调整促进环境治理能力提升、产业结构优化，以区域发展政策调整促进产业调整与布局，进一步提升能源治理水平。

2. 科技驱动，大力发展绿色能源

科技驱动是社会发展的源动力，从蒸汽机时代的第一次工业革命到以化石能源为主的第二次工业革命，再到以能源互联网为基础的第三次能源革命，都是以科技发展为推动力，重视科技驱动成为当今社会发展的共识。科技驱动体现在社会生产生活的方方面面，就能源角度而言，调整能源生产结构，优化能源消费结构，发展新能源等诸多方面都需要科技手段来实现。就中国能源治理而言，传统化石能源的节能减排技术、新能源的开发利用技术、特高压输配电技术、分布式发电与智能电网技术等诸多领域都需要提高科技含量，终端消费领域、新能源汽车领域等也需要科技驱动来实现，发展绿色能源是中国实现可持续发展的要求，也是构建中国梦、绿色中国的重要组成部分。

3. 保障供应，构建能源安全体系

能源安全关系着社会发展、人民生活与国家安全，近年来随着国际局势的变化，我国能源安全出现了诸多严峻的考验，构建适应中国发展，有效抵御国际影响的新型能源安全体系迫在眉睫。中国的能源政策一直以和平友好、互惠互利为基础，能源安全体系也是以保障供应为首要任务，不存在资源掠夺式的发展战略。但是，2020 年关于中国威胁论的论调充斥着国际能源市场，这就要求中国，一方面立足于自身发展不断提高在国际上的话语权；另一方面通过国际合作，以实际行动证明中国的发展是世界发展的重要组成部分，中国的发展对于世界发展只有推动作用。中国的能源安全体系并不是完全由中国自身决定，而是需要在对国际能源格局新变化、新发展的充分认识下逐步调整变化的。当今国际能源领域出现了一些新趋势和新变化，在能源供应方面，非洲、拉丁美洲、俄罗斯等地，石油输出呈急速增长模式，石油供应呈现多元化格局。在能源消费方面，石油的消费重心由发达国家向发展中国家转移，其中，中国成为石油消费增速最快的国家，天然气供应量逐年提升，北美、欧洲天然气产业发展迅猛；在能源投资方面，发达国家仍然是投资主体，但国际合作不断加强，发展中国家能源投资增速迅猛，新能源成为投资重点。面对国际能源市场的变化，中国能源安全体系仍然以立足自身发展为基础，积极开展以国际合作为手段，以实时调整能源投资战略和选择能源合作伙伴为抓手，以保障供应为目标的原则，通过制定自身的发展政策为国际能源市场的发展贡献力量。

（二）深化能源体制改革为能源治理保驾护航

能源治理水平的提升需要有相关的制度和政策作为保障，而能源体制改革为能源治理提供了充分且必要的保障，为能源治理的开展保驾护航。

1. 完善能源市场体系，推进能源价格改革

中国目前的能源市场体系延续计划经济时代的政府统一管理模式。要想实现能源治理水平的提升，必须把能源市场的市场属性交还给市场，建立在政府指导下的开放有序的现代能源市场新体系，由政府主导变为以市场为主的新型能源价格体系，充分发挥市场的价格杠杆作用，积极引导各类主体依法平等地进入市场，推动主体所有制形式多样性，科学分析能源体系中的主体构成，有效推进混合所有制在能源领域的发展。深化国有能源企业体制机制改革，提高企业市场竞争力，利用金融市场推进原油期货市场建设，推进石油、天然气、电力等能源重点领域的价格改革，进一步完善税费制度改革，适当调整能源领域相关水平，切实发挥政府调节机制。在构建新型能源市场体系的过程中，积极向国外发达能源市场学习取长补短，实现构建中国特色的新型能源市场体系的目标。

2. 深化能源重点领域改革，打破国企垄断格局

能源重点领域主要集中在煤炭、石油、天然气、电力领域，这类企业既是构建能源市场的主体，也是能源企业改革的重要领域。与成熟能源市场不同，中国的能源市场垄断是由政府制定的，而成熟的能源市场垄断是通过市场竞争选择的结果。在未来推进能源体制改革的过程中，要充分发挥市场调节作用，调整市场准入，培育各类所有制形式的市场主体。在政策方面，取消不适合市场竞争的政策法律法规和相关文件，鼓励引导民间资本投资，开发多种渠道，完善配套措施和实施细则，坚持政企分开，将市场职能与政府职能合理区分，深化国有企业体制改革，健全完善能源企业 IPO 相关政策，减少审批环节，完善行政审批事项审核论证机制，建立公平公正合理透明的核准制度，加强社会监督。

3. 推进能源法治建设，健全能源法律法规

依法治国是治理国家的基本方略，对于能源治理也是一样的，长期以来，能源相关领域法律法规缺失是困扰中国能源领域发展的一大顽疾，相关法律法规的出台对构建新型能源市场、提升能源治理水平至关重要。如果相关法律长期缺失，能源治理水平提升无从谈起，能源法律法规既包括《能源法》《煤炭法》《电力法》《可再生能源法》等能源具体领域的法律，同时还包括《循环经济促进法》《石油天然气管道保护法》《民用建筑节能条例》《环境保护法》等能源相关领域的法律法规。能源治理作为一项系统工程，能源法律法规同样也是一个体系，能源关系社会生产生活的诸多方面，将能源相关领域法律法规科学化、系统化是能源领域实现依法治国的关键。

4. 进一步转变政府职能，健全能源监管体系

政府是能源治理的主体，是制定能源发展战略规划政策标准的管理机构，而不是能源市场的主体。要构建新型能源市场，必须实现政企分开，政府发挥管理职能，对能源市场进行科学有效的管理，简政放权，减少审批，强化监管，完善考核机制，加大反腐力度。维护市场秩序、提高监管职能，为能源产业健康发展创造良好的环境。

（三）发挥大国责任，构建能源新秩序

中国的能源治理离不开世界，世界能源产业的发展同样离不开中国，中国作为世界上最大的能源生产国和能源消费国，中国的能源政策时刻牵动着国际能源市场。面对一个统一开放的国际能源市场，如何最大限度地发挥中国自身优势，合理有效地发挥国际能源市场对中国的有利影响，将成为中国能源领域发展的重点。

国际能源形势随着国际政治经济形势的变化也发生了结构性变化，涉及能源供应、能源消费、能源投资、能源科技发展等诸多领域。传统的化石能源供应呈多元化模式，以俄罗斯、非洲、拉丁美洲为代表的新增石油供应对传统的中东石油供应产生冲击。由于全球经济形势不景气以及石油供应量的持续增长，国际油价长期维持在低位，这也为中国创造了发展机会。世界能源格局不断变化，中国的参与度不断提高，取得了很好的效果，但是随着美国重返亚洲以及中国威胁论等论断直指中国，中国周边环境不容乐观。受地缘政治和贸易保护主义的影响，中国在国际市场的利益无法得到充分保证。由于国际能源市场长期被西方发达国家把控，中国作为国际能源市场的重要组成部分，其话语权非常有限。虽然中国广泛参与国际能源对话以及国际能源会议，但效果并不明显。中国需要继续坚持自己的发展道路，强大政治经济军事等多方面，通过对话合作等方式，团结广大发展中国家打破原有的能源市场几家独揽大权的旧秩序，开创公平开放合理有序的能源市场新秩序。

第五节　现代能源与矿业治理体系的建设内容

一、技术体系

针对能源与矿业领域需求，通过科教企联合推动 5G + ABCD，即 5G 与人工智能（AI）、区块链（Blockchain）、云计算（Cloud computing）、大数据（big Data）以及物联网、AR&VR 等新信息技术的紧密结合，形成现代能源与矿业治理技术体系，提供更丰富的能源与矿业治理应用，并逐步构建 5G 能源与矿业生态系统。基于 5G 的现代能源与矿业治理技术体系如图 2 –3 所示。

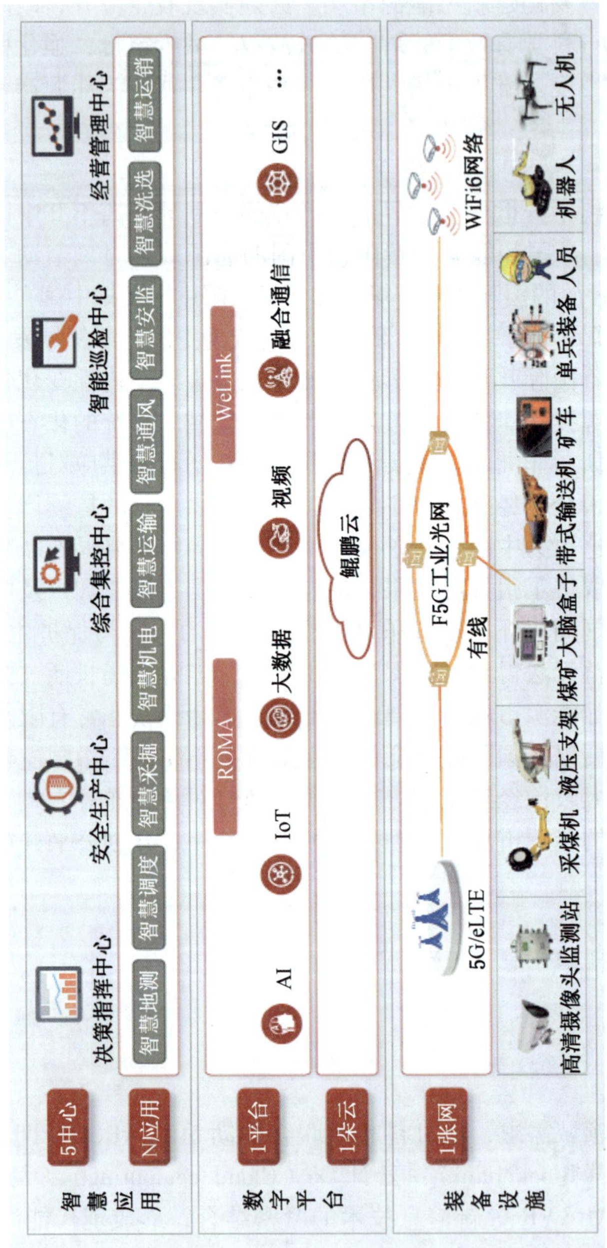

图2-3　基于5G的现代能源与矿业治理技术体系

实现能源与矿业网络全域无线覆盖，构建智慧矿山信息承载高速公路。“一张网”将 eLTE、5G、WiFi6、NB-IoT 多种无线技术以及井下万兆工业环网，按照不同的生产业务场景进行有效融合，实现能源与矿业生产无线化。

结合智慧矿山数字平台基座，实现矿山应用使能、数据共享。通过融合 NewICT 技术，包括人工智能、大数据、物联网、视频云、GIS、融合通信等平台能力，并基于 ROMA 将平台能力封装成各类服务，为业务应用提供支撑，将各类智慧应用从平台重复建设和反复对接中解脱出来，聚焦在业务实现即可；同时通过 WeLink 实现各类业务应用的统一入口，使能源与矿业智慧应用建设打破数据孤岛，挖掘数据价值，实现能源与矿业数据全生命周期管理。实现结构化、非结构化等多类数据实时、批量汇聚，构建能源与矿业数据湖的坚实底座，并以数据服务的形式为各应用提供数据共享；制定数据标准，通过质量规则的稽核，持续提升数据质量，并通过元数据实现对数据资产的管理；提供丰富的数据分析工具，结合伙伴的算法模型，提供智能化预测分析，有效支撑业务决策。

全栈全场景人工智能技术，助力能源与矿业生产无人化、少人化。重构能源与矿业决策指挥、安全生产、综合集控、智能巡检、经营管理等管理职能，推动能源与矿业经营管理走向集约化、高效化、智能化。

通过开放平台重新定义生态模式，让开发者专注需求，第三方应用快速上线，让使用者按需可选，经济适用。通过万物感知、无处不在的连接、超性能异构计算、随时随地的创新，推进能源与矿业全行业生态共建，实现覆盖煤炭生产、安全、经营管理、运输销售、监察监管 5 个环节的智能矿山，进而促进全生命周期的智慧煤炭。

（一）5G 在能源与矿业领域的应用技术

1. 5G 赋能能源与矿业

5G 网络达到端到端之间 1 ms 超低时延、10 Gb/s 级高吞吐量、单位平方千米内百万连接等新特性，构建具有全面感知、可靠传送、智能处理特征的连接物理世界的网络，实现了任何时间、任何地点及任何物体的连接和“万物沟通”。5G 三种应用场景及万物互联如图 2-4 所示。

5G 是一个真正意义上的融合网络，成为万物互联、产业互联网、“互联网+”、“AI+”和各种智能应用的核心和支撑平台，同样 5G 也成为现代能源与矿业治理的基础。

在现代能源与矿业治理的不同场景/不同业务对 5G 的需求驱动下，通过对不同场景的赋能，5G 为实现能源及智慧矿山生产（远程无人化生产、安全监控治理、经营决策）、能源流通交易（大跨度物流运输与追溯、智能港口调度管理、

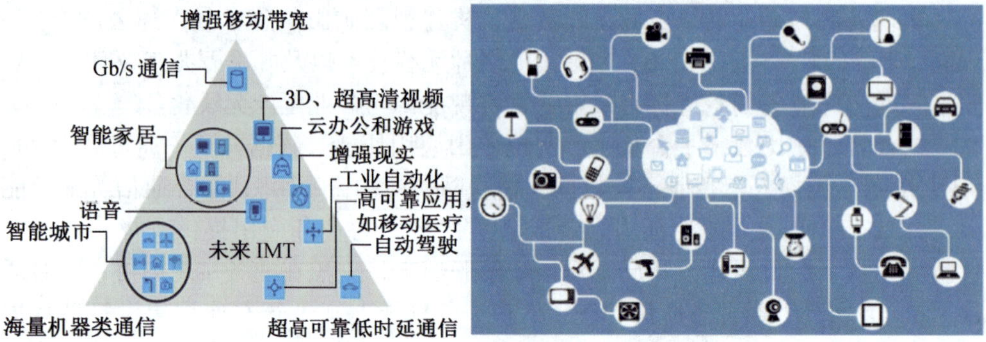

(a)　　　　　　　　　　(b)

图 2－4　5G 三种应用场景及万物互联

可信交易）和能源智能监管（监管信息可信采集、大数据处理分析与区域治理、政策与可持续发展）等行业应用场景提供支撑。在此基础上，针对能源与矿业领域需求，通过科教企联合推动 5G＋ABCD，即 5G 与人工智能、区块链、云计算、大数据等新信息技术的紧密结合，提供更丰富的能源与矿业治理应用，并逐步构建 5G 能源与矿业生态系统。5G 与新信息技术如图 2－5 所示。

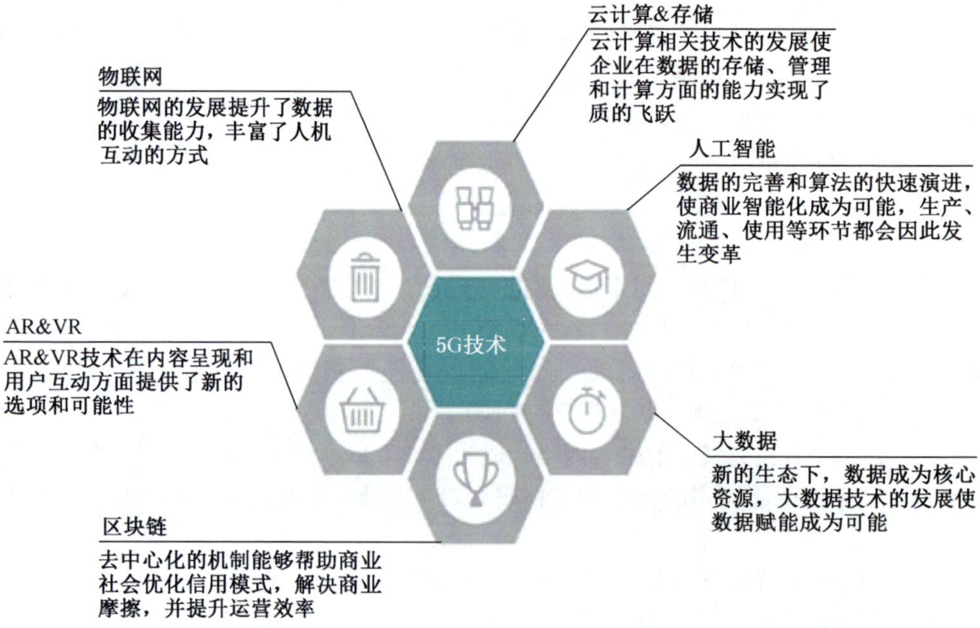

图 2－5　5G 与新信息技术

2. 5G 关键技术

（1）5G LAN - 虚拟局域网技术：实现终端与企业网同处于一个局域网内，支持企业用户对终端的灵活管理。通过使用通用性硬件以及虚拟化技术，取代通信网络中私有、专用和封闭的网元，实现统一通用硬件平台 + 业务逻辑软件的开放架构，加快网络部署和调整的速度，降低业务部署的复杂度。

（2）网络切片技术：将物理网络划分为多个虚拟网络，每一个虚拟网络满足不同的服务需求；同时为智慧矿山安全监控、环境监测、生产开采、视频监控及 VR/AR 等不同需求、不同业务提供相互隔离，保障通信安全。

（3）功能可定制的网络服务：结合能源与矿业行业需求，规划面向场景的 5G 网络切片样板，赋能能源与矿业行业各种应用场景。

（4）MEC 边缘计算技术：在靠近数据源或用户的地方提供计算、存储等基础设施，为实时性和带宽密集型边缘应用提供云服务和 IT 环境服务，解决时延过长、汇聚流量过大等问题，为安全监控监管、无人开采、井下无人驾驶、视频及 VR/AR、车联网（物流运输）、智能码头港口、可信交易等敏感型业务提供通信安全保障。

（5）灵活空口：灵活的空口能力（包括可扩展参数集、可变帧结构、自包含帧结构）满足能源与矿业行业不同场景下不同业务终端的接入和差异化通信需求。

（6）新编码：5G 编码重点在于提升编码性能的同时，降低解码的复杂度，为空口 1ms 传输提供基础。

（7）大规模天线技术：在同等通信资源下，能数倍提高可接入用户（设备）的数量和相应的传输速率。

3. 5G 网络架构

能源与矿业领域 5G 网络架构需遵循通用 5G 网络发展趋势，同时针对能源与矿业实际不同应用场景，特别是煤矿井下场景进行规划和应用创新。5G 网络基本架构如图 2 - 6 所示。

煤矿井下应用 5G 网络需要在 5G/4G/WiFi/传感网/以太网等异构网络融合、多接入技术并存、传输衰减大于抗干扰能力、弹性资源管理、网络组网和网络智能、本安与防爆设计等方面进行创新改造。

5G 不是孤立、排他技术，能源与矿业信息传输网络需要 5G、4G、WiFi、传感网、工业以太网的多网共存和多网融合。其中，最新一代 WiFi6（802. 11ax）引入了多址多用户（OFDMA）、1024 - QAM 调制方式、MU - MIMO、定时唤醒（TWT）等多种新技术，无线网络的通信质量、传输效率、能耗表现、多设备容

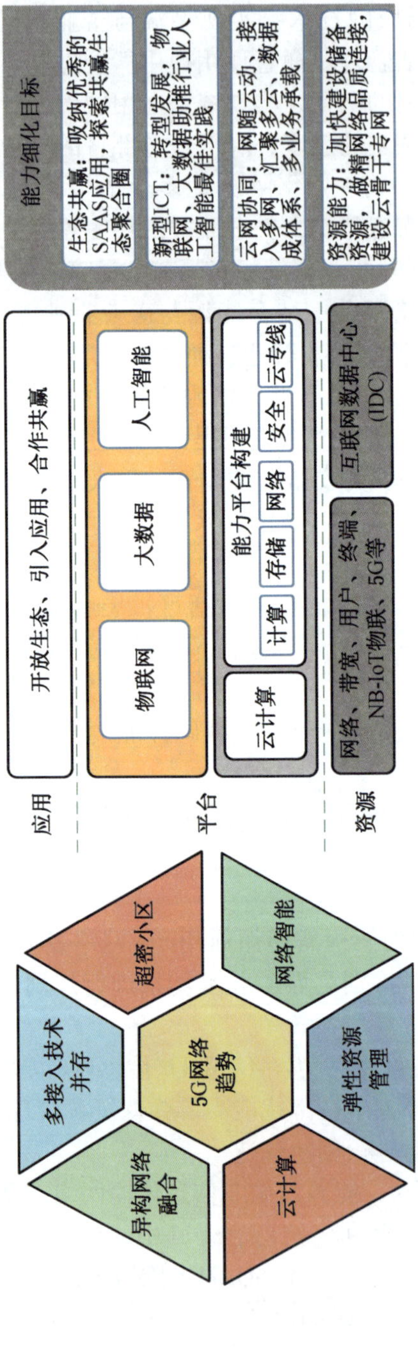

图 2-6　5G 网络基本架构

纳都有了不小的提升。经由 160 MHz 信道的理论最大速率能达到 9.6 Gbps，理论传输速度达到 1.2 Gb/s，比上一代快了 40%。WiFi6 与 5G 具有良好的互补性，二者都将在现代能源与矿业治理网络互联、信息传输中发挥重要作用。

（二）大数据在能源与矿业领域的应用技术

建立适合于能源与矿业领域的大数据模型，从数据源的表示、采集、存储、分析计算与应用上分层独立设计，建立标准层间接口，实现大数据的分布式存储与统一管理和应用。大数据平台模型如图 2－7 所示。

1. 大数据源数据标准表示

早期以不同应用为目的的能源与矿业数据系统自成体系，系统间相对独立，多系统融合时存在同一数据的二义性表示问题，各系统无缝衔接需要各种非标准接口转换，不适合高效数据交换与大数据分析处理。以矿山能源资源开采数据采集、传输、存储、处理、应用环节为主线，构建基于统一规范表示的元数据表示标准。

2. 大数据的分布式存储技术

构架基于标准采集、传输过程的标准数据存储过程，对于结构化、非结构化数据采用大数据分布式存储技术，在数据资源统一管理、协作服务、管理控制、数据迁移与备份、大数据安全等方面建立统一系统架构模型，制定接口规范，提供标准数据读写接口。

3. 大数据流处理技术

在大数据分布式存储架构中，构建适合能源与矿业的结构化、半结构化/非结构化流式数据存储、转发模型，建立统一的实时响应、并发控制/队列机制模型。

4. 大数据高速智能检索引擎

开发基于统一分布式存储的高速数据交互引擎，利用智能图像分析、语音处理、深度学习等智能信息处理技术实现结构化、半结构化、非结构化的语义检索引擎。

5. 大数据应用技术

在大数据架构模型中，构建面向不同应用需求的组件式应用与服务体系。构建适合矿山能源应用的数据存储、数据分析、智慧检索服务、预报警高速响应与主动推送服务、数据挖掘与智能决策服务、监管监察、生产管理、安全管理、运营管理等服务与应用。

（三）区块链在能源与矿业领域的应用技术

物联网技术被广泛应用于能源与矿业领域，在生产、管理过程中产生了海量

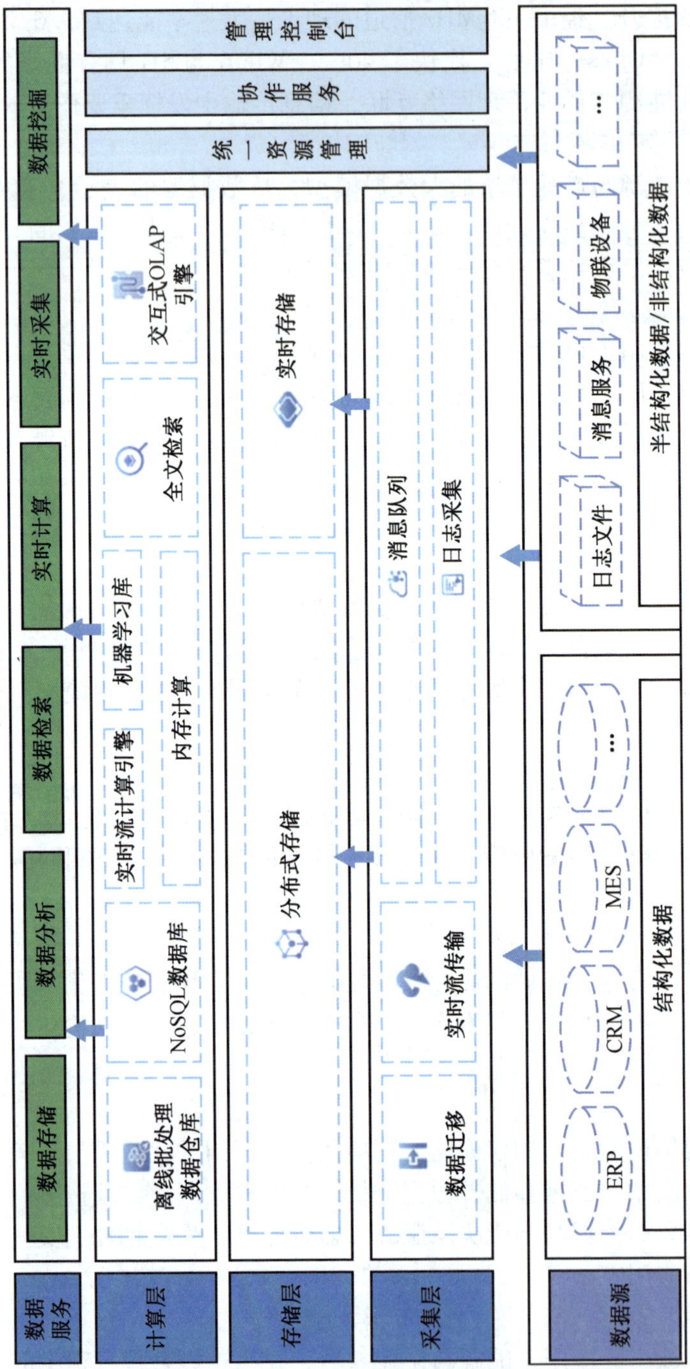

PetaBase-s实时大数据平台
数据服务
数据存储
数据分析
数据检索
实时计算
实时采集
数据挖掘
计算层
离线批处理数据仓库
NoSQL数据库
实时流计算引擎
内存计算
机器学习库
全文检索
交互式OLAP引擎
存储层
分布式存储
实时存储
采集层
数据迁移
实时流传输
消息队列
日志采集
统一资源管理
协作服务
管理控制台
数据源
ERP
CRM
MES
…
结构化数据
日志文件
消息服务
物联设备
…
半结构化数据/非结构化数据

图2-7　大数据平台模型

数据，但由于数据管理的孤立性、粗放性、不一致性等不完善特征导致各类数据存在被篡改的风险。在能源与矿业领域中引入区块链技术，充分利用区块链技术的去中心化、一致性、不可抵赖性特征解决能源与矿业领域数据可靠与可信风险。

1. 构建基于物联网的可查询且防篡改的区块链数据库

目前能源与矿业生产管理数据库管理系统往往由单一机构主导下的若干台服务器进行管理和维护，实质上仍是集中管理模式，由于中央管理模式的局限性，生产、安全、运营管理数据传输和访问的安全性不能得到很好地保障。在物联网系统中引入区块链技术，充分利用区块链数据库具备防篡改、去中心化的特性，加强数据的存储验证，构建基于分布式算法生成和更新数据的分布式数据存储框架，与大数据分布式存储结合，运用密码学方法保护监测数据传输和访问安全，在保证数据不可篡改的同时具有较好的读写性能。传统数据库和区块链数据库的特点比较见表2－2。

表2－2　传统数据库与区块链数据库的特点比较

数据库	服务模式	存储方式	操作方式	数据存储	透明程度	接入条件
传统数据库	中心化	中央式	增、删、改、查	保存某阶段数据	私密	有严格的权限等级
区块链数据库	去中心化	分布式	增、读	历史数据永久保存	公开可验证	无须授权即可接入

2. 构建基于区块链的财务管理系统

将会计“一人做账”变为“人人做账”的模式，建立去中心化、不可篡改的财务管理系统，增强信息准确真实性，杜绝假账。通过对数据加密处理，实现全球财务数据共享。充分利用区块链记账特性，自动核实交易信息，实现实时高效对账，提高财务处理效率，提高财务数据安全性，降低业务风险。建立节点加密机制，选择性地公开账务信息，确保商业机密不泄露。

3. 构建基于区块链的生产、运销管理系统

以区块链技术为基础，构建生产、运销环节中敏感监测与运销信息的记账跟踪体系，确保生产、运销环节数据的高可信。

4. 构建基于区块链的监管监察子系统

根据能源与矿业生产、管理过程中的区块链记账数据，结合大数据处理技

术，快速定位敏感、风险数据，分析风险成因，做到事故/风险预知、可管可控，安全责任界定清晰可信。

5. 构建基于区块链的应急管理系统

依据区块链的可信生产监管数据，结合大数据平台管理，利用大数据技术分析预警技术及时预警、决策，构建能源与矿业生产安全事故应急处理预案，为快速决策提供技术支撑。

（四）人工智能在能源与矿业领域的应用技术

人工智能技术应用领域如图2－8所示。

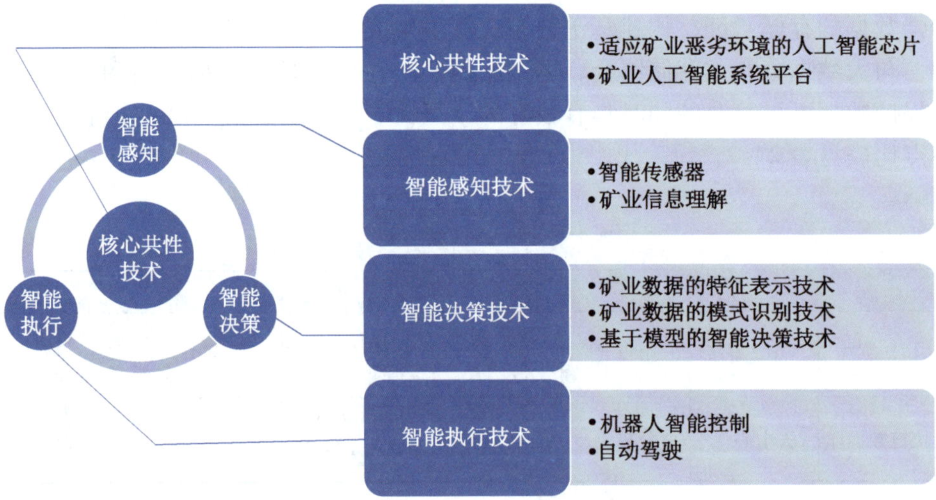

图2－8　人工智能技术应用领域

1. 核心共性技术

目前的人工智能芯片构思应用场景都是温湿度环境理想的室内或者专业机房中，环境适应性较差，但发展趋势必然是智能计算芯片布置现场化，这就需要开展可应用于能源生产恶劣环境（粉尘、高/低温、潮湿）下部署在现场设备的芯片抗干扰技术设计建设，为现场生产设备的智能感知、智能执行提供硬件基础。此外，能源与矿业生产的智能逻辑必定有其特殊性，需要有针对性地开展部署在能源与矿业生产环境的芯片架构体系建设。

目前能源与矿业的生产企业、主管单位的数字化基本完成，数据互通基本无障碍，但人工智能平台基本空白。这就需要开展能源与矿业行业人工智能平台建设，解决任务环境不确定、决策信息不完全、协同决策智能化程度低、协同任务不能有效完成等问题。同时，通过能源与矿业行业人工智能平台建设满足多个自主智能系统组成的大规模复杂结构所带来的计算需求，具备跨区域灾害预警的学习迁移能力。

2. 智能感知技术

目前能源与矿业行业的传感器“散、小、低、弱”的现状十分突出，传感器功能单一、集成化程度低。因此需要开展集成度高的多功能、环境自适应、低功耗、自组网的智能传感器，从而夯实泛在感知的传感器基础。

能源与矿业生产环境中布置的传感器仅收集与生产安全直接相关的信息，如风速、氧气含量、有害气体含量、矿压等。现有传感器都是物理量的数字转换设备，需要开展智能化的虚拟传感器技术，特别是数据理解和执行机构的集成技术建设，使得传感器不仅能理解物理量，还能理解物理量中的信息，并自主动作。

3. 智能决策技术

结合具体问题把统计的和句法的识别结合起来，把统计模式识别或句法模式识别与人工智能中的启发式搜索结合起来，把统计模式识别或句法模式识别与支持向量机的机器学习结合起来，把人工神经元网络与各种已有技术以及人工智能中的专家系统、不确定推理方法结合起来。

智能决策理论方法在大数据驱动模式下快速发展，并逐渐形成一系列围绕多源异构大数据智能化处理的新方法和新趋势。多样性是大数据复杂性的主要因素之一，也是大数据智能决策面临的主要困难。当一项综合决策需要整合多方面数据时，不同来源的大数据在类型、分布、频率及密度上可能各不相同，这对多源大数据融合分析、多源信息协同决策等构成巨大的挑战。现阶段对于处理大数据的多源异构性，已经有一些研究成果，但多数还是面向具体场景和特定类型的大数据。解决多源异构大数据的协同分析问题，消除信息孤岛进而实现通用性、鲁棒性更好的大数据智能决策，是目前大数据智能决策的一个关键性研究课题。

不确定性是当前人工智能技术研究的关键问题，同时也是贯穿于大数据智能决策整个过程的核心问题。目前研究较多的是获取大数据中的不确定性知识，然而不确定性的形式众多，难以用统一的形式化方法表达，也无法凭单一的技术手段来获取大数据中的不确定性知识。不确定性知识发现的研究难度大、价值高，一直是各领域知识发现研究所面临的最大困难。

4. 智能执行技术

机器人控制系统必将是一个多输入多输出的非线性系统，它具有时变性、强耦合和非线性的动力学特征，随着机器人所处状态的不同和外力的变化，其参数也在变化，而且控制对象通常还存在严重的不确定性。这种不确定性包含两层含义：一是模型未知或知之甚少；二是模型的结构和参数可能在很大范围内变化。

（五）虚拟现实在能源与矿业领域的应用技术

虚拟现实技术应用领域如图 2 -9 所示。

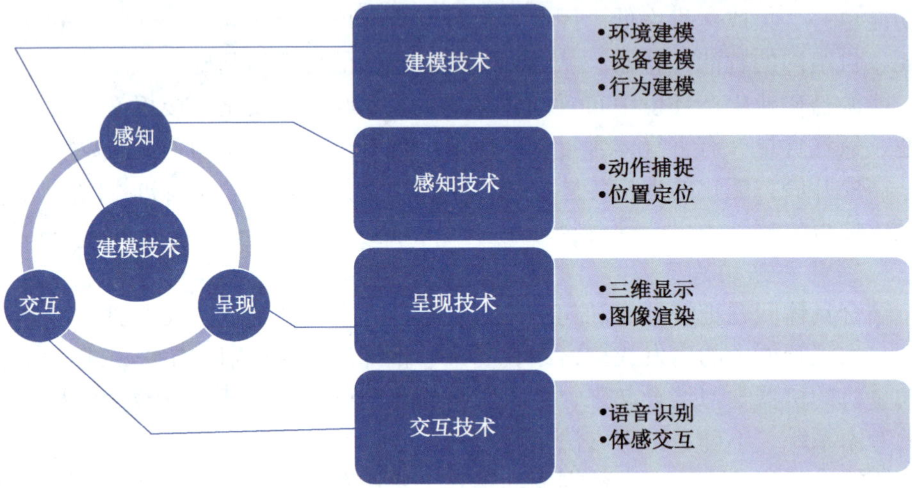

图 2 -9　虚拟现实技术应用领域

1. 建模技术

三维模型能够真实完备地描述其视觉属性，但是，三维模型获取代价高并且难以描述，致使其应用范围受限。

2. 感知技术

目前主要使用的动作捕捉技术有光学式、机械式、电磁式、声学式及基于视频序列的捕捉式 5 种。光学式动作捕捉系统整体造价高昂，对环境要求较高，对场地的限制条件较高，后期处理成本大，实时性表现不佳；机械式动作捕捉系统对捕捉对象的动作限制较大，使用不便；电磁式动作捕捉系统对高速运动的捕捉效果失真度较高，对环境要求严格，要求环境周围不能存在强磁场，不能有金属物质；声学式动作捕捉系统有较大的延迟和滞后，实时性较差，精度不高，且接收器和发射器之间不能存在较大的遮挡物以免影响声波传输；视频捕捉式动作捕捉系统实现难度较大，算法复杂，且精度有待提高。可以看出目前动作捕捉主要面临的问题有：①对动作的限制问题；②动作捕捉的精度问题；③解决方案的成本问题；④解决算法时间的复杂度问题。

常见的定位技术大多需要采用大量辅助节点进行定位，某些方案节点数量较少，但本身技术功耗较大。而一些技术本身功耗低，却需要大量的节点或传感器作辅助。因此，诸多方案的总能耗情况都比较高。某些定位技术会受到空气环境、地形的影响，而一些以电磁波为载体的技术方案，又会受到信号衰减、电波干扰的困扰，可靠性和稳定性一直难以保障。现阶段各种定位技术各有优缺点，适合于不同的室内环境，难以确定一个标准化的方案，导致室内定位没能像室外定位一样得到快速推广。

3. 呈现技术

全息三维（3 - Dimensional，3D）显示也称为裸眼 3D 显示，是下一代新型显示技术。随着第五代移动通信系统、移动通信技术不断向纵深发展，利用移动终端在任何时间和地点都能欣赏全息视频的手机裸眼 3D 技术跃然出现在用户的眼前。但是，由于受现有移动网络传输带宽的制约、连续可用频谱的缺乏以及网络计算存储能力的限制，裸眼 3D 显示应用存在困难。

基于图形渲染生成虚拟环境时，首先对真实世界进行抽象，建立数学模型（一般是几何多边形），然后给定观察点和观察方向，利用计算机由模型实现多边形处理、着色、消隐、光照以及投影等一系列绘制过程，产生虚拟场景。因此，虚拟物体的几何造型、表面材质的纹理映射、视点光照的处理是基于图形渲染要解决的主要问题。

4. 交互技术

恶劣场景的识别问题、专业术语的识别问题以及低资源小语种识别问题。如肢体姿势设计的人因学问题、体感交互的反馈问题和可靠性问题、体感交互中的生理疲劳监测问题等。

二、标准体系

建立 5G、区块链、大数据和人工智能、虚拟现实等新一代信息技术在能源与矿业领域创新应用的标准体系。探索技术标准与法律法规的有效衔接，在保障安全性的前提下提高创新效率，确保对一些战略性行业和领域的正向、有效治理。

（一）建设思路与建设规划

煤矿智能化标准将煤矿智能化建设过程中涉及的关键技术、装备、行为及派生属性等进行统一规范，从而指明智能化煤矿建设方向，提高行业资源有效利用，提升智能化煤矿建设的效率和质量。

1. 总体思路

标准建设和治理坚持整体着眼、统筹考虑、顶层设计的总体思路，即统筹考虑矿业行业的整体生产流程、矿业行业的整体技术发展趋势，科学合理地确定矿业信息化智能化标准体系。

2. 基本原则

标准建设和治理坚持如下基本原则：

（1）顶层设计、逐步推进：站在全局设计标准体系，落在局部制定具体标准。

（2）厘清概念、统一术语：通过术语标准将矿业领域纷繁复杂的术语统一起来。

（3）具有前瞻性和可操作性：坚持先进性与可实施性的统一，制定可实施的技术架构与技术规范。

（4）避免重复、打破冲突：广泛征求意见，协调政产学研用利益，避免各个部门重复制定标准，特别是要避免标准彼此冲突，不让用户无所适从。

3. 实施路线

（1）构建所需的标准体系，确定标准建设路线图。

（2）完成公共与核心标准建设。

（3）完成行业特定标准建设。鉴于煤炭、石化、风能、太阳能等不同能源行业具有的自身特点，能源与矿业领域应根据自身特点和技术差异制定相应标准。

（二）标准体系建设内容

智能能源标准体系如图2－10所示，整个标准由4类标准组成，具体内容如下。

（1）终端类。

①智能矿用终端基本功能和技术需求规范。为了屏蔽各厂家所生产设备通信协议方式的差异性，简化矿用智能终端设计复杂度，对终端的基本功能、接入方式进行统一规范，不同厂商在产品研发中无须考虑接入问题，不同型号、不同类型的终端均采用统一的方式实现接入及通信，有利于实现产品互联互通，有效促进行业技术进步，降低开发难度及开发成本。

②智能矿用终端数字孪生构建规范。解决煤矿运输设备、采掘装备、通信装备、移动终端等设备的数字孪生构建准则、基本功能、交互方法、扩展方式等。

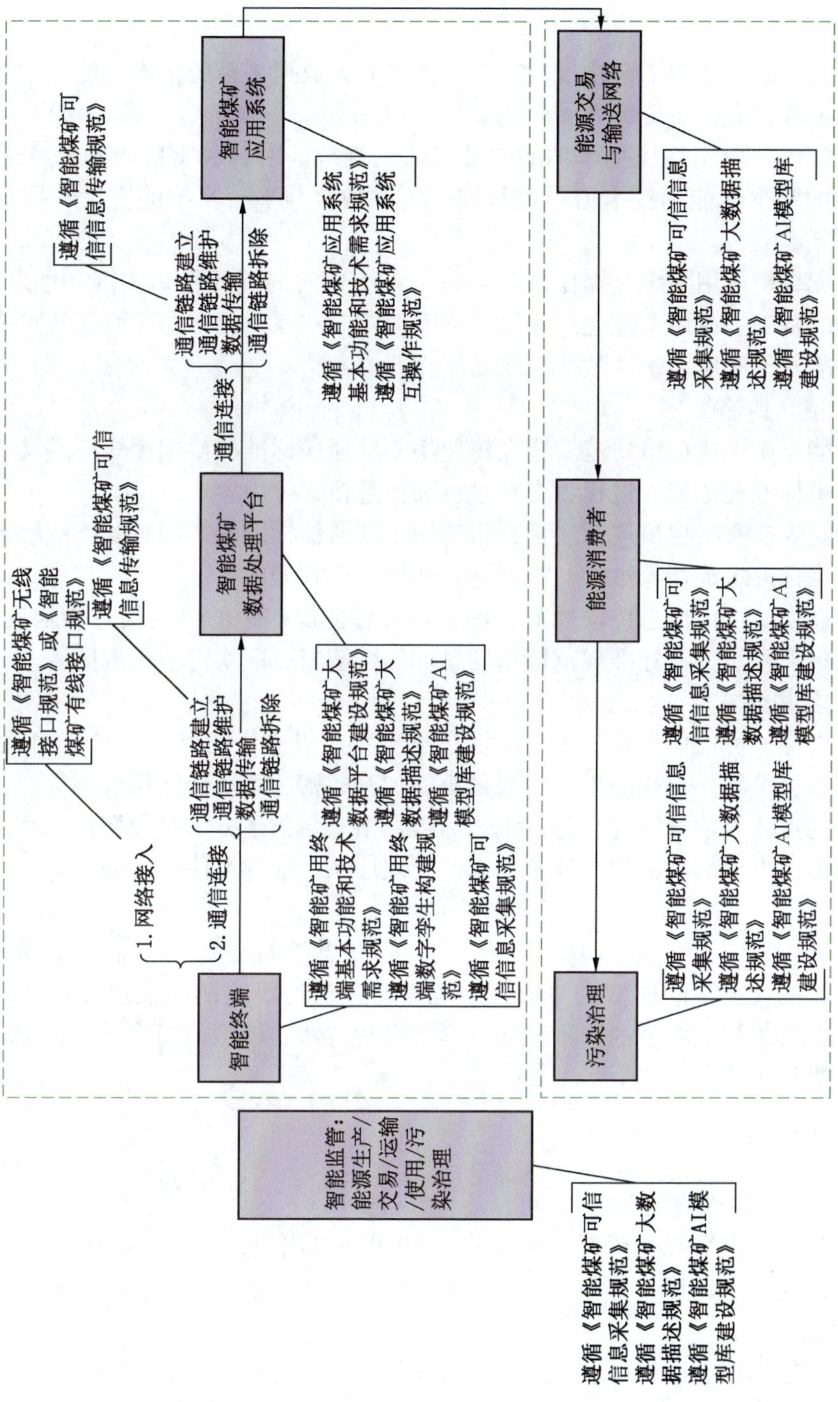

图2-10 智能能源标准体系

（2）平台应用类。

①智能煤矿大数据平台建设规范。规范煤矿大数据平台的基本功能、主要接口、应用扩展、支持协议等方面。

②智能煤矿应用系统基本功能和技术需求规范。对各种智能煤矿应用系统应该具备的基本功能和技术需求进行规范，并规定与平台系统的交互和集成方法。

③智能煤矿应用系统互操作规范。各个系统之间的互操作是实现功能联动、协同工作的基础。应用系统之间的接口交互为双向交互，即一个应用系统可直接获取所需的其他应用系统的数据及联动操作。

（3）信息传输类。

①智能煤矿无线接口规范。旨在将使用不同通信标准的矿用无线终端接入通信网络。本标准规范接入过程、交互过程和消息格式等内容。

②智能煤矿有线接口规范。旨在将使用不同通信标准的矿用有线终端接入通信网络。本标准规范接入过程、交互过程和消息格式等内容。

③智能煤矿可信信息传输规范。旨在解决智能煤矿中的可信信息传输问题，保证数据传输可靠。本标准规范传输信息的加密解密、区块链使用规则等。

（4）公共类。

①智能煤矿可信信息采集规范。旨在解决智能煤矿中的可信信息传输问题，保证数据来源可靠。本标准规范传输采集的加密解密、区块链使用规则等。

②智能煤矿大数据描述规范。统一的数据格式与描述方法是数据挖掘和深层分析的保障。本标准规范智能煤矿数据的层次体系、描述语法、存储方式、读取方法等。

③智能煤矿人工智能模型库建设规范。智能煤矿的“智能”主要依据专家知识转化来的人工智能模型，并随着智能煤矿建设与研究的深入逐步拓展和深化，因此对人工智能模型的基本架构、学习进化方法、模型扩展方法、模型互操作方法等进行规范。

三、平台建设

（一）能源生产信息平台

能源生产信息平台主要针对矿（厂）和集团级用户，集中实现矿（厂）生产环节中的人、机、环、管等全信息的感知（采集）、交互、共享以及生产环节的智能优化调控。

平台由感知层、网络层、数据层、应用层、云服务层组成。

感知层：主要完成生产过程中各种参数的感知。随着新一代信息技术的应用，信息感知将实现从分系统感知向统一感知方向演变，即在智慧矿山系统中传感器不必专属于某一个专门系统，对所用应用而言，如果需要就可以获取其信息。在传感器信息向应用层汇聚中，无线传感器网络、5G 通信技术将广泛使用。

网络层：主要实现感知层与应用层，应用与引用之间的互联互通。在技术层面上 5G、WiFi6、工业以太网等技术广泛应用，全矿井（工厂）将实现全覆盖，其关键技术是异构网络的智慧互联和网络优化。

数据层：包括生产过程实时数据库、历史数据库、分布式区块链数据库，各类技术支撑数据、管理数据形成平台数据中心，实现数据的采集、共享、交换。

应用层：包括应用支撑子层和应用子层。应用支撑子层包括各类数据处理中间件、大数据分析中间件、人工智能算法库、大数据处理平台、GIS 平台等，对应用程序提供公共服务。应用层实现生产过程监控和生产过程智能优化调控，实现各专业监控系统功能。

云服务层：主要解决单个生产实体无法解决的复杂技术与决策问题。

在技术层面上将使用人工智能、大数据和区块链等新一代信息技术。安全生产监控架构如图 2－11 所示。

（二）能源交易信息平台

能源交易信息平台用户包括能源生产者、中间商和消费者，通过能源交易信息平台将各方联系起来实现交易。在新一代信息的推动下，我国的能源交易信息平台也会发生深刻变化。从单一能源市场向综合能源市场转变，从区域能源交易市场向全国能源交易市场转变，从形式上向集中转变。但是在交易模式上，大力推广区块链技术推动能源交易模式向分布式去中心化交易模式转变；引导推动现有的各级能源市场向区块链中全功能节点转变，依靠激励获取利益。推动各类能源交易主体形成联盟链，构建基于区块链的分布式能源交易系统。

（1）基于区块链的物流系统。目前物流行业普遍存在信息不对称、缺乏信任等问题，区块链技术正是解决这些问题的最佳选择，区块链作为一种新型的底层协议，由于其分布式的去中心化记录、无法追踪的匿名性和不可篡改的安全性而受到广泛关注。基于区块链的智能物流系统，运用区块链技术，将系统订单、货物、人员信息等敏感信息记录在区块链中，保证数据的不可篡改性和可信性，提高了物流系统的稳定性与数据安全性，为解决传统物流系统存在的问题提供了新的思路与方案。

（2）基于区块链的能源交易与流通系统由 6 层构成，如图 2－12 所示。位

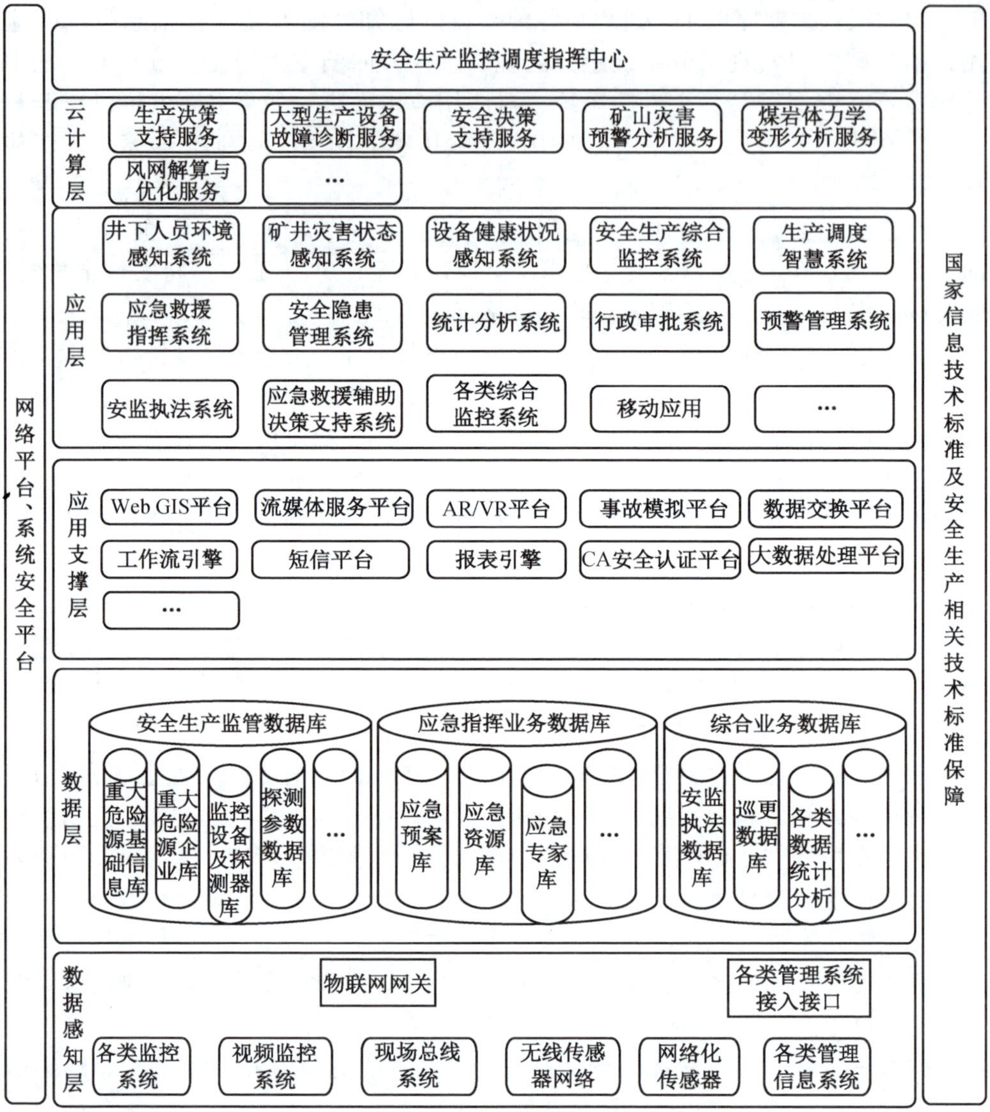

图 2－11　安全生产监控架构

于底层的数据层将相关数据、时间戳、算法等进行封装；组网机制、数据传播、验证机制包含在网络层；网络节点的共识算法主要封装在共识层；激励层包括发行与分配机制；脚本和算法、智能合约封装在合约层；各种应用及案例封装在应用层。

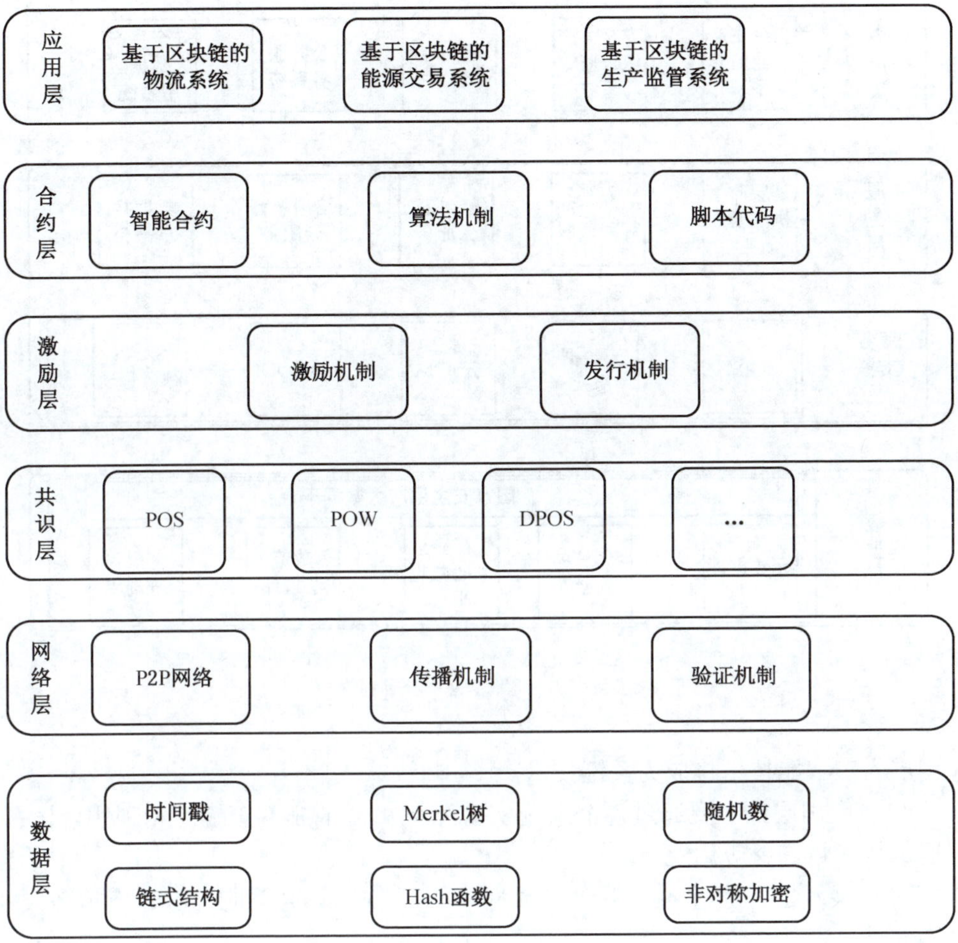

图2-12 能源交易平台架构

（三）能源监管信息平台

能源监管信息平台是国家各级监管部门对能源与矿业生产环节进行监管和提供安全服务的系统，通过该监管平台可以准时地反映能源与矿业领域各生产场所的生产和安全状态。能源监管信息平台架构如图2-13所示。

能源监管信息平台由4层组成：

（1）数据层：主要存放各生产单位生产过程实时信息、政策法规等数据，在数据层中区块链技术的应用将作为提升数据质量的主要技术手段之一。

（2）服务支撑层：主要提供数据集成、处理和展示平台。在服务支撑层和

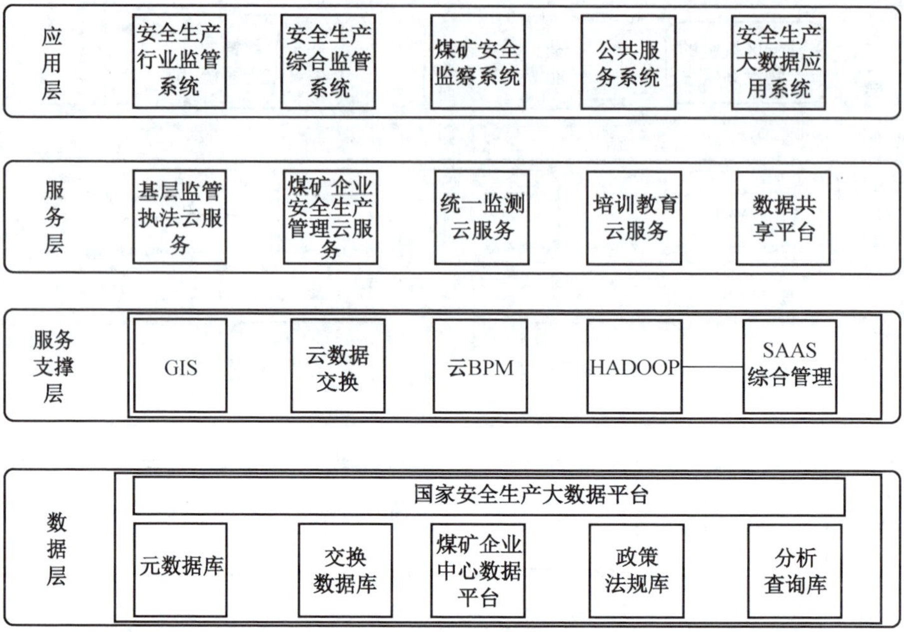

图 2－13 能源监管信息平台架构

应用层人工智能技术将成为关键技术。

(3) 应用层：主要通过各个系统实现不同的监管服务功能，在应用层大数据展示技术将广泛应用。

(4) 展示层：通过各类平台将数据动态、形象、生动地展示，模拟各类事件的演进过程。

四、政策体系

(一) 政策体系架构

能源政策是指一个国家或国际组织围绕能源生产、供应、消费所制定的一系列方针和策略，涉及产品价格、经济发展等多个方面，是各国能源战略储备、能源价格争夺和对冲博弈等多个方面的行动纲领，是政策规划的一种微观或宏观的策略。基于5G、区块链、大数据和人工智能的现代能源与矿业治理政策体系的基本框架是以标准和规范为技术支撑，以《能源法》为基础和统领，以《煤炭法》《电力法》《石油天然气法》等为主干，以能源行政法规、部门规章、地方性法规和地方政府规章为配套和补充的能源法治体系。

在经济、环境及社会三重约束下，构建现代能源与矿业治理政策体系时，应发挥市场的基础性作用，应关注5G、区块链、大数据和人工智能等变革性技术，构建功能性产业政策体系，即政府作用应体现为弥补市场机制不足，为激励绿色智能技术创新营造良好的制度环境，建立开放、公平的市场竞争体系。

（二）政策体系的工具形式

政策工具可以划分为命令－控制型政策工具、市场化政策工具和自愿协商型政策工具三大类。命令－控制型政策工具主要以强制性的行政命令规定社会参与主体的行为方式与行为边界，其典型特征是被规制者在目标设定和技术选择上无自主决定权，具体形式以管制与标准政策为主。市场化政策工具并未明确规定社会参与主体的行为标准，而通过对其行为方式的刺激来达到引导投资方向、推进技术发展、控制污染等目的，这一政策工具主要包括财政补贴、税收优惠、上网电价补贴及排污交易系统等。自愿协商型政策工具则以企业环境行为的自我约束为主导，这种形式的政策不具有法律约束力，但能体现企业的社会责任履行情况。

（三）政策体系的重点内容

1. 市场和价格监管治理政策

围绕能源市场建设、价格机制等方面，区分不同能源品种特性，推动煤炭、电力、石油、天然气等能源市场建设，建立和完善统一开放、层次分明、功能齐全、竞争有序的能源市场体系和多层次能源市场交易体系。推动形成主要由能源资源状况、市场供求关系、环境成本、代际公平可持续等因素决定能源价格的机制。强化政策中依法经营、公平竞争市场主体建设，优化能源进出口贸易等内容，以推动现代能源市场体系的建立，提升资源配置效率。

2. 产供储销治理政策

围绕生产、储备、运输等方面，建立合理生产、有序运输和均衡消费的能源产供储销体系，强化政策中战略能源资源开发管控，产能监测预警和运行调节，及时有效地对能源供求变化、能源价格波动以及能源安全风险状况等进行预测预警，以调整和优化能源产业结构，保障能源稳定供应。建立健全产品、产能和矿产地有机结合的能源储备体系，科学设置储备规模，持续优化品类结构，不断提升储备效能。健全完善能源应急协调联动机制，建立能源应急制度，应对能源供应严重短缺、供应中断以及其他能源突发事件，维护基本能源供应和消费秩序，保障经济平稳运行。推进煤运通道及其配套设施建设，提升能源运输保障水平等。

3. 科技创新政策

制定能源技术经济政策，开展新技术路线的经济性评价，鼓励、支持能源科学技术的研究、开发和推广应用，促进能源科学技术的自主创新和产业化。推动建立以企业为主体、市场为导向、产学研相结合的能源科技创新体系，采取措施促进能源新技术、新产品和新设备的研发、示范、推广和应用。支持建立能源研发创新平台，依托重大能源工程，集中开展科技攻关活动。

4. 财税政策

完善能源相关税费制度，通过生产者补贴、消费者补贴、投资补贴以及税收优惠等形式，引导能源资源的合理开发，引导发展非化石能源等清洁低碳能源。通过环境税、资源税、碳税、排污收费制度等措施，促进能源资源节约和环境保护。建立环境信用评价、绿色金融工具（绿色债券、绿色消费信贷、绿色项目担保）等金融手段，推进绿色现代能源体系。

5. 国际合作政策

完善能源领域国际投资贸易、科技信息服务等方面的政策支持，加强能源领域的双边与多边投资贸易合作，促进能源双向投资以及产品、技术和服务贸易，调动各类市场主体积极性，构建多元化供给体系。国家鼓励进口清洁、优质能源，引进先进能源技术，加强化石能源和高耗能产品的进出口监督管理。能源主管部门和国务院有关部门加强管理、协调和监督跨境能源输送管网、能源运输通道以及配套设施的投资、开发、建设、经营等活动。完善能源国际合作信息服务体系，促进国际先进能源科技的研发、应用和转化。

第二篇

中国能源与矿业治理体系技术演进

第三章　5G 通信技术在能源、矿业领域的融合发展与技术演进

第一节　5G 通信技术发展现状与制约因素分析

一、5G 关键技术分析

5G 是第五代移动通信系统的简称，既不是单一的无线接入技术，也不是全新的无线接入技术，是新的无线接入技术和现有的无线接入技术的高度融合。其主要特点是超高数据速率、超低时延和超大规模接入。除了无线接入技术以外，5G 网络技术也有了比较大的变革。由于 5G 无线关键技术众多，并且与不同的应用场景有关，鉴于此，本节主要介绍和总结与能源、矿业领域应用场景比较相关的技术。

（一）5G 无线关键技术

1. 大规模天线

MIMO 技术已经在 4G 系统中广泛应用，面对 5G 在传输速率和系统容量等方面的挑战，天线数目将进一步增加。当基站侧天线数远大于用户天线数时，基站到各个用户的信道将趋于正交，用户间的干扰将趋于消失，可以在三维空间形成具有高空间分辨能力的高增益窄波束天线，提供更加灵活的空间复用能力，最终实现在相同的时频资源上支持更多的用户传输，从而实现更高的系统容量和频谱效率。

大规模天线的通用关键技术包含信道建模技术、传输与检测技术、信道状态信息测量与反馈技术、覆盖增强技术、高速移动解决方案、多用户调度与资源管理技术，以及大规模有源阵列天线技术等。其中，传输与检测技术、信道状态信息测量与反馈技术、大规模有源阵列天线技术属于 5G 中的大规模天线通用技术。而信道建模技术、覆盖增强技术，以及高速移动解决方案、多用户调度与资源管理技术则与不同的应用场景息息相关。

2. 超密集组网

超密集组网主要通过部署“密集化”的无线网络基础设施，以获得更高的频率复用效率，从而满足局部热点区域百倍量级的系统容量提升需求。然而，随着小区部署密度的快速增加，超密集组网也会面临许多新的技术挑战，如干扰、移动性、站址、传输资源，以及部署成本等。

超密集组网的典型应用场景主要包括：办公室、密集住宅、密集街区、校园、大型集会、体育场、地铁、公寓等。从这个角度考虑，对于能源与矿业生产单位，由于通常处于人烟稀少的偏远地区，因此在能源与矿业生产单位一般不会考虑采用超密集组网的方式建设5G专用网络。

3. 全频谱接入

频谱一直是无线通信中最重要的物理资源，不同的频段会有不同的无线传输特性，因而其所面临的应用场景不同。5G以前的通信网络均是固定一段或者多段连续的频段，没有频段融合的概念，在5G中首次提出了全频谱接入的概念，主要涉及6 GHz以下低频段和6 GHz以上高频段，设计之初计划6 GHz以下的频段用于无缝覆盖；高频段作为辅助频段，用于热点区域速率的提升。然而，高频信号在移动条件下，易受到障碍物、反射物、散射体以及大气吸收等环境因素的影响，与传统的蜂窝频段信道有明显的差异，因此高频段通信仍然需要在信道测量与建模、空口、组网技术甚至器件等方面开展新的研究。当前，高频通信仍然不够成熟，因此在5G能源网络建设之初，仍然无法应用该技术。

4. 新型多址

5G不仅要面向移动互联网还要面向物联网，因此，5G不仅需要大幅度提升系统频谱效率，还要具备支持海量设备连接的能力。此外，为了支持工业控制、人机交互等对时延有严格要求的新型应用，对5G在简化系统设计及信令流程方面也提出了很高的要求，这些都将对现有的正交多址技术形成严峻挑战。

在5G中主要提出3种新型多址方案，包含SCMA、PDMA和MUSA，通过多用户信息在相同资源上的叠加传输，并且在接收侧利用先进的接收算法分离多用户信息，能够达到有效提升系统频谱效率并成倍增加系统接入容量的目的。此外，通过免调度传输也可有效地简化信令流程，并降低空口传输时延。

5. 新型多载波

多载波技术的概念始于4G，其中主要用到正交频分多址技术（Orthogonal Frequency Division Multiplexing，OFDM）。在5G中，OFDM仍然是基本波形的重要选择。同时，为了满足更加多样化的业务类型、更高的频谱效率和更多的连接数等需求，新型的多载波技术得以研究，如F-OFDM技术、UFMC技术和FB-

MC 技术等。这些技术都使用了滤波机制，通过滤波减小子带或子载波的频谱泄露，减少对时频同步的要求，避免了 OFDM 的主要缺点。

此外，利用这几种新型多载波技术，5G 的一些关键需求也可以得到满足：①通过新型多载波支撑灵活可配的新空口，从而为不同业务提供不同的无线传输速率，增强系统对各种业务的支持能力，提高系统的灵活性和可扩展性。②通过新型多载波支持具有较复杂信道传输的场景和业务类型。例如，在 V2V 或高铁场景下，由于较高的相对速度以及车与车之间复杂的散射环境，信道可能呈现明显的双色散特性，采用新型载波技术可以根据实时的信道状态对原型滤波器进行优化，从而更好地匹配信道双色散特征，获得更好的性能。③通过新型多载波支持异步信号传输，减小信令开销。

6. 终端直通技术

终端直通（Device to Device，D2D）技术一直存在，早期是 WiFi、蓝牙等终端与终端之间无中心节点控制的直接通信，在 4G 时代，终端直通技术正式列入移动蜂窝网络的关键技术。一方面移动蜂窝网路空口带宽无法满足迅速增长的业务传输需求；另一方面智能终端设备的种类与能力也越来越强，可以借助各种本地无线通信技术完成本地终端之间的数据传输需求，而无须占用稀有的蜂窝网路空口资源。

进入 5G 时代，终端直通技术可以衍生出更多新的应用场景，并提升用户体验，如 V2V/V2I（车车、车路）通信、多用户协作通信、数据共享网络、应用于物联网终端的低成本 D2D，等等。在能源与矿业领域，如矿车的自动驾驶，必然会用到包括车车、车路、车人（V2V、V2I、V2P，统称 V2X）频繁交互的短程通信，从而提供全面的车联网通信解决方案。在应急通信场景中，基于 mesh 网络架构的 D2D 通信也能够在主通信基础设备破坏以后，临时快速地提供本区域人员与人员、人员与设备、设备与设备之间的通信，从而使得救援工作能够得以快速有效地开展。

7. 灵活双工

随着移动蜂窝所承载业务的日益增加，不同的业务对上下行的带宽需求不同，如在线视频业务，需要较高的下行带宽，而个人新媒体、视频监控等业务则需要较高的上行带宽，因此未来移动流量呈现多变特性：上下行业务需求随时间、地点而变化，现有通信系统采用相对固定的频谱资源分配方式，无法满足不同小区变化的业务需求。这就是灵活双工技术的产生背景，其能够根据上下行业务变化情况动态分配上下行资源，有效提高了系统资源利用率。灵活双工技术可以应用于低功率节点的小基站，也可以应用于低功率的中继节点。

8. 全双工

基于自干扰抑制理论和技术的全双工技术，能够同时同频在上下行信道上进行数据传输。而传统的半双工技术则只能分时或者分频进行上下行传输，因此从理论上讲，全双工技术可以提升一倍的频谱效率，进一步解决无线通信业务量爆炸式增长与频谱资源短缺之间的外在矛盾。

全双工技术的实用化进程中，仍然存在需要解决的问题和技术挑战，如大功率动态自干扰信号的抑制、多天线射频域自干扰抑制电路的小型化、全双工体制下的网络新架构与干扰消除机制、与 FDD/TDD 半双工体制的共存和演进路线等。此外，由于复杂度和应用条件不尽相同，全双工技术各种场景的应用需求和技术突破需要逐阶段推进。

（二）5G 网络技术

5G 之前的电信基础设施平台是基于专用硬件实现的，存在成本高、资源配置能力不强、业务上线周期长等问题，无法满足 5G 网络优质、灵活、智能、友好的整体发展趋势。鉴于此，5G 网络需要基于基础设施平台，并同时进行网络架构更新，以实现支持不同业务场景的需求。

1. 新型基础设施平台

5G 网络通过引入网络功能虚拟化（NFV）和软件定义网络（SDN）两种技术，设计实现基于通用硬件的新型基础设施平台，从而解决现有基础设施平台成本高、资源配置能力不强和业务上线周期长等问题。

NFV 技术通过软件与硬件的分离，采用通用硬件取代专用硬件，并通过定制化的软件实现不同的网络功能模块，使网元功能与物理实体解耦。组件化的网络功能模块可以方便快捷地把网元功能部署在网络中任意位置，能够重构控制面功能。同时，对通用硬件资源实现按需分配和动态伸缩，以达到最优的资源利用率，为 5G 网络提供更具弹性的基础设施平台。SDN 技术实现控制功能和转发功能的分离。控制功能的抽离和聚合有利于通过网络控制平面从全局视角来感知和调度网络资源，实现网络连接的可编程控制。

2. 5G 网络逻辑架构

为了满足业务与运营需求，5G 接入网与核心网功能需要进一步增强。接入网和核心网的逻辑功能界面清晰，但是部署方式更加灵活，甚至可以融合部署。网络功能可以按需编排，运营商能根据不同场景和业务特征要求灵活组合功能模块，按需定制网络资源和业务逻辑，增强网络弹性和自适应性。

按照网络功能来分，新型 5G 网络架构包含接入、控制和转发 3 个功能平面。接入平面主要包含各种类型基站和无线接入设备。控制平面包含各种网络管理功能模块，主要实现集中的控制功能和简化的控制流程，以及接入和转发资源的全局调度。转发平面主要包含用户面下沉的分布式网关，在集中控制平面的统一控制下，数据转发效率和灵活性得到极大提升，并集成边缘内容缓存和业务流加速等功能。

1）网关控制转发分离

在 5G 网络中，移动核心网网关设备的控制功能和转发功能将进一步分离，网络向控制功能集中化和转发功能分布化的趋势演进。控制和转发功能分离后，控制面采用逻辑集中的方式实现统一的策略生成与控制，并通过移动流控制接口实现对转发面的可编程控制。控制面和转发面的分离，使网络架构更加扁平化，网关设备可采用分布式的部署方式，从而有效降低业务的传输时延。如上所述，转发面则聚焦于如何高效地满足海量及异构的业务数据路由转发需求。控制面功能和转发面功能能够分别独立演进，从而提升网络整体系统的灵活性和效率。

2）控制功能重构

控制功能重构技术主要根据不同的应景场景，组合不同的控制功能模块形成适合的网络控制面，解决现有网络控制功能冗余、网络接口众多及标准化工作困难等问题。

控制功能重构技术包括控制面功能模块化、控制面处理逻辑优化以及状态与控制逻辑分离等。其中，控制面功能模块化，主要是将传统集中于一个网络功能实体的控制面功能，按照处理逻辑进行聚合和充足，以适应不同的应用场景功能重组需求。控制面处理逻辑优化技术，主要是优化控制功能模块之间的信令交互及处理效率，从而减少信令处理时延。状态与逻辑处理，主要是将用户的状态信息，如移动性管理上下文和会话管理上下文等状态信息，与当前的信令处理逻辑进行解耦，从而有利于提高系统的鲁棒性。

3）新型连接管理和移动性管理

5G 网络中的连接管理将更加简化、高效、灵活，同时应能满足不同场景下的网络管理与数据传输效率需求，如能根据终端的属性（终端能力、位置、移动规律等）、请求类型、业务特征、网络状况以及运营商策略等信息来确定连接的相关参数，然后由控制平面根据确定的连接参数生成连接管理指令，并由转发平面执行连接管理指令，最终完成连接管理的流程。

5G 网络的移动性管理要能够独立于各种接入技术，实现异构网络间的无缝切换。同时 5G 网络业务的多样性也对移动性管理提出了差异化需求，5G 网络应提供“移动即服务”的按需实现的移动性管理能力，将移动性作为一种网络服务提供给用户，支持不同业务移动性的要求，实现智能的移动性管理方案选择。对超密集组网（UDN）场景，可以利用大数据预估等辅助移动性技术、改进切换控制协议等来减少信令开销，保证切换成功率。对于物联网，通过简化改进位置管理相关协议来减少信令交互。

4）移动边缘计算

移动边缘计算技术（MEC）是在靠近移动用户的位置上提供信息技术服务环境和云计算能力，并将内容分发推送到靠近用户侧（如基站），使应用、服务和内容部署在高度分布的环境中，从而可以更好地支持5G网络中低时延和高带宽的业务要求。

移动边缘计算算力的部署、管理与计费是移动边缘计算中亟待解决的问题。在算力部署问题上，通常会根据应用场景需求进行算力评估以及边缘计算节点位置放置评估，以经济实用的方式满足业务需求。同时，边缘计算节点数量庞大、形式各异且分布范围比较广泛，因此如何有效地管理并调度边缘计算节点以及其上的计算、存储资源是其能够获得有效应用的关键。对于运营商部署的边缘计算节点而言，其传统的计费系统已经不适用于以算力作为度量的运营模式，因此需要探讨新的计费模式。

5）按需组网

5G网络需要适用多样化的业务场景，因此5G核心网应具备向业务场景适配的能力，针对每种5G业务场景提供恰到好处的网络控制功能和性能保证，实现按需组网的目标。网络切片是实现按需组网的一种方式。

网络切片是利用虚拟化技术将5G网络的物理基础设施资源根据场景需求虚拟化为多个相互独立的、平行的虚拟网络切片。一个网络切片可以视为一个实例化的5G核心网，在一个网络切片内，运营商还可以进一步对虚拟资源进行灵活分割，按需创建子网络。运营商首先根据业务场景需求生成网络切片模板，切片模板包括该业务场景所需的网络功能模块、各网络功能模块之间的接口，以及这些功能模块所需的网络资源。该网络功能模块是根据业务场景的需要和话务模型进行定制裁剪的。然后网络编排功能根据该切片模板申请网络资源，并在申请到的资源上进行实例化创建虚拟网络功能模块和接口。此外，网络编排功能模块还可以通过大数据驱动的网络优化，实现对网络资源的监管，从而实现自动化运维。

6）用户和业务的感知与处理

目前，5G网络中的用户和业务的感知与处理技术主要通过收集与分析接入网设备的通信数据，掌握各类业务在流量、信令开销等方面的特征，感知用户的位置、移动速度、终端电池状态等多维信息，根据业务特点、信道变化、负荷开销等综合考量，为控制平面提供精细化的无线资源策略，实现业务、用户、资源三者的最优匹配。

通常情况下，可以通过终端进行相关信息的获取与上报，基站收集到与业务、用户特性相关的信息后，建立业务流量模型、信令开销与资源占用方式库，基于人工智能等新兴技术发现不同业务与用户体验水平的关联性，形成以用户为中心、以服务为导向的资源配置策略，并以此来管理和控制接入网资源，从而提升 5G 接入网的智能化水平。

7）网络能力开放

网络能力开放的目的在于实现向第三方应用服务提供商提供所需的网络能力，从而帮助第三方应用服务提供商更好地适应当前网络状况，包括主要用户位置信息、网元负载信息、网络状态信息和运营商组网资源等。网络能力开放架构分为 3 个层次：

（1）应用层：利用能力层提供的 API 接口筛选所需的网络信息，调度管道资源，申请增值业务，并根据上述需求构建专用的网络切片。

（2）能力层：能力层位于资源层与应用层之间，北向与应用层互通，南向与资源层连接。其功能主要包括对资源层网络信息进行汇聚和分析，封装网络原子能力和按需组合编排，并生成相应的开放 API 接口。

（3）资源层：实现网络能力开放架构与 5G 网络的交互，完成对底层网络资源的抽象定义，并整合上层信息感知需求，将上层制定的能力调用逻辑映射为对网络资源按需编排的控制信令，同时也可以设定网络内部的监控设备位置，上报数据类型和事件门限等策略。

二、5G 标准化进展情况分析

与 4G 相比，5G 期望在峰值数据速率、连接密度、时延、移动性支持以及单位面积可支持数据速率方面均有 10 倍以上的提升。这些能力的提升主要依赖无线空口及网络技术的突破性变革。空口技术包含高频通信、大规模天线阵列以及短时域调度等，网络技术主要包含网络切片与边缘计算等。上述技术的技术特征已经得到了全面阐述，有必要进一步从对垂直行业融合的角度阐述 5G 标准化进展情况，厘清其对垂直行业的支撑度。

5G 标准化进展及对垂直行业的支撑能力如图 3 - 1 所示，早在 2014 年 5 月，我国标准化组织 IMT - 2020 在《5G 愿景与需求白皮书》中定义了 5G 所面临的场景，包含超高带宽视频业务通信、超低时延通信和海量物联网通信三大类应用场景。移动蜂窝网络的通信场景也第一次由面向个人通信转向了主要面向行业应用。

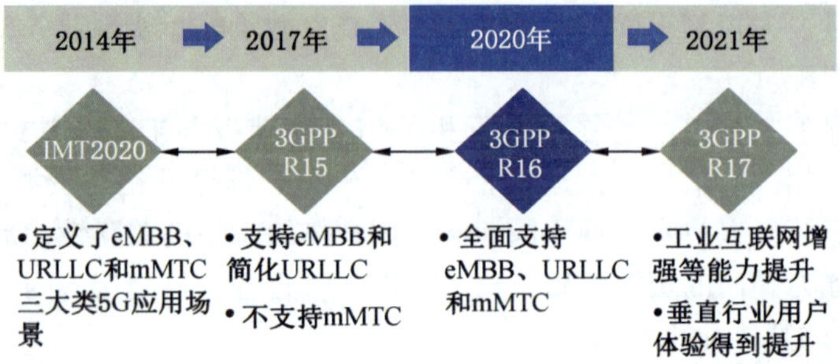

图 3-1 5G 标准化进展及对垂直行业的支撑能力

2017 年，5G 的第一个标准化版本 3GPP R15 主要实现了商用初期个人和行业的迫切需求，重点关注增强移动宽带通信（enhanced Mobile Broad Band，eMBB）和简化的低时延、高可靠通信（Ultra Reliable Low Latency Communication，URLLC）场景，尚未针对海量物联网通信（massive Machine Type Communication，mMTC）场景制定技术标准。其中增强型移动宽带主要针对超高清视频、VR/AR 等大带宽个人通信场景，而垂直行业通常面临的远程实时控制等低时延高可靠以及大量的传感器节点采集类应用尚未得到支持。

2020 年 7 月 3 日，5G 的第一个完整标准版 3GPP R16 冻结，作为 5G 的第二个标准版本，在 R15 的基础上主要在以下 3 个方面进行了加强，简单概括为基本功能增强、垂直行业能力扩展、运维自动化及网络智能化增强。在基本功能增强方面，无线接入网络、业务流程及核心网方面均有增强。无线接入网络方面的增强主要是通过增强多输入多输出（Multi - Input Multi - Output，MIMO）、双连接、载波聚合等物理层技术进一步提升无线链路传输的可靠性，通过 2 步随机接入（2 - step RACH）等流程优化进一步降低接入时延。在核心网架构和业务流程方面，主要通过服务化架构增强（enhanced Service Based Architecture，eSBA）、网络切片增强（enhanced Network Slicing，eNS）等技术进一步细化各网元功能，以对服务提供更有效的支撑。在垂直行业能力扩展方面，主要增强了支持垂直行业组网和专网建设的时延敏感网络（Time Sensitive Network，TSN）、5G LAN、5G NPN 等，在可靠性和时延上都有增强，扩展了 5G 的 URLLC 能力。在网络自动化运维和智能化方面，强化了自组织网络对系统的自优化，为大数据和人工智能在网络智能化奠定了良好的基础。总体而言，R16 版本的冻结标志着 5G 网络具有真正的系统级低时延高可靠的能力，能够很好地满足智慧车联网、工业互联网等行业的应用。面向工业互联网应用，R16 标准支持 1 μs 同步精度、0. 5 ~1 ms 空口时延、可靠性达到 99. 9999% 和灵活的终端组管理，最快可实现 5 ms 以内的端到端时延和更高的可靠性，提供支持工业级时间敏感业务，使得工业控制领域以无线网络替代有线网络成为可能。在智慧车联网上，R16 标准可支持车与车通信、车与基础设施通信等，支持车辆编队、半自动驾驶、远程驾驶等更丰富的车联网应用场景。

由上述 5G 通信技术发展特征可知，目前 5G 商用设备和网络主要基于 R15 版本，尚不能很好地支持 URLLC 和 mMTC 的应用，因此对煤矿智能化的支持能力尚有不足。但随着 R16 版本的冻结和 R17 版本的持续演进，5G 商用网络将能全面满足煤矿智能化的泛在无线接入与信息高效传输要求。

第二节 5G 通信技术与能源、矿业开发技术融合分析

一、煤矿通信 5G 技术研究及网络建设现状

在国家政策的助力下，各运营商、煤矿企业、煤矿科研院所及高校均已积极开展面向煤矿智能化的 5G 网络关键技术研究、推动标准化制定、创立联合实验室，并建设网络及业务应用试点。

（一）关键技术研究进展

面向煤矿智能化的 5G 关键技术研究主要集中于分析煤矿应用 5G 通信技术的必要性及可能的应用场景。文献［9］比较了 5G 和 WiFi6 的技术特点，并得出结论：5G 通信质量有保证但成本高，WiFi6 成本低但通信质量无法得到保证。文献［10］—［12］进一步论证了 5G 用于井下通信的可行性，并总结了基于 5G 的煤矿智能化应用场景。文献［13］提出了一种 5G 矿井通信架构，采用射频拉远单元（Remote Radio Unit，RRU）覆盖井下巷道，采用有源天线单元（Active Antenna Unit，AAU）完成地面覆盖。该架构为现有网络建设的基站选型和组网方式提供了一种有价值的参考，但该架构对无线频段选择、核心网建网等缺乏方案。文献［13］主要研究并测试了 700 MHz 频谱在煤矿井下的无线传播特性，并指出从无线传播特性的角度 700 MHz 更适合井下通信。该工作为煤矿 5G 无线频谱选择提供了具体的数据支撑。

（二）标准化制定进展

在煤矿 5G 标准制定方面，2020 年 6 月 17 日，由安标国家中心发布了《煤

矿5G通信系统安全技术要求（试行）》及《煤矿5G通信系统安全标志管理方案（试行）》两个标准，规定了5G系统的组网运行、技术性能、安全防爆和电磁兼容的特性，以及煤矿5G系统检验检测机构所应具备的能力。此外，中国煤炭科工集团也正在着手制定《煤矿5G高速传输技术要求》的国家标准。

（三）实验室创立及产业联盟成立现状

2019年8月20日，山东联通、山东兖矿集团及中兴通讯合作成立了5G＋智慧矿业联合实验室。2019年11月14日，中国联通、中国煤炭科工集团以及中国矿业大学（北京）组建了地下空间5G通信技术创新应用联合实验室。2019年9月6日，中国移动、山西阳煤集团与华为公司合作成立了5G通信煤炭产业应用创新联盟。2020年6月18日，中国移动联合清华大学、中国矿业大学（北京）、阳煤集团、中国煤炭科工集团、华为公司等70多家单位成立了5G智慧矿山联盟。

（四）煤矿5G网络建设现状

在煤矿5G试点应用与项目落地方面，进展相对更快。2019年，5G商用牌照颁发不久，各大煤矿集团就相继开通了5G网络。此外，煤矿无人驾驶车、高清视频传输、井下智能巡检等也成为5G在推动矿山智能化中的典型示范应用。然而，目前的网络建设和试点示范仍然处于实验阶段，对5G所能支持的三大场景尚未全面落地，且现有试点应用距离业界所构想的煤炭智能化应用仍然有很大的差距。

二、煤矿5G网络规划部署

基于新一代信息技术的能源与矿业现代化治理平台需要建设公专融合的5G能源网络，以支撑大量异构的设备接入、海量异构的数据传输，并支持多种应用场景的服务要求。如图3－2所示，建设公专融合的5G能源网络，需要进行5G无线网络的优化部署，实现针对不同行业的5G公网能源切片，构建适用于不同场景的多形态边缘计算服务器，并实现5G能源网络的公专融合。然而，目前5G在能源行业的应用还属于试点和实验阶段，业界主要精力也投入5G试点网络的粗放型建设上，对5G跟具体行业或应用场景对接时的差异性研究并不充分，尤其在网络规划部署的优化、针对能源行业特定业务的网络切片以及移动边缘计算等关键技术研发方面仍有待提升。

（一）5G能源专网的规划部署

5G能源专网的规划部署与普通5G商用网络规划存在很大不同，以矿用5G网络为例，需要同时覆盖地面和井下两个不同的使用环境。煤矿地面环境与普通

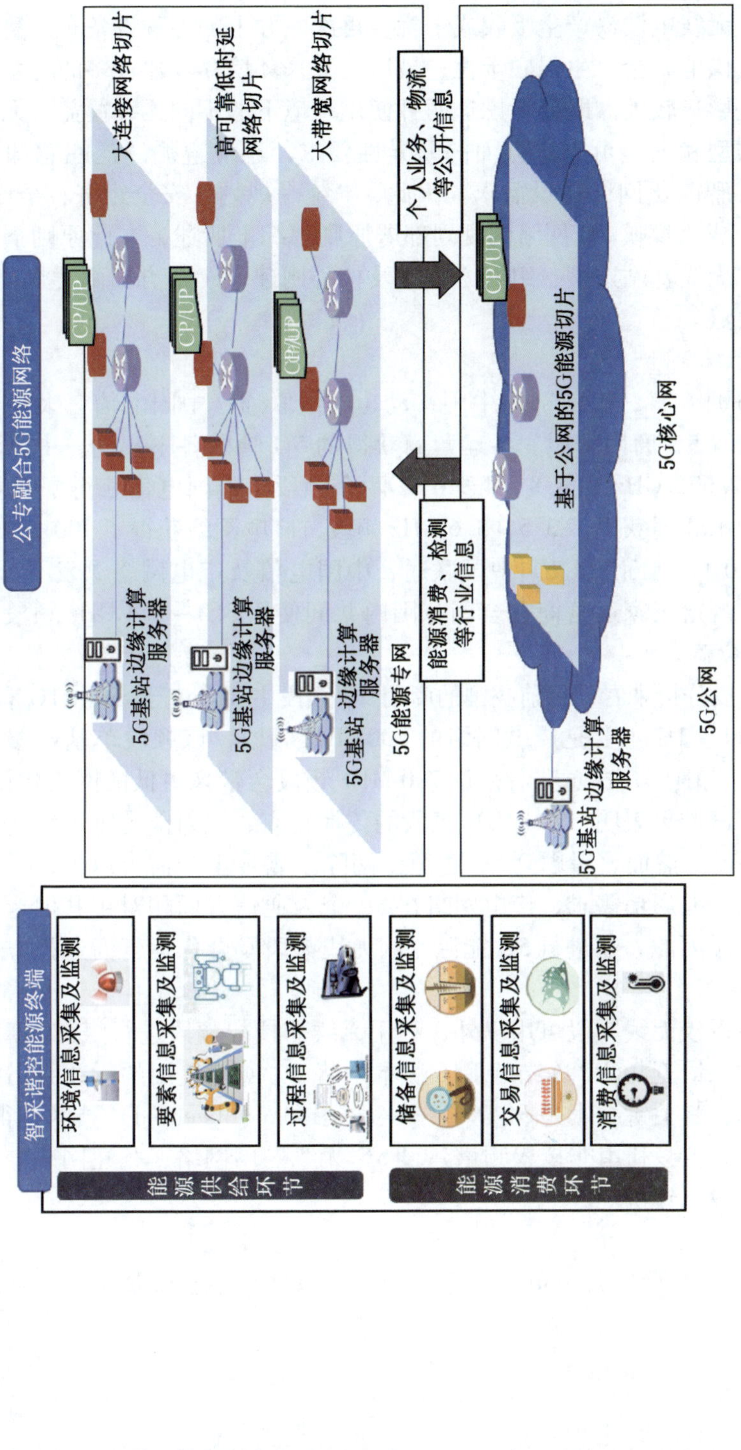

图 3-2 公专融合 5G 能源网络

地面环境差异性不大，但井下环境需同时考虑无线通信设备的安全防爆要求和无线电磁波的井下传输特性。首先，井下传播空间通常比较狭长且存在多分支；其次，巷道壁对无线电波易产生吸收或干扰；再次，井下的各种设备布设复杂，且大多数都需要供电，会产生强磁干扰；最后，开采环境存在比较多的粉尘，对毫米波传输损耗影响较大。既要考虑这两种使用环境下的不同无线覆盖、无线传输特性、业务类型和安全可靠等方面的差异性要求，还应遵循“泛在感知一体化网络”的煤矿智能化网络建设需求。因此，“统一规划、安全经济、全面覆盖、精细设计”应成为煤矿 5G 网络的规划部署原则。综上所述，在此原则下，从无线频段选择、无线基站选型、组网方式以及核心网建设 4 个方面阐述煤矿 5G 网络规划核心要点。

1. 无线频段选择

2019 年 6 月 6 日，工信部向中国移动、中国联通、中国电信三大运营商及广电网络颁发了 5G 商用牌照。各运营商获得的 5G 频段各不相同，中国移动获得了 2.515 ~ 2.675 GHz 和 4.8 ~ 4.9 GHz 两个频段，中国电信获得了 3.4 ~ 3.5 GHz 频段，中国联通获得了 3.5 ~ 3.6 GHz 频段，广电网络获得了 700 MHz 频段。2020 年 2 月 10 日，工信部又向中国联通、中国电信及广电网络颁发了 5G 室内运营牌照，并规定三家运营商在全国范围内共同使用 3.3 ~ 3.4 GHz 频段，用于进行 5G 室内覆盖。

从上述频段分析来看，目前我国的商用 5G 频段主要集中于 Sub - 1G 和 Sub - 6G。其中，Sub - 1G 主要是广电网络的 700 MHz 频段，该频段单基站覆盖范围比 Sub - 6G 的范围广，这意味着采用 700 MHz 频段会带来更低的网络建设成本。此外，实际测试结果表明，700 MHz 频段的传播距离、绕射能力等无线传播特性也优于 Sub - 6G。然而，考虑到 5G 能源专网除了满足生产需求以外，还需要满足企业员工的个人通信需求，广电网络在 5G 个人通信方面相对于其他运营商有比较大的差距。因此，在进行 5G 能源专网无线频段及合作运营商选择方面仍需要综合考虑。

除了上述授权无线频段可用以外，利用无线非授权频段进行煤矿 5G 网络建设也值得关注。最近 3GPP 冻结的 R16 版本中将 5G 所能使用的无线频谱扩展到了非授权频段，其关键技术是 5G NR - U（new radio unlicensed）技术。很显然，5G NR - U 技术能够利用非授权频谱建设 5G 无线专用网络，其建网成本和使用成本比授权频段更经济。

2. 无线基站选型

5G 基站种类与形式并不单一，除了宏基站以外，还有微基站、皮基站以及飞基站。微基站、皮基站和飞基站的具体设备形态又分为分布式和一体化两种。宏基站发射功率较大，覆盖范围也较大，因此适合于需要大面积覆盖的场景。相比宏基站，微基站、皮基站以及飞基站体积更小、部署方便、选址灵活，通常作为宏基站的补充进行无线覆盖增强和热点区域业务流量提升。通常，在如下场景中，也可以采用微基站进行无线覆盖：第一，宏基站建设有难度的待覆盖区域，如建站困难或者空间受限的地方；第二，较小的室外覆盖区域；第三，对无线传输带宽有较大要求的办公区或者居民区；第四，需要进行深度覆盖的区域。对于煤矿企业而言，由于地面和井下两种不同的使用环境，因此煤矿 5G 无线基站需要根据这两种不同的使用环境进行选型。

3. 组网方式

5G 空口的组网方式有两种，即独立组网方式（Standalone，SA）和非独立组网方式（Non - Standalone，NSA）。SA 方式也就是 5G 与 4G 通信系统之间相互独立，自身组成包含基站与核心网的通信系统，与 4G 网络之间采用跨核心网的互操作模式。NSA 方式中 5G 网络无法独立完成通信，需要借助 4G 基站进行无线空口的信令传输，数据则可以通过 5G 和 4G 两种空口进行传输。其中，NSA 有多种组网方式，早期部署中最具代表性的是 3GPP 中的选项 3x（NSA - 3x）和选项 7x（NSA - 7x）两种方式，其主要区别在于 NSA - 3x 无须建设 5G 核心网，而 NSA - 7x 则需要建设 5G 核心网。

SA 与 NSA 两种组网方式各有优劣。图 3 - 3 从业务能力、建网成本、终端能耗、设备选型以及智能矿山适应性 5 个维度对 SA、NSA - 3x 和 NSA - 7x 进行了对比分析。从业务能力角度分析，SA 支持所有的煤矿智能化应用场景要求；NSA - 7x 虽然建设了 5G 核心网，但是其信令仍然依赖于 4G 技术，因此无法支持对时延要求高的煤矿智能化业务场景；而 NSA - 3 仅支持 eMBB 场景。

从建网成本角度分析，SA 方式需建设 5G 基站和核心网，初期建网成本较高；NSA - 7x 需建设 5G 核心网和部分 5G 基站，5G 基站主要作为 4G 基站的无线覆盖增强，初期建网成本中等；NSA - 3x 只需要建设部分 5G 基站作为 4G 基站的无线覆盖增强，无须建设 5G 核心网，所以初期建网成本最低。然而，NSA 方式最终必然要演进到 SA 方式，NSA - 3x 和 NSA - 7x 后期会存在大量的 4G 网络改造费用，最终总成本会高于 SA 方式。

从终端能耗的角度分析，SA 组网方式下，终端只需要与 5G 基站建立连接，终端能耗最低；而 NSA - 3x 和 NSA - 7x 需同时与 4G、5G 基站建立无线连接，功耗较高。因此，对于终端能耗要求比较严格的无线传感器监测类应用，SA 的组网方式优于 NSA - 3x 和 NSA - 7x。

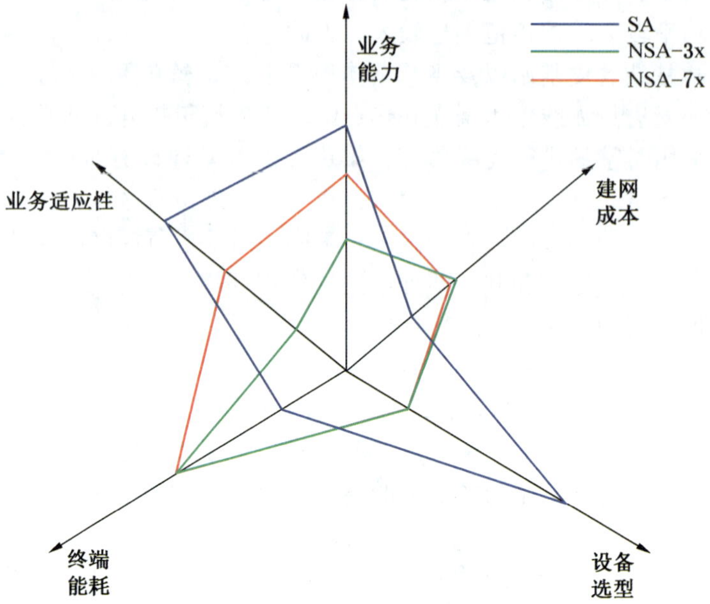

图 3-3 SA、NSA-3x 和 NSA-7x 组网对比分析

从网络设备选型的角度分析，SA 不需要均来自于同一家厂商，而 NSA 则必须来源于同一厂商，因此设备选型非常受限。

从对智能矿山的适应性方面衡量，SA 的适应性最好，而 NSA 由于对智能矿山的业务支撑能力不够、建网运维成本高等，适应性更差一些。

（二）核心网建设及运维管理方式

5G 能源专网核心网的建设方式分为两种：一种是利用公网核心网，将煤矿 5G 基站直接接入运营商公网的核心网设备中；另一种是自建核心网，所有无线基站接入自己的核心网中。利用公网核心网的方案，在建设成本和后期运维方面能够投入较少的成本和人力，但所有通信数据必须经过运营商核心网。该方案的缺点是：一方面网络传输质量不如自建核心网，且后期针对新兴智能煤矿业务场景的扩展性和支撑性受限；另一方面也存在数据安全隐患。自建核心网方案，能够相对独立组成一张区域范围内的 5G 专网。该专网可以通过核心网设备与 5G 公网互联互通。同时可以加入网络防护、隔离与交换设备，在保证与 5G 公网互联互通的同时，最大限度地保障 5G 能源专网安全。当然，该方案也会产生额外的建设成本，但相比建设5G基站的方案，成本不高，只是后期有可能需要配备专业的运维人员从而产生额外的人力成本。综上所述，5G能源专网核心网的建设，需要根据企业自身的经济实力、服务质量要求以及数据安全性要求3个方面进行综合考虑。对于经济实力较强的企业，建议独立建设核心网以便后期业务扩容，同时也能有效地保护企业的各类数据。

1. 5G 能源网络切片技术

网络切片的实质就是利用网络虚拟化技术将网络基础物理设备，根据时延、带宽、可靠性、安全性等不同的业务场景服务需求，切分出多个逻辑上的端到端网络，以进行各种不同业务的信息传输与交换。由此可见，对业务场景的分析，是进行5G能源网络切片的前提，前期在这方面已经有了一些研究成果，但主要是从场景本身分析的，尚未涉及对业务服务质量进行精确细分。

在运营商的切片实例中，通常对应三大类应用场景，即eMMB、URLLC和mMTC。实际上，这种分类是针对所有垂直行业的大致场景进行的。在能源企业的实际应用中，可以进一步细分为生产控制、环境监测、人员调度、远程运维等多个场景，并明确每类应用场景中所涉及的各类业务并将其转换为服务等级（Service Level Agreement，SLA），即端到端的网络切片要求，如时延、容量、覆盖安全性，等等。SLA下发到5G网络切片管理实体中，完成该应用场景的煤矿5G网络切片实例化。

当然，网络切片的粒度也不是越细越好，过细的切片一方面会在不进行信息传输时占用大量的网络资源，另一方面会增加切片管理系统的负荷。尤其是在当前能源行业智能化应用场景尚未定义完备的情况下，也需要为未来智能化业务预留一些网络资源。因此，面向能源行业的5G网络切片既需要针对某些应用场景进行切片定制，也需要针对网络利用率高或者SLA要求不高的场景提供公共网络切片。

基于这一思想，可以将5G能源网络切片分为专用切片和共用切片。专用切片拥有无线接入网、核心网以及边缘计算等一整套的虚拟5G网元设备，主要服务对象是生产控制类等对QoS有极其严苛要求的应用场景。共用切片的主要服务对象是对QoS要求有一定容忍度或者网络资源利用率低的场景，如远程协同运维虽然对QoS要求严格，但由于不经常利用网络，因此将其划分到共用切片中，以提升网络资源利用率。值得注意的是，共用切片支持eMBB、URLLC以及mMTC三类切片，具体应用场景则可以联合使用这三大类切片完成信息传输。

2. 5G 移动边缘计算技术

移动边缘计算（Mobile Edge Computing，MEC）通过靠近终端用户提供IT服务环境和计算能力，将部分网络业务下沉到靠近终端用户的移动节点，从而缩短网络传输时延，助力5G网络提升用户体验质量。因此，MEC目前已成为5G网络的必备基础设施之一，且在车联网等场景中得到广泛应用。然而，移动边缘计算从节点部署到关键技术都需要根据具体应用场景进行方案设计，即现有的移动边缘计算方案并不能够直接应用于煤矿智能化应用中。因此，将移动边缘计算应用于能源行业仍需要根据具体场景进行架构设计，并研发适用的计算任务卸载、云边协同、任务迁移等关键技术。

“云+边缘+端”的多层次智能架构是一种适用于能源行业的移动边缘计算，值得注意的是，移动边缘计算节点不仅仅是网络设备，还包含终端设备。在“端”处采用深度学习等人工智能算法实现采矿及运输设备的单台智能，在“边缘”收集多台设备的环境感知及运行参数，对时延要求极其严格的紧急事件（如生产远程控制等）进行处理实现紧急设备托管，在“云”中通过采集“端”数据，进一步改进智能算法，促使单台设备智能化提升。

通用5G移动边缘计算关键技术通常包含协同计算卸载、计算迁移、云边协同等。在能源行业具体场景下，需要根据具体业务决定在端、边、云分别处理的具体计算任务。例如，对于高清视频监控类业务，首先在监控摄像头处进行画面的初步处理，去掉一些重复的静止画面或者非异常画面，只传输感兴趣的画面。上传后的画面可以在5G基站处部署的边缘计算节点进行进一步压缩处理，最后上传到云端。

三、5G通信技术应用场景与发展方向

5G网络创造性地采用了网络切片技术，将物理网络划分为多个虚拟网络，每一个虚拟网络根据不同的服务需求，如时延、带宽、安全性和可靠性等，灵活地应对不同的网络应用场景，在满足大量并行业务上线的同时仍可保证端到端的性能。因此，5G在煤矿智能化开采中将会有多种应用场景。

（一）基于5G的高精实时定位与应用服务

目前煤矿井下定位系统多基于传统的蓝牙、ZigBee、超宽带等无线传输技术，定位精度不高，且需要单独布设相关基础设施，实时性难以保障。基于5G的低时延特性开发基于5G网络的井下定位与应用服务系统是未来的发展方向，将产生井下车辆管理、开采精准推进等应用，解决移动装备的实时控制和管理难题。

（二）基于5G的虚拟交互应用

虚拟现实（VR）与增强现实（AR）是能够彻底颠覆传统人机交互内容的变

革性技术，在煤矿的应用未来可期。其应用可分为 3 个阶段：

阶段 1：主要用于三维建模和虚拟展示（图 3－4），如裸眼 3D 等技术，其基本需求为 20 Mbps 带宽＋50 ms 延时，4G＋WiFi 基本可以满足。

图 3－4　三维建模和虚拟展示

阶段 2：主要用于互动模拟和可视化设计等，如多人井下培训系统，其基本需求为 40 Mbps 带宽＋20 ms 延时，Pre5G 基本可以满足。

阶段 3：主要用于混合现实、云端实时渲染和虚实融合操控，如虚拟开采、协同运维等，其基本需求为 100 Mbps～10 Gbps 带宽＋2 ms 延时要求，需要 5G 或更先进的技术才可满足。

（三）生产远程实时控制

生产实时性控制一直是煤矿智能化开采的关键难题。传统的远程控制系统需要经过多重路由和多种协议才能将所需的各种传感信息汇集到集控中心，直至传至远程控制中心，仅有部分对实时性要求不高的功能可以用远程控制，对实时性要求高的功能出于安全考虑是不能用远程控制的。5G 低时延的特性为解决这一难题提供了基础支撑，基于 5G 的井上全功能远程控制将会实现。基于 5G 的多源决策控制示意如图 3－5 所示。

（四）井下远程协同运维

5G 在井下的另一个重要应用场景是远程协同运维（图 3－6）。未来井下装备的智能化程度会越来越高，系统也愈加复杂，传统的维修工人已难以独立完成维修工作，需要借助远程专家协助完成。现场的音视频信息可以通过5G网络传输至远端，相关的虚拟模型也可以虚拟至现场设备上，通过虚拟现实技术可以实现专家与现场工人同样的视场和操作，甚至还可以用机器人代替人在井下完成维修。

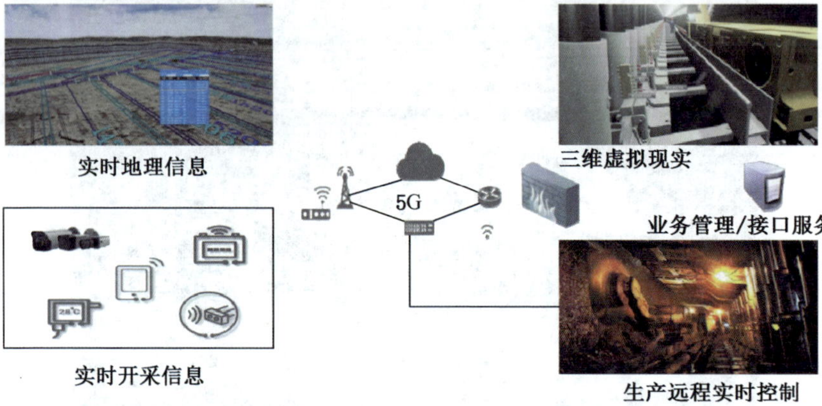

图3-5 基于5G的多源决策控制示意图

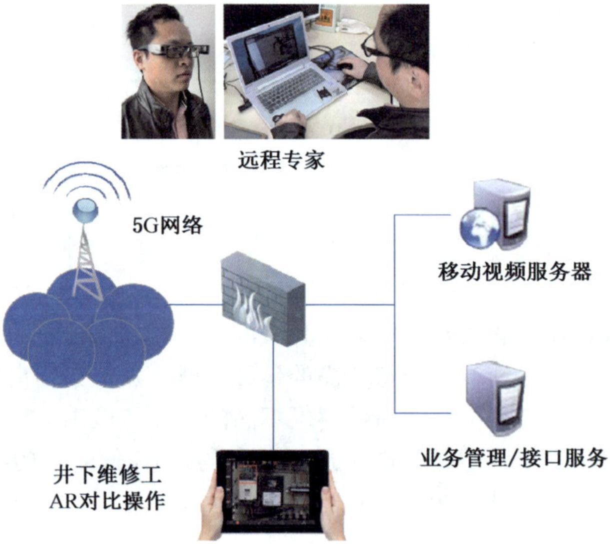

图3-6 基于5G的远程运维场景

（五）井下巡检和安防

基于 5G 的定位、高速数据传输和端端物联将助力实现井下的高效巡检和安防。通过这一网络可实时定位井下的装备和人员，可实时传输和共享井下的安全信息，智能终端的主动推送功能自动识别其他移动终端设备并按需推送相关信息，实现井下信息的泛在感知和共享。相较于传统数据上传下发的利用方式，5G 模式下的数据利用更高效、延时更短、可靠性更高、经济性更好。基于 5G 的井下巡防如图 3－7 所示。

图 3－7　基于 5G 的井下巡防

第四章 大数据技术在能源、矿业领域的融合发展与技术演进

第一节 大数据技术发展现状与制约因素分析

一、大数据技术发展现状

从宏观角度来讲，大数据是融合物理世界、信息、空间和人类社会三元世界的纽带，物理世界通过互联网、物联网等技术有了在信息空间中的大数据反映，而人类社会则借助人机界面、脑机界面、移动互联等手段在信息空间中产生自己的大数据映像。近年来，大数据的兴起有两种原因：一种是传统业务的发展遭遇数据存储量大、采集速度频率快、结构复杂等瓶颈问题，需要采用新的技术来解决，即“大数据平台技术”，如时序数据采集技术、海量数据存储技术等；另一种是随着数据存储量的增大和处理能力的增强，催生了新的应用和业务，即“大数据应用技术”，如智能制造、现代农业、智能交通等。大数据系统参考构架如图 4 -1 所示。

大数据是当前最热门的研究领域之一，受到了全世界的广泛关注。在学术界，《Nature》和《Science》先后推出了数据处理专刊，讨论数据洪流为科研领域带来的全新机遇与挑战。在工业界，麦肯锡研究院指出大数据将会是下一个创新、竞争、生产力提高的风向标。在政府层面，美国政府开放了超过 40 万条政府数据，同时颁布了《大数据研究和发展计划》等政策来促进数据开放共享。欧盟也宣布将采取一系列具体措施发展大数据技术。我国政府也高度重视大数据技术的应用与发展。2015 年国务院印发了《促进大数据发展行动纲要》，指出数据已经成为国家重要的战略资源。2017 年，习近平主席就实施国家大数据战略发表重要讲话，强调推动实施国家大数据战略，更好地服务我国经济社会发展和人民生活改善。

大数据中蕴含的宝贵价值成为人们存储和处理大数据的驱动力，Mayer -

Schönberger 在《大数据时代》中指出了大数据时代处理数据理念的三大转变，即要全体不要抽样，要效率不要绝对精确，要相关不要因果。大数据处理和分析的终极目标是借助对数据的理解辅助人们在各类应用中做出合理的决策。在此过程中，深度学习、知识计算、社会计算和可视化技术起到了相辅相成的作用，从技术的角度大数据在上述4个方向的发展趋势为：①深度学习提高精度；②知识计算挖掘深度；③社会计算促进认知；④加强可视化辅助决策。

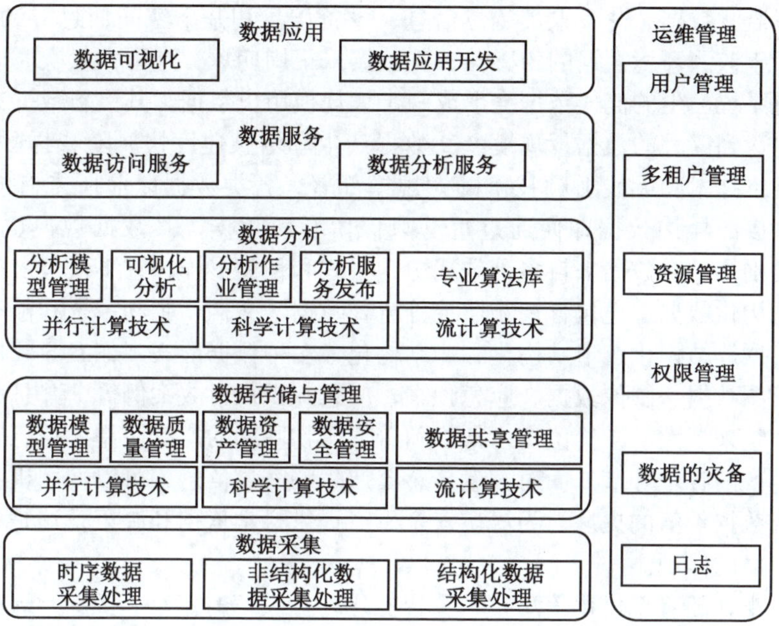

图4-1　大数据系统参考架构

从应用的角度，大数据技术可实现对风电、光伏、潮汐能等分布式清洁能源的准确预测，从而有力地支撑能源生产的精细化和集约化，进一步推进上述产业的可视化、智能化。将大数据技术应用于煤矿可形成涵盖矿井采掘、供电、通风、排水、输送带状态等信息管理系统及其故障诊断系统，将自动化监测监控与离线点检结合起来，对井下环境、灾害、人员和设备等相关信息进行分析，对煤矿生产安全风险进行预测预警。通过动态连续监测，对安全生产全因素进行数据收集分析、预测预警，优化并改进安全生产运营管理、综采工作面运行管理、主运输系统运行管理、生产辅助系统运行管理、全时空的现场岗位管理等，保障动态生产始终在确保安全的环境中进行，形成独具特色的安全生产协同管理模式："用数据、显状态、指隐患、强协同、灭事故、保安全、增效益"。

煤矿大数据是指为了在煤矿安全生产过程中更有效地从高采样频率获取的、大容量的、不同结构和类型的煤矿数据中获取价值而设计的新一代构架和技术。其数据来源主要是指井下物联网感知层的各个监测设备采集到的环境参数，如甲烷、一氧化碳、氧气、温度、压力等实时监测数据，以及控制设备相关数据。煤矿大数据具有以下特点：①数据体量巨大。煤矿生产过程中会产生大量以甲烷为主的环境监测数据、井下人员定位信息、设备信息和井下空间信息等动态数据。特别是用于监测环境数据的传感器，其数据采集周期短，这种大量实时监测和控制等实时系统产生的流式数据会形成一个大规模历史数据，其更新数据集也会在数分钟内达到巨大的数据量规模。②数据产生和增长速度快。随着物联网技术、传感器网络技术和无线射频技术的大规模部署，各类数据以前所未有的速度增加，这些多源异构数据即使通过过滤只保留有效数据，其数据规模也很庞大。③数据类别多。大数据来自多种数据源，格式和种类多样，它不仅包含传统关系型库的结构化数据，还包含视频监控等流式数据、文档、主动系统和被动系统的传感器数据等结构化、半结构化和非结构化等多种数据形式，如 GIS 数据、监控视频、矿图数据、图像数据、应急预案、应急知识及事故案例等，并且此类数据所占份额越来越大。④价值密度低。随着煤矿物联网的广泛应用，信息感知将贯通煤矿生产的各个环节，面对大量传感器产生的海量信息，可以使用机器算法高效地完成数据价值的提炼，为煤矿安全生产提供科学依据和决策，这是煤矿大数据核心价值的体现。

近年来，随着现代化信息技术及智能化终端设备的普及、推广，煤矿企业的信息化系统建设也取得了长足进步，正朝着资源与开采环境数字化、生产过程控制可视化、信息传输网络化、技术装备更加智能化、生产管理及决策科学化的智能数字矿山方向发展，大量煤矿安全生产信息化系统平台的建设使得大数据技术逐渐渗透到煤炭行业的业务职能领域，各种信息化系统产生的数据也越来越具备了大数据的特征。大数据是以容量大、类型多、存取速度快、应用价值高为主要特征的数据集合，正快速发展为对数量巨大、来源分散、格式多样的数据进行采集、存储和关联分析，从中发现新知识、创造新价值、提升新能力的新一代信息技术和服务业态。大数据技术可应用于优化能源与矿业领域的如下方面：①运用大数据优化安全生产系统运行；②运用大数据优化生产辅助运行管理；③运用大数据实行全时空的现场岗位管理；④基于大数据安全生产协同管理实施效果。

综上所述，从大数据技术储备、标准化进展以及各领域应用 3 个方面进行分析可知，目前大数据已经具备与能源行业深入融合的基础，且可预见其必将能够为能源行业转型提供有效的技术支撑。

二、大数据技术发展制约因素

近10年来大数据技术迅猛发展，并在很多领域产生深远的影响。然而能源与矿业领域由于生产环境的特殊性、复杂性，现代信息技术的强大优势仍有待深入挖掘。在能源与矿业领域应用大数据技术可将相关工作自底向上分为数据采集、存储管理、建模分析及验证评估4个基本步骤，按照上述流程将大数据技术应用于能源与矿业领域时，从底层的处理系统到高层的分析手段都存在许多制约因素及挑战。这其中有大数据自身特征导致的，也有当前大数据分析模型与方法引起的，还有大数据处理系统所隐含的。

（一）制约因素

大数据技术应用于煤矿领域时，在数据采集、存储管理、建模分析及验证评估4个阶段具体存在的制约因素如下。

1. 数据采集——数据多源异构特性

煤矿企业设备数量、种类繁多，导致数据存在多源异构特性，无法得到有效共享及融合分析。不同系统基础数据重复采集、数据分散于多个既有在线系统，难以以低代价实现跨系统数据集成管理和集约服务等难题，存在“信息孤岛”问题，不能实现多源基础数据的按需互通和共享。

2. 存储管理——数据关联关系复杂

大数据的涌现使人们处理计算问题时获得了前所未有的大规模样本，但同时也不得不面对更加复杂的数据对象，如前所述，其典型的特性是类型和模式多样、关联关系繁杂、质量良莠不齐。大数据内在的复杂性（包括类型复杂、结构复杂和模式复杂）使得数据的感知、表达、理解和计算等多个环节面临着巨大的挑战，导致传统全量数据计算模式下、时空维度上计算复杂度激增，传统的数据分析与挖掘任务如检索、主题发现、语义和情感分析等变得异常困难。然而，目前人们对大数据复杂性的内在机理及其背后的物理意义缺乏理解。对大数据的分布与协作关联等规律认识不足，对大数据的复杂性和计算复杂性的内在联系缺乏深刻理解，加上缺少面向领域的大数据处理知识，极大地制约了人们对大数据高效计算模型和方法的设计能力。

3. 建模分析——计算复杂性

大数据多源异构、规模巨大、快速多变等特性使得传统的机器学习、信息检索、数据挖掘等计算方法不能有效地支持大数据的处理、分析和计算。大数据计算不能像小样本数据集那样依赖于对全局数据的统计分析和迭代计算，需要突破传统计算对数据的独立同分布和采样充分性的假设。在求解大数据的问题时，需要重新审视和研究它的可计算性、计算复杂性和求解算法。因此，研究面向大数据的新型高效计算范式，改变人们对数据计算的本质看法，提供处理和分析大数据的基本方法，支持价值驱动的特定领域应用，是大数据计算的核心问题。而大数据样本量充分，内在关联关系密切而复杂，价值密度分布极不均衡，这些特征对研究大数据的可计算性及建立新型计算范式提供了机遇，同时也提出了挑战。

4. 验证评估——系统架构复杂性

针对不同数据类型与应用的大数据处理系统是支持大数据科学研究的基础平台。对于规模巨大、结构复杂、价值稀疏的大数据，其处理也面临计算复杂度高、任务周期长、实时性要求强等难题。大数据及这些难点不仅对大数据处理系统的系统架构、计算框架、处理方法提出了新的挑战，更对大数据处理系统的运行效率及单位能耗提出了苛刻要求，要求大数据处理系统必须具有高效能的特点。对于以高效能为目标的大数据处理系统的系统架构设计、计算框架设计、处理方法设计和测试基准设计研究，其基础是大数据处理系统的效能评价与优化问题研究。这些问题的解决可奠定大数据处理系统设计、实现、测试与优化的基本准则，是构建能效优化的分布式存储和处理的硬件及软件系统架构的重要依据和基础。

（二）实现分析

针对上述制约因素，在能源与矿业领域综合运用大数据技术还需要推动技术革新、推动行业标准化、建立大数据技术人才培养体系及完善发展政策法规。

1. 数据统筹加速多源异构数据融合

为避免“信息孤岛”问题，最关键的一步是数据统筹，即以“数据共享、互联互通、业务协同”为原则，打破部门之间的行政壁垒，推动信息化建设由传统型的碎片式、项目式的发展方式，向集约化、效能型的发展方式转变。应为多种类、多层次、多特征的多源异构数据信息，提供统一的表达方案，便于数据分享、融合及处理。

2. 形式化定量化存储管理数据

面对数据关联关系复杂的挑战，需要形式化或定量化地描述大数据复杂性的本质特征及其外在度量指标，进而研究数据复杂性的内在机理。通过对大数据复杂性规律的研究有助于理解大数据复杂模式的本质特征和生成机理，简化大数据的表征，获取更好的知识抽象，指导大数据计算模型和算法设计。为此，需要建立多模态关联关系下的数据分布理论和模型，厘清数据复杂度和时空计算复杂度之间的内在联系，通过对数据复杂性内在机理的建模和解析，阐明大数据按需约简、降低复杂度的原理与机制，使其成为大数据计算的理论基石。

3. 构建以数据为中心的高效计算模式

面对计算复杂性的挑战，需要着眼于大数据的全生命周期，基于大数据复杂性的基本特征及其量化指标，研究大数据下以数据为中心的计算模式，突破传统的数据围绕机器式计算，构建以数据为中心的推送式计算模式，探索弱CAP约束的系统架构模型及其代数计算理论，研究分布化、流式计算算法，形成通信、存储、计算融合优化的大数据计算框架；研究适应大数据的非确定性算法理论，突破传统统计学习中的独立同分布假设；需要探索从足够多的数据，到刚刚好的数据，再到有价值的数据的按需约简方法，研究基于自举和采样的局部计算和近似方法，提出不依赖于全量数据的新型算法理论基础。

4. 优化分布式存储处理系统架构

面对系统复杂性的挑战，大数据处理系统的效能评价与优化问题研究具有极大的挑战性，其解决不但要求厘清大数据的复杂性、可计算性与系统处理效率、能耗之间的关系，还要综合度量系统中如系统吞吐率、并行处理能力、作业计算精度、作业单位能耗等多种效能因素，更涉及实际负载情况及资源分散重复情况的考虑。因此，为了解决系统复杂性带来的挑战，需要结合大数据的价值稀疏性和访问弱局部性的特点，针对能效优化的大数据分布存储和处理的系统架构，以大数据感知、存储与计算融合为大数据的计算准则，在性能评价体系、分布式系统架构、流式数据计算框架、在线数据处理方法等方面展开基础性研究，并对作为重要验证工具的基准测试程序及系统性能预测方法进行研究，通过设计、实现与验证的迭代完善，最终实现大数据计算系统的数据获取高吞吐、数据存储低能耗和数据计算高效率。

5. 推动行业标准化

目前，国际ISO、IEC、ITU、NIST及国内的信息技术标准化技术委员会（SAC、TC28）等标准组织结合大数据产业现状，已经开展行业标准化制定的相关工作，但就大数据整体技术体系和发展规模而言，仍处于起步阶段，与产业发展水平和需求并不相称。在《国家标准化体系建设发展规划（2016—2020年）》中，新一代信息技术标准化工程、智能制造和装备升级标准化工程已被列为主要任务，其中就涉及物联网、云计算、大数据、工业云等相关行业标准的制定。在信标委大数据标准工作组的推动下，未来将进一步制定和完善我国大数据领域标准体系，组织开展大数据相关技术和标准的研究，包含申报国家、行业标准，承担国家、行业标准制修订计划任务，宣传推广标准实施，组织推动国际标准化活动。在2017年工信部发布的《工业大数据白皮书》中，再次强调了标准化的重要性，指出深入推进工业大数据发展是全球工业企业所面临的共性课题，而工业大数据标准化工作则是支撑工业转型发展，提升我国国际话语权的重要基础。

6. 建立大数据人才培养体系

各行各业都在加速拥抱大数据，人才需求旺盛的态势已经明朗。据麦肯锡预测，至2018年，美国需要400万名具备基于大数据分析的经理和分析师。至2018年将有60%的组织设置首席数据官，未来8年将有19%的大数据人才需求增长。但是，目前企业中并没有足够的适用人才，只有大约1/3的岗位空缺能被填补，数据专家非常稀缺抢手。以中国为例，未来3年至少需要180万具备基于大数据分析的经理和分析师，人才缺口达到150万。大数据人才严重缺乏已经成为事实。从国家层面，在原有的政策基础上研究和颁布专门的数据人才培养政策和意见，改革传统的大数据技术人才培养模式，在确保人才质量的情况下尽量缩短培养周期。

7. 完善发展政策法规

政府立足于国际产业变革大势，做出全面提升中国制造业发展质量和水平的重大战略部署，强调加快推动新一代信息技术与制造技术融合发展，提出要从工业大国向工业强国转变。政府的政策制定、驱动导向、发展引导、配套支持等，为大数据产业发展创造优良环境。

综合发展上述各项内容，可以突破能源与矿业领域的现存瓶颈，为能源与矿业领域的绿色化、智能化转型提供有效的技术支撑。

第二节　大数据技术与能源、矿业开发技术融合分析

大数据早已存在于煤矿安全生产中，煤矿安全生产管理中所用的安全生产法律法规、煤矿安全开采规范、安全规程等都是基于大量现场实践、事故教训数据积累得到的。一次煤矿安全生产事故产生大量数据，包括危险源辨识和评价，生产中的各种台账，人员不安全行为记录，职工违章行为、类型，事故类型及事故前的各种征兆等。

煤矿安全生产管理数据已具备大数据4V特征，即规模性（Volume）——产生和积累了PB级的数据量；多样性（Variety）——台账、检查记录、图纸等纸质类数据及视频监控录像、音频等数据；快速性（Velocity）——生产各环节的视频监控系统、井下瓦斯浓度监测监控系统、人员定位系统等都需要快速实时地处理各种监测数据；价值性（Value）——挖掘数据间的相关关系，从而发现事故规律，

对事故进行预警。煤矿数据分类见表4-1。

表4-1 煤矿数据分类

数据类型	数据内容
地理信息数据	矿区地形、交通、建筑、地面运输、工业管路、岩层、煤层、水体、地面工程、地下工程等
生产自动化数据	生产调度、井下运输、供电通风、井下防尘数据等
监控监测数据	设备状态、温度、湿度、CO浓度、瓦斯浓度、风量等
紧急救援数据	人员定位、避灾路线、应急预案、井下逃生等
社会数据	新闻媒体、社会

“互联网+”时代煤矿大数据的进一步应用分析需要将互联网技术和互联网思维应用到煤矿领域，使得煤矿安全生产及管理运作与互联网结合起来，与“互联网+”形成聚合效应，构建如图4-2所示的能源大数据处理平台。随着“互联网+”在其他行业的成功挖掘应用，以及煤矿大数据的种类及数量的大幅度增加，只有加强大数据及云计算技术的研究发展，才能有效地处理海量数据，提高对煤矿安全生产的应用服务，而目前各大煤矿集团企业普遍缺乏基于“互联网+”的公共服务平台，缺少提供大数据的“互联网+”的应用。当前需要增加煤矿大数据的扩展性，使更多信息可以共享，是“互联网+”时代煤矿大数据应用的核心问题。将大数据技术应用于能源与矿业现代化治理体系建设方面，需要从数据采集、存储管理、建模分析及验证评估等多个方面进行关键技术突破和设备装备优化。

（1）研究特征筛选及融合技术，开发数据采集量化设备，提高信息资源利用效率，助力矿山数据转变为智能数据。

在能源与矿业领域应用大数据技术的主要基础理论包括特征筛选及融合技术、模型构建及超参调优技术、系统动态监测及适配技术。通过研究特征筛选及融合技术能够提高信息资源利用效率，使矿山数据转变为智能数据。

（2）研究模型构建及超参调优技术，开发大规模数据高效精准分析预测平台，助力寻找数据改变的规律以及它们之间的相互依附关联，从而使得人们可以从宏观的高层次的角度观察数据，最大限度地发掘数据的潜能。

在能源与矿业领域应用大数据技术需要的装备包括数据采集量化设备、异构分布式处理系统及深度学习处理框架。矿山数据既有地质勘探部门的原始勘探资

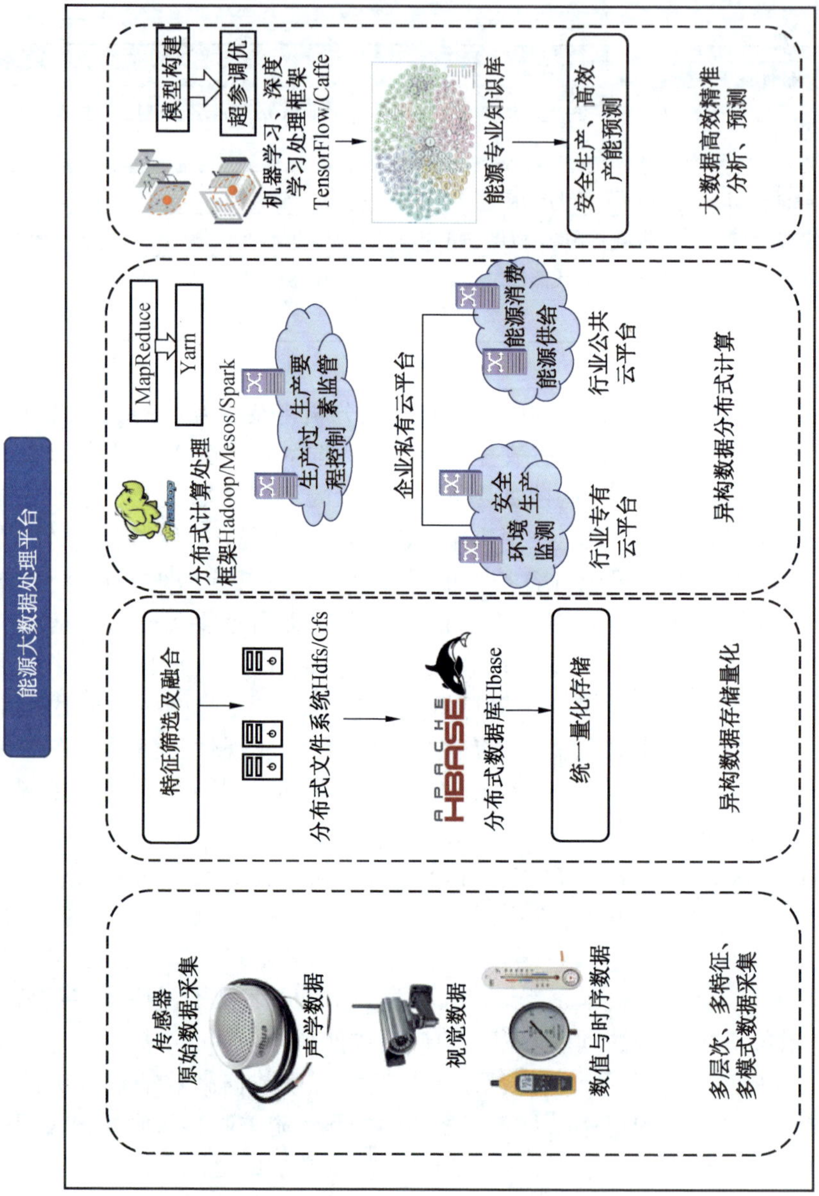

图 4-2　能源大数据处理平台

料、测绘部门的测量数据、设计部门的设计资料、安全监管部门的安全监测数据，还有在开采过程中产生的各种与矿山生产经营相关的资料，以及矿山市场信息等，数据采集量化设备可进行统一采集及量化。异构分布式处理系统可提供矿山生产数据及任务的下层平台支撑，实现控制管理一体化、智能化。深度学习处理框架可提供基于自主感知的信息智能匹配与推送策略。

（3）研究系统动态监测及适配技术，开发以数据为中心的高效异构分布式计算处理框架，保证系统按照预期正常精准运行，助力供给决策及科学有用的信息。

在能源与矿业领域应用大数据技术形成的应用示范包括知识规范统一化系统、大规模数据高效精准分析预测平台。通过构建知识规范统一化系统可以解决局限于单个煤矿企业信息平台的数据交换，实现支撑整合多个煤矿企业数据交换需求，改变以往煤矿企业单数据上传或下载交换，以及双向数据交换的单个固定配置模式。该系统提出了多种类、多层次、多特征的多源异构数据信息的统一表达方式。通过构建大规模数据高效精准分析预测平台可以节约从海量数据中提取有益信息、生产规律的时间，该系统可以依据煤矿生产数据的特殊性，分析其规律，选用合适的机器学习模型并对其进行定向优化，以达到个性化推送生产规律的目标。

从煤矿现在的安全生产监测监控、自动化、信息化的建设及应用情况来看，煤矿企业有很好的“互联网 +”大数据应用基础，可以充分利用大数据技术对煤矿安全监控系统传感器采集的大量各项指标数据进行挖掘，得到有用信息实现监测预警；还可以利用云计算技术对煤矿的大数据进行处理分析，及时发现问题、解决问题。

煤矿大数据应用分析是煤矿智能化、信息化的发展延伸，利用智能装备对煤矿物理世界进行感知，通过网络互联和数据传输，利用大数据及云计算技术进行计算、处理、挖掘和预警，实现地面与井下、矿区与远程信息的交互和无缝连接，达到对煤矿安全生产的实时控制、精确管理和科学决策的目的。现有煤矿真实采集到的大数据作为未来煤矿系统建设、“互联网 +”技术应用的基础数据，由云计算处理分析后进行灾害预警预测，最终指导煤矿的安全高效生产。

第三节　大数据技术应用场景与发展方向

“互联网 +”及大数据的综合应用必将成为提升煤矿安全生产的重要手段和途径之一，与其他行业相比，煤炭行业对于新技术的跟进及应用稍显落后，因此，煤炭企业应抓住时机，在“互联网+”蓬勃发展的背景下，大数据研究及应用快步进入国际先进行列。

一、大数据技术应用场景

大数据中的数据挖掘是一种新的数据信息处理技术，其主要特点是对实时数据库中的大量业务数据进行抽取、转换、分析和其他模型化处理，从中提取安全生产辅助决策的关键性数据。云计算通过对大规模可扩展的计算、存储、数据、应用等分布式计算资源进行整合，通过互联网技术以按需使用的方式提供计算和存储服务。从技术发展的模式来看，大数据技术的发展将呈现多种技术聚合发展的模式，如云计算以及大数据与“互联网+”的聚合发展，并在聚合发展中出现新的需求，新的研究与发明，新的价值模式。“互联网+”时代煤矿大数据至少有以下4个方面的应用。

（一）井下安全生产监控预警

针对煤矿安全预警数据多源异构的特点，关联规则非线性模式识别在煤矿安全预警系统数据中进行尝试性的应用分析，发现一些强关联规则，并建立数据挖掘模型。因为煤矿安全预警系统所产生的大量实时数据都是多维的、异构的、不完全的、随机的和模糊的，对这些原始数据直接进行挖掘不是有效的挖掘模式，所以可以利用空间数据提取整合，然后利用关联规则算法中的经典算法得出危险因子的级别，从而达到预警的目的。

在互联网前提下，煤矿安全监测系统中心服务器可以安装在任何具有云数据中心的节点上，云数据中心将实时监测数据存入云端数据库，将数据处理转换为云数据中心需要的标准格式，并即时发送给云数据中心。运用云数据中心强大的云运算能力，通过数据挖掘算法在历史监测数据中找到与当前实时监测数据相匹配的数据模型，从而判断当前井下安全生产状况并提供预警。“互联网+”时代有效的监测监控预警，一定是由矿工从调度指挥中心获得环境安全信息转变为系统主动推送预警信息，进而能在灾害发生或即将发生时快速撤离危险区域，同时不再局限于煤矿企业内部的监测，随时随地远程监测并推送安全预警信息，只有实现了这种转变，才能从本质上提升煤矿安全生产水平。

（二）矿用设备远程管控

基于“互联网+”、大数据的煤矿设备及材料管控技术，可以实现矿用重大关键设备、煤矿设备材料的优化采购和库存管控，实现煤矿设备材料采购、运输、仓储、使用、维护等全过程跟踪管理。这样既可以有效避免假冒伪劣产品在煤矿使用引发事故，也可以优化设备及材料采购流程，合理配置使用并降低成本，实现煤矿物资智能储运实时远程管控，为煤矿安全生产提供快速有效的物资保障。

基于“互联网+”、大数据的矿用安全标志准用产品管控应用，采用矿用安标产品智能感知技术，采集矿用产品标准信息编码、产品安标参数、授权数据，实现安标产品的跟踪追溯管理，同时利用矿用产品安标管控信息平台，实时远程管控煤矿安标体系内设备的全生命周期分析、健康诊断与预警、安标电子授权等，加强矿用安标产品监管。为确保煤矿井下生产的大型机械采掘设备，如掘进机、采煤机、刮板输送机、通风机等大型设备正常运行，必须运用“互联网+”、大数据的远程管控技术，实现煤矿重大关键设备生产、运输、仓储、使用、维护等全过程跟踪管理、健康诊断和远程维护。井下维护人员通过图像、声音、检测数据等将现场设备情况上传，远程专业服务团队根据上传信息进行故障诊断，并给出维修方案，并由现场维护人员实施。这些井下重大关键设备远程维护可以解决煤矿井下维护人员不能现场及时排除故障的问题，提高维护效率。

（三）建立煤炭行业安全生产云服务平台

解决产煤企业到用煤客户产业链云服务平台的数据交换问题，首先解决局限于单个煤矿企业的信息平台数据交换，实现支撑整合多个煤矿企业数据交换需求；改变以往煤矿企业单数据上传或下载交换，以及双向数据交换的单个固定配置模式。构建多源异构数据交换体系的动态可配置的云服务平台，将煤炭产业链协作与云计算平台信息集成结合起来，支撑面向产业链多联盟、多类型群动态协作的云服务协同数据交换服务。建立“互联网+”的不同层级的煤矿安全生产云服务平台，形成煤矿企业、矿业集团、省级监管和国家级监管的时空多维数据共享机制，提供高可靠、高扩展、高存取性能的煤矿大数据模式，分析煤矿灾害孕育、演化及突发的全过程反演，实现煤矿安全生产环境的透明化，在煤矿灾害早期发现与预防领域实现突破。通过构建统一云服务平台，实现煤矿安全生产信息的跨区域、实时远程监测的共享服务。

（四）供需平台及价格预测

煤炭需求与煤炭价格既取决于生产成本，也受供求关系影响，因此，通过准确掌握供需关系、市场供应链等数据，研究单位能耗比例、进出口、电力、钢铁、建材、化工以及其他产业，掌握气温与煤炭需求的关系，提出预测模型，进行煤炭需求预测。通过大数据分析研究煤炭需求量、煤炭产能、库存、运力、石油价格、天然气价格等与煤炭价格的关系，建立煤炭价格预测模型，指导煤炭生产企业对煤炭价格的预测，这样的预测尤其对于超大型煤炭企业尤为重要。煤炭长期储存会自燃，煤炭短缺会影响发电、钢铁、建材和煤化工等产业，煤炭供求关系直接影响着市场价格等。因此，需要通过煤矿互联网 + 的渠道和大数据分析，有效监控煤矿的煤炭产量、煤种、煤质和库存等。协同配置铁路、船舶、公路运输等资源，同时随着季节的变化准确了解电力、取暖等煤炭用户的煤炭库存和用量等，进行煤炭价格与市场需求预测，实现经济调度和供需平衡。

二、大数据技术发展方向

能源互联网各项新技术的应用和新业态的发展使得能源网与信息网结合得更加紧密，促进煤矿市场将有限的信息交互演变为多方参与的能力与信息对等交换，大数据管理的标准体系与安全规范也将面临更高的要求。同时，能源互联网中的各类市场主体以及各个系统节点的联系将更加紧密，也对数据采集、传输与交互提出了更高的要求，煤矿市场建设面临新的技术挑战。

Garnter 研究机构表示大数据是需要新处理模式才能发挥作用的信息资产。但从现状分析，煤炭大数据规模大、关联性强，但目前利用率极低，且缺乏统一的指导和管理，难以发挥其核心作用。大数据平台是实现数据采集、存储、处理、分析等的综合载体，形成统一的输入—处理—输出模式，承载着大数据全生命周期发展进程，为煤炭大数据应用提供了可靠支持。

（一）大数据平台使数据行业化

煤炭大数据平台从煤炭行业出发，综合行业内各方面的数据，进行统一挖掘分析，形成开放共享的行业知识。其不仅对煤炭大数据进行顶层设计、统一规划和标准化，避免重蹈覆辙、出现孤岛，而且可以通过共享开放促进整个行业的发展。

（二）大数据平台为行业数据提供数据“大中台”

通过煤炭大数据平台将煤矿企业产供销数据、矿井和设备实时数据等提取到统一的数据资源池并进行存储和管理，形成煤炭行业完整的数据共享体系，为煤矿企业数据管理提供方法与技术，为大数据利用提供数据保障。煤炭大数据平台可有效促进煤炭行业数据的流通和共享，实现煤炭行业数据的开放和共享，为相关科学研究和相关行业提供数据支持。

（三）大数据平台集技术与数据于一体，可全面进行数据挖掘

大数据存储模式可采用混合云存储方式，设置单独的技术管理中心，然后根据需求调取相应数据集，选择最佳的 ETL（抽取—转换—加载）处理方式和挖掘分析方法，实现全面、透彻的大数据分析。

（四）大数据挖掘结果助力实现智慧化

通过对煤炭大数据进行挖掘分析，探索数据规律及相关性，可实现生产态势

感知和安全预警、重大资产状态管理等，做到前期预防、实时控制、动态监测，助力智慧矿山建设；还可以预测煤炭市场需求供给趋势、政策变化走向、行业发展前景、附带产业投资情况，推动“智慧煤炭”早日实现。

（五）协助政府部门进行更合理的调控

煤炭大数据平台的规范化数据采集工作，使统计部门的工作更能保质保量；预测结果可为国家制定能源政策提供数据依据，使政府部门更加科学、理性、有针对性地对煤炭行业发布指导文件，并提出更有效的经济调控手段。

三、大数据带来的挑战

在全国经济转型升级阶段，煤炭行业必须走科学发展的道路，由单纯地追求产量的粗放式开发转变为安全、高效、绿色的科学开发，大数据对煤矿物理世界提供从感知到智慧的技术，成为实现科学开发煤矿和安全生产的重要手段，并通过“互联网+”附加更多的增值效应，但是面对“互联网+”大数据在煤矿领域的应用，对于传统的煤矿安全生产、管理体系必将带来很多挑战。

（一）安全措施

解决“互联网+”背景下煤矿大数据的安全性是首先需要面对的问题。煤矿大数据的安全与隐私保护问题是大数据发展进程中重要且必要的环节，该方面主要涉及遍布全矿井的传感器网络安全、核心网安全、5G公网移动通信接入安全、无线接入安全、数据处理安全、数据存储安全、云安全等。

（二）建立统一模型

随着煤矿大数据技术的推进及发展，对大数据的应用分析越来越重要，在数字感知煤矿建设应用方面的大数据挖掘模型及构建，逐步成为煤矿大数据应用的主要课题。应用大数据构建感知煤矿的开放性模型系统，并在一些煤矿进行示范应用，是目前煤矿大数据面临的主要问题。

（三）制定统一标准

“互联网+”时代的煤矿大数据应用范例及相应的管理应用标准，某个煤矿企业大数据、矿业集团大数据、省级煤矿大数据和国家煤矿大数据等方面规范的使用及共享是制约煤矿大数据挖掘应用的瓶颈。未来几年“互联网+”大数据的挖掘应用是各大煤矿集团的研究方向，但是缺乏统一的技术标准，尤其是接口标准，各企业在研究的过程中各自为政，这会为将来不同煤矿之间的互联互通带来严峻挑战，因此煤炭行业“互联网+”大数据的统一技术标准的制定必须先行。

采用专业化团队建设、挖掘和处理煤矿大数据的最终目的是提高煤矿安全生产水平，而对数据的建模分析挖掘直至具有权威性的安全预警系统建设，不可能依靠单个煤矿企业完成，需要众多理论实践经验丰富的专家参与其中。参考其他行业如电力、石油等行业的经验，可以借助专门从事数据网络服务、数据分析服务的运营商的技术力量，顶层设计从建设初期就彻底解决“互联网 +”大数据运营模式架构，而不是在研究过程中不断改进和更新，这样既浪费时间，也容易造成各自为政的态势。

综上所述，大数据技术发展方向为遵循大数据理念，应用大数据技术，以绿色高效矿井建设为目标，构建“大数据、大支撑、大安全、高效益”管理平台，分“采、掘、机、运、通，地质防治水”等专业建设各子系统，克服煤矿安全生产经营数据采集层点多、面广，作业现场指挥层多、专业增加等问题，决策战略层技术与经济融合、信息与现代化管理融合的管控体系。煤矿应用协同管理、“互联网 +”、大数据分析等先进管理理论和技术手段，对采、掘、机、运、通等环节所涉及安全生产的全因素（人、机、料、法、环、管等方面，以及矿压、水文、地质等安全信息）连续进行数据收集、分析，实时掌控生产过程中各环节的运行状态和各种信息，做到安全生产条件清晰，变未知为可知，变灰色为透明，做到安全生产状况数量清、状态明。

大数据的价值远远不止于此，大数据对各行各业的渗透推动了社会生产和生活，未来必将产生重大而深远的影响。

第五章　人工智能技术在能源、矿业领域的融合发展与技术演进

第一节　人工智能技术发展现状与制约因素分析

一、人工智能技术发展现状

人工智能的历史源远流长。20 世纪 40 年代基于抽象数学推理的可编程数字电脑的发明使一批科学家开始严肃地探讨构造一个电子大脑的可能性。1956 年，在达特茅斯学院举行的会议上正式确立了人工智能的研究领域。会议的参加者是人工智能研究的领军人物。他们中的许多人预言，经过一代人的努力，与人类具有同等智能水平的机器将会出现。同时，上千万美元被投入人工智能研究中，以期实现这一目标。研究人员发现自己低估了这一工程的难度，人工智能史上共出现过几次低潮。由于詹姆斯·莱特希尔爵士的批评和国会方面的压力，美国和英国政府于 1973 年停止向没有明确目标的人工智能研究项目拨款。7 年后受到日本政府研究规划的刺激，美国政府和企业再次在人工智能领域投入数十亿研究经费，但这些投资者在 20 世纪 80 年代末重新撤回了投资。虽然人工智能研究领域诸如此类的高潮和低谷不断交替出现，但仍取得发展，至今仍有人对人工智能的前景做出异常乐观的预测。

机器学习是人工智能的一个分支。人工智能的研究历史有着一条从以“推理”为重点，到以“知识”为重点，再到以“学习”为重点的自然、清晰的脉络。显然，机器学习是实现人工智能的一个途径，即以机器学习为手段解决人工智能中的问题。机器学习在近 30 多年已发展成为一门多领域交叉学科，涉及概率论、统计学、逼近论、凸分析、计算复杂性理论等多门学科。机器学习理论主要是设计和分析一些让计算机可以自动“学习”的算法。机器学习算法是一类从数据中自动分析获得规律，并利用规律对未知数据进行预测的算法。因为学习算法中涉及了大量的统计学理论，机器学习与推断统计学联系尤为密切，也称为

统计学习理论。在算法设计方面，机器学习理论关注可以实现的、行之有效的学习算法。机器学习已广泛应用于数据挖掘、计算机视觉、自然语言处理、生物特征识别、搜索引擎、医学诊断、检测信用卡欺诈、证券市场分析、DNA 序列测序、语音和手写识别、战略游戏和机器人等领域。

深度学习是机器学习的分支，是一种以人工神经网络为架构，对资料进行表征学习的算法。观测值（如一幅图像）可以使用多种方式来表示，如每个像素强度值的向量或者更抽象地表示成一系列边、特定形状的区域等。深度学习的优点是用非监督式或半监督式的特征学习和分层特征提取高效算法来替代手工获取特征。

表征学习的目标是寻求更好的表示方法并创建更好的模型来从大规模未标记数据中学习这些表示方法。表示方法来自神经科学，并松散地创建在类似神经系统中的信息处理和对通信模式的理解上。

至今已有数种深度学习框架，如深度神经网络、卷积神经网络、深度置信网络和循环神经网络已被应用在计算机视觉、语音识别、自然语言处理、音频识别与生物信息学等领域，并获得了极好的效果。

二、制约因素分析

深度学习领域的主要瓶颈是许多方法缺乏理论支撑。大多数深度结构仅仅是梯度下降的某些变式。尽管梯度下降法已经被充分研究，但理论涉及的其他算法，如对比分歧算法并没有获得充分研究，其收敛性等问题仍不明确。深度学习方法常常被视为黑盒，大多数的结论确认都由经验而非理论来确定。也有学者认为，深度学习应当被视为通向真正人工智能的一条途径，而不是一种包罗万象的解决方案。尽管深度学习的能力很强，但和真正的人工智能相比，仍然缺乏诸多重要的能力。理论心理学家加里·马库斯指出：就现实而言，深度学习只是建造智能机器的一部分。这些技术不仅缺乏表达因果关系的手段、缺乏进行逻辑推理的方法等，而且远没有具备集成抽象知识，如物品属性、代表和典型用途的信息。最为强大的人工智能系统，如 IBM 的人工智能系统沃森，仅仅把深度学习作为一个包含贝叶斯推理和演绎推理等技术的复杂技术集合的组成部分。

中国缺乏对人工智能发展的长远规划和布局。美国已将人工智能作为国家战略，先后颁布了《为人工智能的未来做好准备》《国家人工智能研究与发展战略规划》《人工智能、自动化与经济报告》等文件，明确了人工智能发展规划。中国政府也在积极营造良好的政策环境。虽然中国在制造业、互联网 +、科技创新等战略规划中都提及了人工智能，但还没有专门针对人工智能的国家战略规划，人工智能的发展路径、时间表、路线图等还不清晰。目前在人工智能发展中，中国仍主要依靠科研机构和企业的自身力量，国家层面对人工智能长期投入、基础技术攻关及相关标准规范的研究等还没有明确的规划和布局，不利于人工智能的全面推进。

中国的人工智能技术和人才储备与美国存在巨大差距。美国企业在人工智能方面的研究和布局远早于中国，如微软1991年成立了研究院开展人工智能研究，对重要领域的研究已超过25年；谷歌已成功推出开源机器学习平台，无人驾驶汽车测试里程已超过2×10^6 km。反观国内，百度的人工智能研究始于2013年成立的深度学习研究院，阿里巴巴的人工智能布局尚局限于对大数据和云计算业务的支撑，腾讯也主要服务于内部互联网业务。美国科技巨头在前瞻性、源头性技术方面的布局和积累，极大地吸引了全世界专注前沿科技的精英。领英平台的数据显示，美国的人工智能人才中拥有10年以上经验的比例接近50%，而中国不到25%。

中国人工智能市场集中在应用层面，深度学习能力不足。由于中国人工智能起步较晚、人才储备不足，研究和应用方向多集中在应用层面，对机器学习等基础技术重视不够。据统计，中国人工智能主要集中在语音和视觉识别技术方面，分别占比60%和12.5%；专注开发应用的公司较多，兼顾机器学习算法的公司只占29%；研究算法的公司业务也集中在计算机视觉和自然语言处理，致力于机器学习算法的只占9%，专注于深度学习的公司更是凤毛麟角。这种市场和业务的集中，尤其是忽略基础技术或依靠少数企业发展基础技术，会引发后劲不足及依赖国外技术、平台、开发工具等问题，不利于人工智能的全面发展。

人工智能技术在中国实现了快速发展，虽然中国在部分技术和快速应用上具备了一定的竞争力，但是基础层技术薄弱仍然是牵制中国人工智能发展的关键制约因素，同时还面临标准落地难、法律法规不完善以及人才缺乏的挑战。

（1）技术缺口：作为全球发展最快的人工智能市场，中国在芯片制造和人工智能技术以及基础理论研究方面均落后于国际先进水平。长期以来，中国的芯片大部分依赖进口，计算力方面的技术基础薄弱。根据中国海关总署数据显示，2015—2017年中国进口芯片总量分别为3140亿块、3425亿块、3770亿块，进口额分别为2299千亿美元、2270千亿美元和2601千亿美元，这也使得芯片进口额连续3年超过了原油。而在算法研究方面，中国仍然应用的是Facebook、谷歌等公司提出的算法框架，在算法研究上仍待突破。

（2）标准落地：目前，中国人工智能行业在标准落地上存在较大缺口。标准作为经济和社会活动的主要技术依据，已成为衡量国家或地区技术发展水平的重要标志、产品进入市场的基本准则、企业市场竞争力的具体体现。截至目前，美国、欧盟、日本等发达国家高度重视人工智能标准化工作。美国发布的《国家人工智能研究与发展策略规划》，欧盟发布的“人脑计划”，日本实施的“人工智能/大数据/物联网/网络安全综合项目”，均提出围绕核心技术、顶尖人才、标准规范等强化部署，力图抢占新一轮科技主导权。在中国，虽然已经有政府和机构在牵头，但中国现阶段各人工智能应用领域的标准存在巨大的差异，顶层设计与复杂现状一时仍然难以匹配。

（3）法律法规：正如每一次科技和技术进步，围绕这项技术所出现的法理问题也应运而生。人工智能发展过程中的法律法规制定问题也是行业面临的挑战。以无人汽车为例，自动驾驶涉及法律法规，而法规不明确将会制约自动驾驶商业化落地。中国在人工智能发展政策上主要强调促进技术进步和产业应用，而对道德伦理安全规则等问题还存在政策的缺失。截至目前，美国等世界多国已经开展了就正义和公平、安全与认证、隐私与权力、税收制度和失业、自主武器等方面人工智能的社会学研究。反观目前中国人工智能研究主要聚集在专利技术等维度，关于人工智能道德和法律方面的研究非常有限。随着人工智能发展的深入，政府应该与国际研究接轨，鼓励和推动人工智能相关的社会科学研究。

（4）人才缺乏：据牛津大学2018年对中美两国关于算法研究的人才与全球先进国家对比显示，中国目前在算法研究方面的人才仅占全球人工智能底层技术研究的13.1%，而美国算法人才的占比为26.2%。从开设人工智能专业院校的数量来看，中国仅有不到30所大学的研究实验室专注于人工智能，该数字远远无法满足人工智能企业的用人需求。从人工智能从业经验来看，美国半数以上的数据科学家拥有10年以上的工作经验，而在中国超过40%的数据科学家的工作经验不足5年。

第二节 人工智能技术与能源、矿业开发技术融合分析

采矿是全球主要的能源行业，生产从煤炭到黄金的各种产品。普华永道的一份年度报告显示，截至2017年4月，排名前40位的矿业公司的市值达到7480亿美元。整个行业在2015年经历了低迷期，但此后由于大宗商品价格上涨，该行业已经复苏。截至2017年9月，美国大约有670000人受雇于采矿、采石和天然气开采行业。采矿业几乎间接影响了经济的各个方面，因为它几乎为每个行业提供了所需的原材料。2014年，全球建筑/基础设施使用了大约800 Mt钢铁。几

乎每种商品或服务的成本至少在很小程度上受到采矿业的影响。由于采矿公司正在大量生产基本可互换的商品，因此该行业非常重视提高各级效率。这也是新一代信息技术在能源、矿业领域正在尝试的事情。

矿物勘探对于采矿作业至关重要。将人工智能和机器学习应用于矿物探矿和勘探任务是新一代信息技术在能源和矿业领域融合发展的一个重要方面，正在引起业界的广泛关注。在加拿大多伦多举行的2017Disrupt Mining活动中，有2个入围者在采矿中专注于使用机器学习：Kore Geosystems和Goldspot Discovery。

采用人工智能技术的机器人和智能传感器也在快速进步，进而提高采矿性能。矿山设备和卡车往往行驶相对缓慢并且在定义明确和高度控制的区域内运作。这就是它们为什么已经在矿山部署了多年的原因。矿业公司力拓（Rio Tinto）引领了这项技术的使用，多年来，他们一直在稳步扩大其庞大的自动矿石运输卡车车队，目前在澳大利亚的采矿业务中使用76辆卡车的车队，与人为操纵的卡车相比，自动卡车更安全，并且操作成本降低约15%。卡车可以24/7全天候运行，无须因换班或休息而停下来。力拓不是唯一一家在矿山使用自动驾驶汽车的公司。经过多年的测试，2020年7月，必和必拓宣布，该公司的Jimblebar矿山将改用50台Caterpillar 793F转向全自动卡车。2020年，沃尔沃宣布他们已开始在克里斯汀伯格矿场地下测试一辆全自动卡车。这是向前迈出的技术性一步，因为车辆在地下时无法像露天矿场的自动驾驶卡车那样使用GPS，卡车能够穿越矿山的狭窄隧道。这些采矿公司不仅在使用自动驾驶卡车，而且还在努力使整个业务自动化。力拓近年来一直使用自动装载机和自动爆破钻孔系统。他们的钻探系统使一名远程操作员可以控制多台钻机钻入地下，自动钻机可将生产效率提高约10%。

能源行业必须从地面上清除掉大量材料，收集的矿物仅占所清除掉材料的一小部分。将岩石和黏土分开是采矿过程中非常重要的一步。这种分类过程进行得越早，所花费的燃料就越少。人工智能也被用来改善采矿业的这一过程。

TOMRA开发了用于采矿的智能分选设备，该设备使用颜色分选，X射线透射或近红外传感器来检查通过设备的每片物料，并能够根据公司想要的任何标准对其进行分类。在Boliden采矿公司使用他们的分拣设备，使需要搬运的货物减少了12%。这意味着更少的燃料、更少的加工能耗以及更少的卡车装载量。TOMRA分选设备最引人注目的地方是它帮助安哥拉的Lulo矿山回收了227克拉钻石。

在全球领域保持竞争力通常意味着能源企业需要生产得更快、更便宜。能源行业的性质意味着矿业公司非常注重提高生产效率的任何方式。因此，越来越多的能源企业开始使用人工智能，机器学习提高生产效率。采矿业的某些领域已经处于人工智能技术的最前沿，并且在可预见的未来很可能会继续保持这种优势。

第三节　人工智能技术应用场景与发展方向

人工智能如何改变和改善能源与矿业领域？答案是：效率和自动化。可以毫不夸张地说，采矿和矿石挖掘是世界上最古老的职业之一，甚至古代国家也在寻找用于制造硬币、珠宝和其他日常用品的银、金和其他材料。然而，今天采矿业的面貌完全不同——可以使用更先进的技术。当谈论尖端技术时，不能将人工智能和机器学习抛在脑后，这两项技术改变了许多行业的游戏规则，采矿行业也不例外。

随着近地表矿床在全球范围内不断减少，需要用新的方法来探测大深度经济矿床。然而，由于矿床规模相对较小、现有深度地质数据数量有限以及用于探测的地球物理方法的局限性，探测大深度经济矿床尚具有挑战性。机器学习可以帮助开发更好的模型来预测岩石类型和经济矿床位置以进行开采，而无须采用时间和资源密集型方法。机器学习/深度学习算法可帮助确定采矿营地中是否存在有价值矿床和岩石类型。将3D地震数据与岩石类型之间的关系联系起来，并使用这些模型预测仅存在地震数据的地区的岩石类型和矿床。新的人工智能知情模型的开发将有助于提高我国采矿业的竞争力和经济优势。

第六章　区块链技术在能源、矿业领域的融合发展与技术演进

第一节　区块链技术发展现状与制约因素分析

区块链一词在2008年首次提出，是指由受保护内容（区块）链接而成的分布式账本数据库。从本质上讲，它是一个共享数据库，又或者称为“世界上最慢的数据库”。该数据库中存储的数据或信息，具有“不可伪造”“全程留痕”“可以追溯”“公开透明”“集体维护”等特征。基于这些特征，区块链技术奠定了坚实的“信任”基础，创造了可靠的“合作”机制，具有广阔的运用前景。

区块链技术有利于实现可信数据交换，释放数据价值，同时该技术的逐步成熟开启了一个真正的信用时代。通过所有智能设备的记账实现多方共识，通过智能合约由数据提供方和使用方共同约定数据共享的规则，无须中心过程，即可进行不可篡改的数据交换、协同处理。

讨论区块链技术，不得不提到比特币或其他主流加密货币。事实上，比特币也是迄今为止区块链技术最为成功的应用之一，需要注意的是，目前区块链技术已不再依赖其最初的金融属性，而成为信息技术领域的专业术语。

区块链是分布式数据存储、多中心点对点传输、共识机制、加密算法等计算机技术在互联网时代的创新应用模式，是分布式的数据、算力、算法的资源集合体，具有去中心化、防篡改、可追溯，以及数据由集体维护、公开透明等特点。基于以上特征，区块链技术可以较好地解决信息不对称及相应的数据安全与监管等问题。

一、区块链的基本概念和主要技术特征

区块链由多个数据块通过首尾相连的链接结构形成公共链式数据库，这个公共数据库又称为公共账本。区块链技术本身涉及了多个参与方，是基于现代密码学、分布式一致性协议、P2P网络技术和智能合约编程技术形成的数据广播、处

理和存储的技术组合。区块链的概念及其相关技术的来源是比特币的底层技术，而区块链技术逐渐成形与高速发展则产生于“以太坊”等技术出现之后。

区块链技术的核心技术支撑包含了密码学中两个重要概念：无哈希碰撞性质（Collision Resistance）和传递的隐藏属性（Hiding）。其中性质一表明：在将消息通过哈希函数（Hash）转化成哈希值（信息摘要）的过程中，虽然哈希碰撞不可避免，但几乎不存在用“高效”的方法来“人为”地制造哈希碰撞的可能，即该特性保证了“不同的输入产生相同的Hash值输出”不会出现。

$$x \neq y,\ H(x) = H(y)$$

需要注意的是，哈希函数并非在数学意义下是完备的。因此当前可靠使用的哈希函数，未来也可能随着新兴算法的提出变得不再可靠，最著名的例子就是王小云院士在MD5（Message Digest Algorithm 5）研究中实现的具有突破性意义的算法。

性质二表明：如果输入空间足够大（与Collision Resistance要求相同），且分布比较均匀，则哈希函数不可逆，即该属性保证不能从Hash值输出反算出输入。

$$x \rightarrow H(x),\ x^{1}/_{4}H(x)$$

上述区块链的两个重要性质加入公、私钥的签名机制，就形成了“去中心化”的区块链技术以及由其衍生出的各类加密货币的基本技术基础。其中的公钥可类比为银行账号，而私钥就是用户密码。

二、区块链技术原理与演化

区块链技术主要包括交易、区块和链接3个基本概念。其中交易是指区块链参与方在区块链上进行所有操作的基本形式，包括从简单的支付到智能合约的执行，每次交易操作后，当前区块链账本的状态会发生一次改变。区块是指区块链账本的单元形式，它记录了一段时间内发生的所有交易以及交易后状态改变的结果。此区块记录的内容需要得到所有参与方的共识。区块记录的内容得到所有参与方的共识后，每个区块按照发生顺序串联成链，形成整个区块链账本状态变化的日志记录。

相邻区块之间通过将前一个区块的散列值放入下一个区块的方式进行链接，总体来说，整个区块链的运作机制就是多个参与方发出各种交易，当交易被区块生成者收到后，根据交易中包含的操作改变当前区块链记录的相关状态，然后将新的状态结果和交易都记录到区块中，在所有参与方达成共识后链接到当前的区块链中。

区块链的数据结构大致如图6－1所示，后继区块记录前一个区块的散列值。如果有新数据加入，就必须放到一个新的区块中，而这个区块以及区块内交易的合法性可以通过计算散列值以及特定的共识算法快速检验出来。一个新的合法区块可以由任意维护节点提出，但必须经过一定的共识机制使最终更新的区块达成一致。

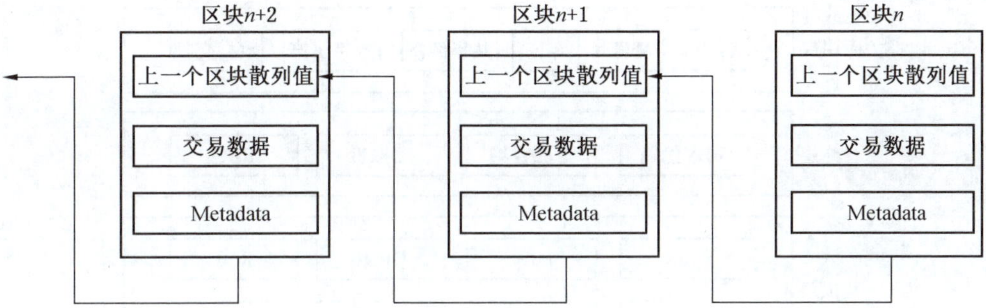

图6－1　区块链基本数据结构

区块链通过以上数据结构在所有参与方中维持一个统一的账本，但参与方却可以处于不同的应用场景下。一个典型的区块链系统包括数据层、网络层、共识层、合约层和应用层，旨在实现交易、区块和链接。虽然目前业界的公链、联盟链和私链项目已有成千上万个，每个项目在技术实现上都千差万别，但大部分区块链符合如图6－2所示的基本框架设计。

（1）数据层：数据层解决了区块数据和交易消息格式的问题。例如，一个区块可能由区块头和区块数据组成，区块头包含前一个区块的散列值、时间戳、随机数等，具体的区块数据则包含一条条的交易记录以及对应的一些状态变化。区块在记录数据时采用Merkle树的方式，将交易数据和状态变化组织起来。由于区块链账本的可追溯性要求不能迁移删除之前的区块数据。因此，随着时间的推移，区块数据会越来越多。

（2）网络层：在网络层区块链各参与方相互连接起来并交互各类交易消息。各参与方通过特定的P2P协议彼此连接成一整张网络，每个参与方作为一个Peer，同时与多个邻居Peer通信。Peer发出的交易消息将会广播到邻居Peer，收到消息的邻居Peer会先验证消息的有效性，然后向它的邻居广播。

（3）共识层：共识层作为整个区块链的核心，能够将区块链与其他中心化系统区别开来。共识层是保证所有区块链参与方能够形成统一账本的关键，目前比较常见的共识机制有工作量证明机制（Proof of Work，PoW）、权益证明机制（Proof of Stake，PoS）、代理权益证明机制（Delegated Proof of Stake，DPoS）、实用拜占庭容错机制（pratical Byzantine Fault Tolerance，pBFT）。比特币和以太坊使用了 PoW 共识机制，Qtum 使用了 PoS 机制，EOS 使用了 DPoS 机制，超级账本的 Fabric 使用了 pBFT 机制。这些机制各有优缺点，适合不同的应用需求。

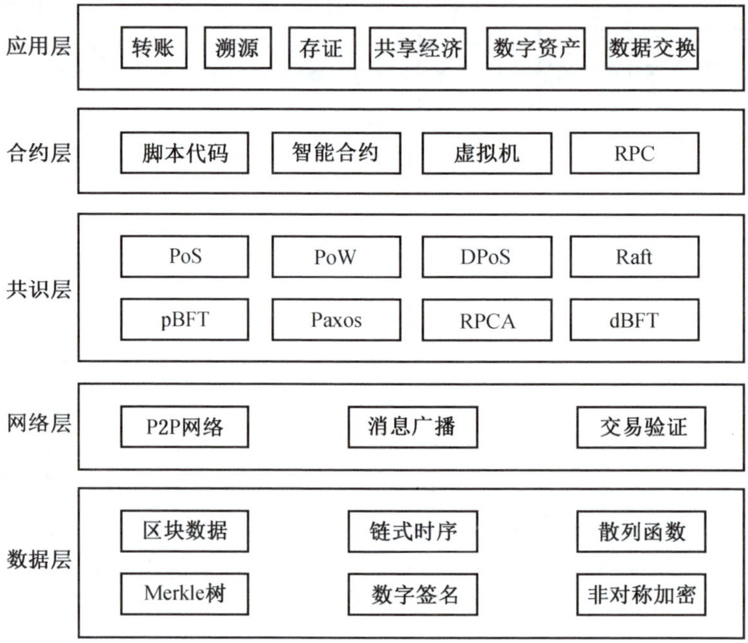

图 6－2　区块链基本框架设计

（4）合约层：合约层是使区块链真正脱胎于简单转账交易而实现智能经济的重要组成部分。在这一层，区块链节点提供虚拟机，使简单的交易脚本和智能合约程序可以运行在节点的虚拟机上，从而实现了各种复杂逻辑的执行。

（5）应用层：应用层是区块链面向各类应用的层次。目前业界基于区块链在较多领域开发了去中心化的应用，如存证、溯源、共享经济、数字资产以及数据交换等。各类应用的参与方可以通过 RPC 或其他方式接入区块链节点中，让业务数据和价值通过区块链进行流通，从而解决了各参与方之间的不信任问题。

三、区块链的发展阶段和制约因素

区块链的发展经历了如下 3 个主要阶段：

（1）区块链 1.0 阶段：也称为区块链雏形阶段。区块链 1.0 阶段随“比特币”的出现而到来，随后在比特币底层技术的支持下，传统互联网企业、金融机构争相发行各类数字货币。但此阶段仅出现了一些简单的应用，也没有提出专门的技术体系，Blockchain 这个新生词汇更多地用于描述比特币记录交易的链式账本，甚至长远来看该技术有被滥用之虞。

（2）区块链 2.0 阶段：也称为区块链体系化阶段。为解决区块链技术的商业应用问题，先后出现了以 EOS（Enterprise Operating System）、以太坊、NEO 和 QTUM 为代表的区块链底层平台。上述平台对共识机制、智能合约、开发组件、交易处理速度、开发语言进行了升级与革新，通过分片、跨链、侧链、数字身份、评审和设计进行了大量技术创新。

（3）区块链 3.0 阶段：也称为区块链规模应用阶段。在该阶段区块链技术逐渐成熟，从而促使现实世界通过若干平台型项目与区块链世界相互连接，保证其他区块链系统能够接入，并形成能支持大规模商务交易处理需求的区块链技术平台。在上述成熟区块链系统的基础上，更多的区块链应用还将逐步涌现，区块链技术得以真正进入现实生活中。

相应的，按照区块链技术的应用范围和不同阶段的衍生产品，也可以将其大致划分为数字货币应用阶段、智能合约应用阶段和泛社会应用阶段。数字货币应用阶段的代表性应用就是以比特币为代表的虚拟货币，相关的区块链应用多为货币转移、兑换和支付，主要解决了支付手段的去中心化。智能合约应用阶段始于 2013 年，核心技术是以以太坊为标志的智能合约，应用范围从货币延伸至股票、债券、期货、贷款、产权、智能资产等经济、市场、金融等方面，该阶段主要解决市场的去中心化，同时体现了代码即法律，并提供了图灵完备的编程语言，理论上可以解决任何有关算法的编程实现问题。当前仍处于第三时段即泛社会应用阶段，其共识过程由多家机构节点共同参与，具有更高的可扩展性，并且主动引入了极为重要的“接纳监管”环节。

总的来看，区块链原本只是比特币网络的一种记账技术，近几年在金融、知识产权、电子证照、慈善、新能源等领域引起了广泛关注。究其原因：第一，区块链具有去中心化的特征，不以参与交易的任何一方为中心。去中心化可以带来效率的提升和成本的降低，直接增加企业利润。第二，区块链具有去信任的特征，即假定参与交易的任何一方都不是可信任的，而是通过记录不可篡改的交易信息迫使交易各方遵守诚信。因此，区块链技术很好地回应了目前互联网背后的诚信问题。第三，区块链作为互联网的一种基础设施，也可以看作是一个分布式数据库，其核心是参与交易的多方如何达成共识。但是，也应该看到：区块链技术是随着数字货币及金融领域的应用产生的，其他技术背景下的应用还不充足；同时，该技术的应用在很大程度上需要5G和物联网、大数据与人工智能等技术，以及流程控制和管理机制改革的支持。

近年来，通过区块链相关应用在金融、政务、通信、医疗等行业的有限部署与探索，目前"区块链+"的应用模式也逐渐暴露出了一些亟待解决的问题。例如：大规模节点或大数据量情况下将导致区块链性能普遍下降；另外，虽然以区块链数据为基础可能训练出世界上最强大的人工智能，但如何既允许在敏感私有数据上进行机器学习训练又不泄露数据成为普遍关注的问题。

除此之外，为了服务于基于区块链的可信能源交易平台，至少还要解决好以下如联盟链准入标准、监管拓扑等问题。另外，还需要一种合理的组织形态，使得相关利益方愿意共享。另外，区块链技术在工业企业的应用初期可能需要投入非常大的成本，这是因为加入区块链系统需要对原有业务系统进行革新式改造；客户对于新的技术应用需要一个适应期，短期内市场规模有限，市场潜力还需要进一步挖掘。

在能源与矿业领域，对可纳入区块链的企业、相关部门、上下游单位形成相应准入标准，改革现有管理制度与流程等，前期验证性研究工作的进展情况也将制约该技术的推广与应用。另外，区块链结合机器学习的测试环境及其网络数据安全、链上可发布与承载内容的行业标准制定、大数据环境对联盟区块链效率的影响也将是该技术成功应用所必须面对的问题。

为此，对于在能源与矿业领域深入运用区块链技术等新兴信息技术手段，还需要完成以下过渡：

（1）加强技术模式本体的创新性研究。开展与工业应用特点相关的区块链核心技术研究、产品开发和集成测试，发展自主开源社区，突破性能、安全、兼容性等制约应用发展的技术瓶颈；培养和强化企业知识产权意识，鼓励产业积极开展技术创新；依托高校、研究机构和企业自主创新平台，形成产学研用相结合的开发联合体，加大核心信息技术的投入，严格管理研究资金，推动科研成果转化；提升区块链技术评估测试水平，客观准确地评估区块链平台和应用。

（2）规范服务实体经济。创建政产学研合作交流平台，实现行业供需对接，助力行业应用发展；加快推进区块链在能源与矿业领域的试点，组织开展区块链应用的概念验证、实验平台、先导应用示范和评估，培育行业龙头、领军企业和产业生态，加速形成以点带面、点面结合的示范推广效应；结合试点示范的实践经验，面向区块链企业开展区块链技术与应用培训；构建“双创”良好格局，鼓励区块链和工业互联网深度融合，打造新的经济增长极，助推共享经济。

（3）积极提升产业影响。发挥煤炭产业联盟在国家标准、行业标准的“抢跑”优势，针对区块链实现语言不一致、智能合约标准不统一等问题，先行先试联盟标准，引导产业集群优化升级，提高企业竞争力；针对区块链和共享经济的高度融合性，建立区块链技术研发的公共服务平台，提升产品研发和产业化的能级及水平；积极引导企业进行专利布局，预防专利“陷阱”，做好知识产权保护，维护企业的合法权益，提升企业的国际竞争力，加快实现企业的“走出去”。

（4）完善发展政策环境。政府应发挥统筹协调作用，组织专家研判区块链的发展趋势，把握区块链的技术本质、潜在用途和成本收益及其技术本质，研制促进区块链技术应用尤其是工业领域的发展政策，通过设立专项基金和出台政策等方式，引导产业健康发展；加快制定区块链的相关法律法规，将区块链技术纳入合适的监管框架之内，防范系统性风险；尽可能在维护系统参与者利益与维护更广泛的社会利益间达成平衡，避免固化的架构阻碍技术创新。

第二节　区块链技术与能源、矿业开发技术融合分析

比特币是历史上第一个经过大规模、长时间检验的区块链技术应用。网络中发生的每笔交易都由矿工通过“挖矿”的方式来记账。当一个用户发起一笔交易时，他需要将交易的各项具体信息打包成消息后附上签名在比特币网络中广播，收到这些交易消息的矿工节点会对这些交易的有效性进行检查，并将有效的交易打包到一个候选区块中，矿工节点会不断地对候选区块进行散列计算“挖矿”（算力竞争），在“挖矿”过程中获胜的矿工节点向全网宣布候选区块成为正式的区块，同时将此区块链接到当前区块链的末端，其他节点也将通过同步的方式获取最新的区块信息。

在比特币中，被广播的每笔交易都需要包含交易输入和交易输出两部分信息，这种交易是形式最简单的转账支付交易。对每笔交易来说，总输入不能小于总输出。总输入相比总输出多出的部分称为交易费用，为生成包含该交易区块的矿工所获得。在比特币和几乎所有的区块链项目中，每个参与者都有一个特定的格式开头，其由一串随机字母和数字组成的账户或者地址组成，目前比特币的地址由以 1 或者 3 开头的 20B 的字符串组成，这个地址其实就是参与者的公钥经过

一系列散列及编码运算后生成的。而公钥又由私钥经过一种被称为椭圆曲线算法的加密算法计算而来。私钥的目的是用来对交易消息进行签名，而公钥的目的则是验证签名者。

比特币的交易消息仅仅实现了参与者之间的支付和转账，可以预期的是可否利用这种技术来实现更复杂的逻辑。其中一个分支基于比特币的主网区块来扩展更丰富的交易脚本，在比特币上构建智能资产；另一个分支则认为比特币的区块限制过多，应该建立一个新的区块扩展性更强的系统，这类系统的先行者就是"以太坊"。比特币的数字货币交易功能借助以太坊得到了进一步扩展，从而能够面向更为复杂和灵活的应用场景，并可以支持智能合约这一重要特性。

一、区块链技术的产业现状和发展趋势

世界经济论坛创始人 Klaus Schwab 认为，区块链技术是继蒸汽机、电气化、计算机之后第四次工业革命的重要成果之一，预计到 2025 年，全球 GDP 总量的 10% 将利用区块链技术进行存储。随着区块链在金融领域的成功应用，目前区块链正在加速向医疗、通信、能源、版权等传统领域渗透。

在国际范围内，美国在政务领域已开展区块链技术在多个政府部门和机构的应用，包括财务管理、采购、IT 资产和供应链管理、专利、商标版权、特许权使用费、政府签发的证件、联邦人力和劳动力数据、拨款、联邦援助和外援交付等。与此同时，在金融领域，美国证监会 SEC 于 2018 年发布了《关于数字资产证券发行与交易的声明》，依据豪威测试（Howey Test），对除比特币和以太坊以外的区块链数字资产进行合规监管。

纳斯达克于 2015 年 12 月率先推出基于区块链技术的股权交易平台 Linq，并于 2019 年 2 月上线了比特币指数 BLX 和以太坊指数 ELX，积极探索区块链技术在证券交易体系中的应用。美国洲际交易所推出的 Bakkt 平台于 2018 年 12 月 31 日宣布获得了来自微软 M12、南非 Naspers、波士顿咨询集团 BCG、维港投资等巨头在内的 1.825 亿美元融资，致力于为全球用户提供简单高效、安全合规地购买、销售、存储和使用数字资产的服务。初创公司 R3CEV 发起成立著名的金融分布式账本联盟，最多时吸引了 70 余家全球银行巨头参与，致力于制定银行业的区块链行业标准与协议。摩根大通构建了基于区块链的银行间信息网络，发行用于大型企业客户间国际支付结算和证券交易结算的数字代币，吸引了全球超过 100 家银行参与，旨在改善从跨境支付到公司债权的付款效率。Facebook 于 2019 年 6 月发布了天秤座项目 Libra 的白皮书，旨在建立一个简单无国界的货币和为数十亿人服务的金融基础设施，基于区块链技术打造新产品，重塑其用户体系、

广告体验和在线游戏支付系统。另据 IDC 的报告预测，欧洲区块链投资额将在 2022 年达到 36 亿美元，年复合增长率约为 73%。英国政府早在 2016 年就发布了《分布式账本技术：超越区块链》的白皮书，从国家层面对区块链技术进行了分析，并在福利基金分配和使用领域进行试点应用。英国央行是世界上第一个尝试法定数字货币原型 RSCoin 的央行，著名的“监管沙盒”也是由英国首创的，旨在为区块链金融科技企业在监管政策不确定的情况下提供创新环境。法国政府将发展区块链技术作为“优先事项”，并在农业的供应链管理领域运用，提高农业生产和分销的透明度；在“促进企业增长和改革的行动计划”中增加对加密资产的审计和税收条例。瑞士则想通过建立法律框架角逐区块链发展的领先地位，将数字代币分为支付型、应用型和资产型三类分别实施监管。

在亚洲，作为对区块链技术最开放的新加坡政府，创建了区块链贸易平台，积极推动“智慧国”建设，使港口、航运公司和客户可以分布式查看交易与贸易相关文件，提高跨境贸易供应链效率和透明度。日本成立了首个区块链行业组织 BCCC，由 30 多家对区块链技术感兴趣的日本公司组成。

当前我国的区块链市场规模尚处于产业发展早期，但随着国内资本和政策的双驱动，区块链在国内的商业模式逐步成熟。早在 2016 年 12 月国务院就印发了《“十三五”国家信息化规划》（国发〔2016〕73 号），将区块链技术提升到国家战略层面，明确指出要强化区块链等战略性前沿技术，并进行超前布局。习近平总书记在 2018 年的两院院士大会上，将区块链与人工智能、量子信息、移动通信、物联网并列为待加速突破的五项新一代信息技术，这标志着区块链的“中国共识”。2019 年 1 月 10 日，国家互联网信息办公室发布《区块链信息服务管理规定》，将区块链信息服务纳入监管范围，对区块链行业的发展起到更好的规范和推动作用；2019 年 6 月，工信部印发《工业互联网专项工作组 2019 年工作计划》，研究制定《数字军工行动计划》，促进大数据、物联网、区块链等新一代信息技术在军工领域的应用。2019 年 10 月 24 日，在中央政治局第十八次集体学习时，习近平总书记强调“把区块链作为核心技术自主创新的重要突破口”“加快推动区块链技术和产业创新发展”。截至 2019 年底，我国区块链相关专利数已占全球区块链专利数的 80% 以上。

二、区块链技术的行业应用分析

从行业角度来看，区块链技术的创新及应用落地与行业生态的构建和完善密不可分。截至 2018 年底，据不完全统计，我国已成立的区块链行业协会、联盟数量已超过 30 个，提供了良好的区块链技术、政策、应用、标准的交流平台。

国内首家专注于区块链技术的前沿非营利性研究机构万向区块链实验室旨在聚集领域内专家，深入研究探讨区块链的技术研发、商业应用、产业战略，为区块链创业者提供引导，为区块链行业发展和相关政策制定提供参考。万向区块链实验室主要集中于区块链应用的推动与投资和区块链市场教育。该实验室发起成立了中国分布式总账基础协议联盟（China Ledger 联盟），并在每年举办区块链全球峰会。中国区块链应用研究中心是由互联网金融博物馆牵头发起的一家民间非营利性中立机构，致力于以公益研究平台推动社会金融启蒙、建立公众认知标准，在国内有北京、上海、深圳、杭州等分支机构，并在硅谷、纽约等地成立了分中心。中国信息通信研究院联合 158 家企业发起“可信区块链推进计划”，截至 2018年底，已有 280 家成员单位加入了该计划，包括溯源、保险、金融、电信、司法存证等行业。“可信区块链推进计划”下设了技术标准、行业应用、政策法规 3 个工作组及 BaaS、保险溯源、工业应用、电信应用、知识产权等项目组。

从企业角度来看，从 2015 年开始，国内知名企业纷纷布局区块链技术，同时也涌现出了一大批区块链创业公司。当前国内区块链企业格局主要以骨干企业为牵引，初创企业为助力，共同推进区块链技术的创新和应用。国内骨干企业代表主要集中在传统互联网企业，且呈现业务 + 区块链的升级模式。阿里巴巴以电商领域为基点，在原有公益、医疗、金融和物流的业务范畴下利用区块链技术研究产品与服务全程追踪、溯源的解决方案。腾讯公司已落地“公益寻人链”，公布了区块链平台 TrustSQL，并提供了底层区块链技术支持全国首张区块链电子发票，产生出全流程、全方位发票管理应用场景。百度推出了个人消费汽车租赁债权私募 ABS 项目，这是国内首单以区块链技术作为底层技术支持，实现 ABS “真资产” 的项目。初创企业典型代表有趣链科技、中思博安、布比区块链、公信宝、全链通等。

未来，在区块链技术的支撑下，结合不同的业务类别应用，如中央银行、集团公司、市中心、购物中心等传统模式大多可能被替代，从而构建人类社会交互的新模式。随着区块链及其衍生技术的高速发展与实践，弱中心化的联盟区块链在金融业（央行、四大国有银行）、政务领域、实体经济（中国电信、国家电网）等众多领域实现深度应用。在能源与矿业工程领域，除通用性技术成果可以直接借鉴外，考虑到煤矿智能化设备与装备管理、上下游相关产业物流溯源、生产与人员安全、数据安全与监管等特色需求，以及区块链技术对 5G 与物联网、联盟区块链技术结合机器学习对人工智能等的支撑作用，结合党和国家的高度重视，可以预见区块链技术在第四次工业革命中将为清洁能源及众多保障技术提供重要的支持。

第三节　区块链技术应用场景与发展方向

以太坊的本质是一个基于交易的状态机。以太坊状态机的起始状态是创世状态（Genesis State），创世状态是网络中还没有任何交易的初始状态。随着交易的不断执行，以太坊状态就会从创世状态不断地转变成新的状态，如图6－3所示。以太坊的交易过程如下：参与者发出一笔交易，这笔交易除最基本的支付脚本外，还包括一些复杂的操作逻辑，这些操作逻辑执行的结果通常是将一些状态进行改变。以太坊中的所有节点将收到的交易进行验证并广播，如果这些节点是矿工节点，除验证外，还会执行交易中包含的逻辑操作，将相关的状态进行改变，并将交易以及交易引起的状态变化打包到每个区块中，每个区块再通过与比特币区块类似的方式前后链接起来。与比特币类似，以太坊矿工的这种打包区块方式也是通过工作量证明机制来实现的。

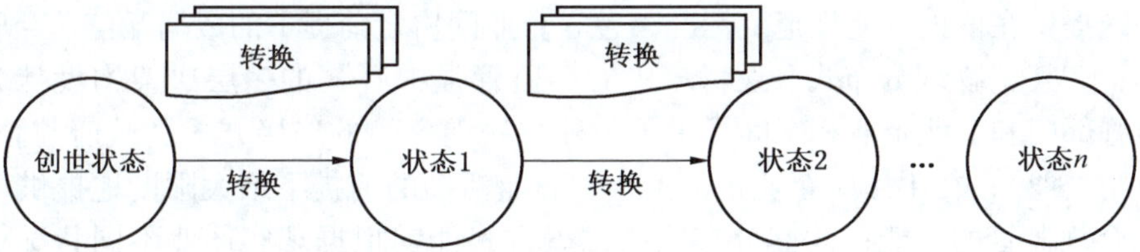

图6－3　状态转换

以太坊上的状态值很多，有一些是以太坊底层所定义的状态值，还有一些是通过智能合约定义的状态值，如智能合约为每个以太坊账户定义的特殊代币的余额。智能合约本身是一段程序代码，也是被参与者通过交易的方式写入（部署）以太坊区块中的。智能合约被写入区块中以后，它所定义的状态值就被初始化。参与方通过交易的方式调用智能合约中的函数来改变这些状态值。另外，在以太坊中设计了图灵完备的高级编程语言，智能合约的开发难度得以有效降低。

在此基础上，按照系统是否具有节点准入机制，区块链又可在具体实现时划分为许可链和非许可链。许可链中节点的加入退出需要区块链系统的许可，根据拥有控制权限的主体是否集中可以分为联盟链和私有链；非许可链则是完全开放的，也称为公有链，节点可以随时自由加入和退出。

根据一定特征所设定的节点能参与、交易，共识过程受预选节点控制的区块链即为联盟链区块链。从技术角度来看，联盟链技术主要有共享统一账本、灵活智能合约、达成机器共识以及保护权限隐私4个技术特点。更重要的是，从监管角度来看，其交易具有可溯源、难以篡改、不可抵赖、不可伪造的特性，能使人、企业、物彼此之间因“连接”而信任，是一种全新的组织管理形态和商业模式。当监管部门以联盟节点的身份获得审阅权限模式介入时，由于联盟内相关节点的可见性，使得监管部门可以非常方便地实施柔性监管。

通过区块链技术介入工业互联网，可以形成核心企业内（从设计，到生产，到销售，到服务，到回收的上下游的数据共享价值链）、工业企业间（生产运维经验分享的价值链）、工业互联网平台间的互信共享和价值交换。通过各类相关的数据可信共享全面提高工业企业在网络化生产时代的设计、生产、服务和销售水平。

针对当前传统工业企业以及工业互联网应用中所面临的新需求和新挑战，区块链技术为工业领域高效协同和创新管理提供了“供给侧改革”的解决思路和方法：①借助机器共识、共享账本、智能合约、隐私保护四大技术变革，为工业互联网提供在依据行业规范、标准，遵守企业间协定前提下的数据互信、互联和共享；②其“物理分布式、逻辑多中心、监管强中心”的多层次架构设计为政府监管部门和工业企业相互间提供了一种“松耦合”的连接方式（政府与企业，企业与企业），在不影响企业正常生产、商业活动的前提下最大限度地提供“柔性”合规监管的可能；③其分布式的部署方式能够根据现实产业不同状况提供分行业、分地域、分阶段、分步骤、逐步理性建设和发展的路径。

在工业应用与实践中，为了实现机器、车间、企业、人之间的可信互联，需要确保设备端产生、边缘侧计算、数据连接、云端储存分析、设计生产运营的全过程可信，从而触发上层的可信工业互联网应用、可信数据交换、合规监管等。区块链技术面向工业应用需求，将会在工业互联网的各个层面对其进行加强，从而实现工业数据共享和柔性监管。

（1）可信数字身份。为了实现物理设备的数字孪生，除了传统设备标识之外，对于一些高价值的设备，需要额外为每一个设备配备一个物理级别的嵌入式身份证书并一次性写入设备中。所有由该设备产生的数据，在上传到云端的时候都需要由该设备的身份私钥进行签名。数据的使用方可以通过统一的工业CA中心来验证设备数据的身份。

（2）可信数据连接。数据从设备端发送过来以后，经过网关，数据处理，存放在云端的账本里面。在这个过程中，数据可能被有意无意地篡改，这里需要有技术协议保障数据在进入账本前不会被篡改或者删除。

（3）可信边缘计算。为了更快地处理延迟，减少无效数据传到云端账本，降低网络带宽压力以及存储压力，往往会在边缘侧进行计算。在边缘侧计算资源的环境下，和云端计算达成共识，产生可信事件。该事件可以直接触发交易流程，如支付、派工等。

（4）可信工业分布式账本。针对工业应用特点的分布式账本，除了具有传统的难以篡改、共识、受限访问、智能合约等特点以外，还需要具备针对工业数据特点的账本读写能力，如达到每秒 10 万数据点的账本读写能力，针对资产转移状态图迁移的快速读写能力等，以达到快速溯源的目的。

（5）可视化智能合约区块链服务。通过拖拽的方式，让区块链联盟成员可以非常方便地设计相关参与者（人、机、机构）的身份权限和规则，并且自动转化为相应的智能合约部署在区块链网络上，快速生成协作工作的应用 APP。

（6）新型工业区块链应用 APP 及柔性监管入口。基于可信数据，相关参与方的数据、过程和规则通过智能合约入链后，默认就达到相关参与方的链上共享。除此以外，跨链相关参与方的共享更是达到可信共享、互惠互通的关键。同时，监管机构以区块链节点的身份参与基于联盟区块链的工业互联网基础设施中，合规的科技监管机制以“智能合约”的软件程序形式介入产业联盟的区块链系统中，负责获取企业的可信生产和交易数据并进行合规性审查，利用大数据分析技术进行分析以把握整体工业行业的动态。

一、区块链技术在能源行业的适应性分析

能源产业是一个国家的基础性产业，对国民经济和社会发展具有重要的影响，无论是能源生产供应国，还是能源消费国，都高度重视能源产业的宏观管理和调控。我国是能源生产消费大国，更是煤炭生产消费大国，煤炭产业的发展对我国工业化、城镇化建设起到关键性作用。尽管我国的煤炭管理体制机制改革取得了一定成绩，但依然存在一些不利于行业持续健康发展的体制机制障碍。

作为我国能源基础和能源工业主体的煤炭产业，其基础和主体地位不突出，发展战略缺乏整体考虑与设计，煤炭管理机构职能分散且缺乏有效的协调机制，行业管理弱化问题突出。与煤炭产业密切相关的铁路、电力等行业市场化改革滞后，运用行政手段和垄断行为参与市场竞争，煤炭行业难以按正常的市场机制运行，制约着煤炭产业的健康发展。

大力发展现代煤炭产业体系，提高产业技术竞争力，形成新一代信息技术下的能源与矿业治理体系，是加快转变发展方式的重要途径和主要内容，是适应国

际需求结构调整和国内消耗升级的新变化，是提高经济增长的质量、效益和国际竞争力的一项长期战略。

近年来，低碳经济的发展模式定位与推行绿色开采的煤炭开采技术大变革，覆盖能源开采、能源转换、能源消费的“安全绿色、高效智能”能源与矿业体系建设的大力推进，使得我国煤炭产业转型升级和结构调整，以及改造提升煤炭装备制造业等均面临与日俱增的外部压力与内生动力，被迫转型和自觉转型两种力量正在汇集，形成强大而持久的倒逼机制和正逼机制。

5G 通信、大数据技术、人工智能、区块链等新一代信息技术的出现与高度融合，为进一步化解企业压力，完善分布式生产工单、物流及供应链透明化、关键设备管控智能化、柔性流程监管少人化，甚至可以预期在可信能源交易平台的支持下，重建出的完善参与人、企业的信用机制，将促成煤炭交易中“少美元、去美元中心化”的最终形态。

区块链技术，通过多种信息化技术的集成重构，触发新型商业模式及管理思维，对于实现分散增强型生产关系的高效协同和管理，提供了“供给侧改革”的创新思路和方法。联盟链技术包括共享账本、机器共识、智能合约和权限隐私四大技术，可以实现工业数据互信、互联、共享；“物理分布式、逻辑多中心、监管强中心”的多层次架构设计，为政府监管部门和工业企业相互间提供了“柔性”合规监管的可能；分布式部署方式能够根据现实产业的不同状况提供分行业、分地域、分阶段、分步骤的理性建设和发展路径。

“区块链 +”技术是相对于“互联网 +”而言的，就是“区块链 + 各个传统行业”，目的并非两者的简单叠加，而是利用区块链技术或特性，使其与传统行业深度整合。

在企业内外，参与者与社会的关系，特别是包含一切有形无形、实物虚拟的资本、财富积累与运行模式全是建立在信用基础之上的。但是信用往往是通过政府、社团的各类制度、规则与运行机制形成模式，最后由国家通过法律予以强制性保障。这些无疑增添了无数的中间组织和权力机构，人们也由此形成了对蹭组织权威性及权力机构强制性的依赖，进而自然地担负起了昂贵的信用性支付成本。区块链技术从根本上改变了中心化的信用创造方式，运用一套基于共识的数学算法，在机器之间建立“信任”网络，从而通过技术背书而非中心化信用机构来进行信用创造。借助区块链的算法证明机制，在整个系统中的每个节点之间进行数据交换，无须建立信任过程。在系统指定的规则范围和时间范围内，节点之间不能也无法欺骗共创节点，使少量节点无法完成造假。

二、区块链技术在能源行业的发展方向

区块链发展至今，已非单一的技术范畴，应该作为一项系统工程综合考量。煤炭工矿企业中，具备了“去中心化”“可控互信”与“在链数据安全”的联盟链本质上就可以很好地解决物联网设备管理相关的问题。首先，基于区块链技术与工业互联网技术，可以实现能源转换全周期、全覆盖管控并实现过程可溯源化，助力煤炭以及原油等深层次精细化加工，实现能源生产最大价值；其次，现有信息安全体系难以支持能源消费创新发展，区块链技术将帮助能源消费实现可信计量、高效协同、分布式平等决策、随时随地的自动化交易等新模式；再次，基于去中心化、公开透明、可追溯特性的区块链技术，可以解决能源市场中各角色间相互信任问题，实现市场交易安全透明和信息共享，保障各方利益和系统安全稳定运行，为能源交易新模式的探索做好准备；最后，借助区块链的信息唯一性和不可篡改性，还可以为政府监管提供真实准确的能源生产消费全过程数据，杜绝第三方篡改，并可向社会开放查询，大幅度提升监管公信力。

(1) 透明化的供应链及物流管理系统应用。在供应链管理中各种制约因素的“能见度”或认识程度十分重要，它要求透过各种纷繁复杂的表象洞察供求关系的规律，从而为更好地平衡协调整个供应链夯实基础。

在联盟内部“信任机制”的约束下，通过各参与方维护同一套多节点、分布式且具有访问控制能力的区块链网络来记录买方、卖方、物流方物流状态信息，以实现可信、安全和可追溯的数据录入以及基于身份认证机制访问控制下的数据共享。各参与方将订单等信息的全生命周期查询功能按需实现为智能合约，在数据拥有方开放访问权限的情况下，通过调用智能合约接口以身份可验证、访问可控的方式来实现可信可控的参与方之间的数据交换。

首先，通过引入区块链技术来实现供应链事务的多角度、多维度和多粒度可视化，能够避免供应链上下游参与方之间形成的信息孤岛和不对称，通过分布式记账方式避免供应链参与方的单点故障风险，保证了该框架下供应链服务的健壮性。其次，通过智能合约对单据数据进行入链的过程减小了对手方信息录入不一致的情况，同时也减少了交易双方各自录入的交易数据被篡改的风险，从而在发生商业纠纷时能够从同一份账本中读取相关数据，为进行公平的仲裁提供了保障，并且提高了纠纷处理的效率，减少了核对时间和人力成本。再次，区块链技术通过基于身份的访问控制可以实现基于身份规则的数据可见性控制，使得监管机构能够通过合法身份调用各参与方的智能合约，获取供应链上下游交易订单的全生命周期信息相关的宏观和微观视图，实现柔性监管。最后，区块链去中心化

的一致性账本实现了各参与方之间交易内容对相关参与方可见，同时又使得其他处于该供应链的参与方账本能够通过保存不透露事务内容摘要的方式，对事务的无篡改性进行鉴定，避免暗箱交易、虚假交易等风险。

（2）区块链对设备运营状态的监管作用。传统模式下，企业直接采用工业互联网平台进行设备状态数据采集存储的过程中，工业互联网数据的可靠可信由工业互联网平台来保障，具有单点信任失败的可能性。

基于区块链的设备运营状态监管通过将上下游所有参与方企业的设备所产生的数据以参与方身份写入区块链运营数据平台，从而使这个产业链上下游企业所有设备端运营数据能以可信一致的方式写入共享分布式区块链账本中。通过区块链不可篡改账本记录，记录设备相关的运行状态数据。其中，入链的工业互联网运营数据带有拥有方的身份签名，从而明确界定数据提供方的责任，不可抵赖、不可污蔑。而在设备端运营数据共享方面，通过智能合约接口限制并实现对设备运行数据的访问可控的查询和溯源，使得相关参与方可以在受限访问的条件下监控、访问、分享和分析设备最新的状态和交易信息。

此外，对于监管机构，通过将监管方的身份加入硬件安全模块，使得监管机构能够通过调用区块链智能合约的方式低成本高可信度地获取整个产业链中所有运营状态信息，从而实现低介入的柔性监管，并以低成本实现监管统计的可信审计监察职能。

（3）区块链在数据共享和柔性监管的应用。加盟企业内部在各环节所产生的各类数据，如果能够被企业间互相充分分析，有助于提高企业各生产环节的效率，提高设备的安全性与可靠性，降低能耗、物耗与维护费用等。同时，可以减少生产过程中的人力劳动需求，提高生产过程的智能化水平。如果这些充分采集和分析操作的信息可以在联盟内共享，那么将促进联盟生态的进步，对于整个行业而言能够起到产业上下游企业间信息资源共享，对于企业把握市场动态，优化配置生产资源，避免生产过剩起到至关重要的作用。

通过区块链技术，还可以确保加盟企业在互联网平台上的数据权属，确保自己的数据不会在网络平台上被随意使用和共享。同时，更高层级的网络平台之间，如企业专用工业互联网平台，或者服务于其他企业的开放式工业互联网平台，这些平台间沉淀了大量的机理分析模型，如果通过区块链让这些机理模型可以在跨平台间进行共享，那么将使得企业更大范围地享受这些模型和数据带来的价值。

对我国地区间、行业间都存在巨大差异的煤炭产业而言，为了促进产业的良性升级发展，在不损失产业生产贸易运营自由度的情况下，对生产交易活动进行合规监管，不仅有助于自上而下实施国家产业战略布局，也有助于自下而上收集企业实时反馈，从而帮助制定下一步国家发展战略，促进中国工业产业的长期稳定持续性发展。进行柔性监管，通过把生产过程智能合约化上链，同时接入监管节点，通过可信的本地账本，可以使监管部门非常方便地进行柔性监管合规的审计。

总的来说，政府监管为能源与矿业的生产、分配以及市场的有效性、公平性提供了基础支撑，实现重大事件的提前预警、快速响应与事后恢复。采用5G、大数据、区块链技术能够实现全环节、全周期、全时空的监管，提升政府监管力度、有效性及公信力。

三、区块链技术在新兴信息技术融合中的链条作用

区块链技术的发展对新技术革新和产业变革将起到重要作用，并且区块链技术正成为全球技术发展的前沿阵地。同时，区块链技术是工业4.0的底层技术，必将成为第四次工业革命——清洁能源的重要支持技术。我国在区块链领域拥有良好的产业基础、管理经验和技术支持，目前来看，弱中心化的联盟区块链（联盟链）更适合中国国情。

在专业化应用领域，区块链技术与5G、物联网、机器学习等新兴信息技术联系紧密。例如，5G通信技术中大带宽、低时延和广连接适应煤矿智能化开采的需要，5G通信技术与物联网的融合，数据瞬间产出量会数十倍甚至百倍于以往的数据量，数据生成速度会极大提高；而且，物联网技术与5G通信技术的融合可为更便携、低成本、低时延、智能设备提供支持。区块链技术是解决物联网设备管理问题的有效手段。物联网中，智能前端设备承担了收集用户行为数据的核心任务，区块链技术为设备物联提供无法篡改的身份认证；同时，以区块链数据为基础可能训练出世界上最强大的人工智能，还可允许在敏感私有数据上进行机器学习训练而不泄露数据。区块链的激励措施可对联盟单位形成鼓励，使机器学习获取最佳数据和模型。

具体到煤矿智能化开采中的应用，还必须综合考虑煤矿行业联盟区块链准入与监管拓扑结构，以及大数据环境对联盟区块链效率的影响。基于以上问题的解决，区块链将可在煤矿上下游相关产业物流溯源、煤矿智能化设备与装备管理、智慧矿山生产安全及人员安全等领域发挥巨大的作用。

第三篇

能源与矿业治理中的新技术应用场景

第七章　生产场景应用分析

第一节　生产场景需求分析

一、煤炭及矿业生产场景需求分析

当前，煤炭及矿业生产的问题主要集中在开采效率低下、资源调度不够灵活、生产设备自动化及智能化程度较低、矿山灾害监测及预警机制不完善、矿山/井下人员设备安全难以保障、缺乏高效的历史数据总结分析方法和生产过程对生态环境的破坏等，制约煤矿智能化建设的技术主要体现在以下几个方面。

（一）数据汇聚不足，存在信息孤岛问题

受煤矿传统管理的制约，各信息系统的建设缺乏统一规划，部门之间和专业之间的数据各自独立，缺乏统一的数据接口和标准，致使数据无法关联与融合。另外，部分信息尚未数字化，数据信息量总体偏小且精度低，类型单一，难以支撑大数据挖掘、预警分析、高精度三维模型、人工智能计算等技术应用的需求。以回采工作面为例，受有线网络布置及移动通信的限制，仅能够收集传输矿压、瓦斯、粉尘、综采设备等极少信息，且各监控系统独立、点位较少，距离综采工作面智能化管理需求还有一定距离。

（二）数据传输能力不足

当前煤炭矿业开采井下互通、井下与地面通信网络的带宽、速率、实时性等能力建设相对滞后，难以满足高清视频等大数据量的传输，导致基于视频驱动的智能化开采程度普遍较低。设备间的连接过度依赖中间节点，无法及时大规模互联，进而影响井下开采环境的全息感知。数据传输能力不足进一步造成大数据分析结果不能及时用于设备控制，限制了先进技术的更大范围使用。

（三）设备可靠性和传感精度差

大型采矿设备作业机械、缺乏柔性，自动化、智能化水平较低，缺乏完善的健康状态监控预警能力。矿山/井下布置的大量传感器采集的数据类型单一、精

度较低、抗干扰能力差，且大多传感器仅仅具备数据采集功能，不具备数据处理能力、分析能力。这既加大了数据传输带宽的消耗，又限制了与设备之间的联动管控。

（四）应急响应被动滞后

矿山/井下灾害监测系统缺乏有效的预警机制，多数判断仅仅依据规程和制度约束，且主要依赖于人为经验判断。现有的灾害告警系统多为事后响应式的，较为被动，且大部分应急预案较为简单宽泛，缺乏具体操作和技术性内容，现场适应性不强，难以适应能源与矿业的现代化开采和深加工需求。

（五）管理决策的智能辅助不足

受通信带宽、计算能力和智能决策方法的限制，现有煤炭矿业生产管理决策系统仅仅依靠经验判断和简单的统计分析，而缺乏对海量数据、多因素的实时智能分析，无法对井下生产现场实现高效实时的安全态势判断和管控，因此难以为企业运营管理提供有效的决策支持。

根据上述分析，智能化煤炭与矿山生产的关键特征：一是物理层感知数据更丰富、感知范围更广泛，以便实现矿井监控全覆盖，并为上层应用提供可靠的原始数据；二是应用层联动分析更多变、决策支持更智能，以便实现数据的深度挖掘和联动决策。与海量数据感知相对应，亟须研究矿井泛在智能感知技术，以及支持海量感知数据的高带宽、集成化传输技术。与智能决策、联动分析相对应，要求积极探索适合大型矿业集团的大数据中心建设模式，构建集监视、控制、分析和决策于一体的系统平台。最终目标是实现煤炭与矿业生产的全面智能感知、自我分析和智能决策，使煤矿“人、机、环、管”能够统一和谐地高度自主运行。制约上述技术发展的核心问题主要表现在现场感知数据通信传输带宽、设备控制即时性和多元数据融合智能分析决策等方面。随着5G、人工智能、大数据、数字孪生、“互联网+”等技术的发展，为解决这些问题提供了有效的技术手段，为建成智能化煤炭和矿山生产系统提供了有力的技术支撑。

二、煤炭深加工场景需求

煤炭深加工与综合利用，是全面挖掘煤炭能源实现煤炭资源充分利用的有效途径。煤炭深加工技术是提高煤炭充分利用的重要手段，主要包括煤炭的洗选焦化、气化液化技术、水煤浆技术、高炉喷吹粉煤技术、型煤与配煤技术、洁净煤联合循环发电技术等。作为重要能源，我国煤炭资源丰富，但是受到传统开采利用模式的影响以及深加工技术的制约，煤炭深加工过程中资源浪费严重，转换效率受到严重影响。不仅如此，现有的煤炭深加工及消耗方式在很大程度上还会对环境造成破坏，威胁生态环境安全。目前，响应国家环境保护和可持续发展的战略目标，煤炭深加工技术正朝着自动化、智能化、高附加值、环境友好方向发展，现存的主要问题集中表现在以下几个方面。

（一）环境友好度差，碳排放高

积极开发新一代清洁、高效和污染物近零排放技术，实现碳减排是世界燃煤发电技术发展的热点和难点。以燃煤发电技术为重点，700 ℃超超临界燃煤发电技术、新一代整体煤气化联合循环发电系统（Integrated Gasification Combined Cycle，IGCC）与煤气化燃料电池系统（Integrated Gasification Fuel Cell，IGFC）/燃煤电厂污染物近零排放及先进的碳捕集、利用与封存（Carbon Capture Utilization and Storage，CCUS）技术是急需攻关的重大技术问题。同时，新型煤化工的不断大型化和产业化是煤炭转化领域的发展趋势。开发更高效的煤基多联产技术、煤气化技术、催化气化和加氢气化技术，在工艺、催化剂和大型装备方面不断寻求突破，逐步解决煤转化过程中耗水高与废水循环再利用等难题。

（二）巡检技术落后，自动化、智能化程度较低

目前，大多数煤化工企业现有的巡检系统还是依赖传统的巡检手段，巡查方式主要是安排巡检员到各个巡查点定点定时检查，手动记录巡检结果，巡检结束后上报。由于煤炭深加工环境复杂，各类设备、材料等分步转运流程繁杂，人工巡检方式费时费力且存在较高的安全隐患，实时性也不能够得到保证。巡查监管中存在维护人员不到位，不按时对企业设备设施进行检查、维护的现状，对企业生产存在很大的安全隐患，从而导致对企业的安全生产管理缺少有力的保障。基于新一代信息通信技术，利用人工智能、5G、图像实时处理技术等，研究智能巡检系统有助于提高煤炭深加工系统的智能化和自动化。

（三）煤炭深加工机器自动化、智能化不足，关键技术工艺亟待突破

在煤炭深加工作业中相关设备、工艺仍然存在自动化、智能化不足的问题。例如，煤炭深加工中的捡矸、排矸作业是选煤工艺中的重要环节，目前排矸方式主要有 4 种：重介质排矸、跳汰机排矸、破选机排矸和人工拣矸。重介质排矸和跳汰机排矸需要消耗水资源，成本高；破矸机对煤质有一定的要求，尚未得到广泛应用；人工拣矸作业劳动强度大，效率较低。因此，如何利用新技术研发智能捡矸、排矸系统势在必行。

三、发电管控场景需求分析

从人类自身生存环境保护和能源利用效率瓶颈问题，以及用户对电能质量的高标准要求来看，都迫使人们寻找其他可再生能源取代现有的常规石化能源，风

力发电与光伏发电以其低污染、无能源消耗等优势逐渐成为可再生能源最具发展前景的发电方式。

随着大规模风光发电并网运行，国际上的能源结构正逐步由集中式能源系统向分布式能源系统建设的方向迈进。分布式能源技术是未来世界能源技术的重要发展方向，具有能源利用效率高、环境负面影响小、经济效益好的特点。研究可再生能源的分布式发电技术是缓解我国能源不足、保证可持续发展战略实施的有效途径之一。目前可再生能源的分布式发电技术面临以下问题亟须解决。

（一）高比例可再生能源消纳难度大

随着智能电网的发展和新型电力系统概念的提出，可再生能源在电网中的渗透率不断提升，其发电出力受气候条件和环境因素的影响较大，具有随机性、间歇性和波动性的特点。高比例可再生能源的接入使得电力系统面临频率、电压调节能力下降，转动惯量持续减小，动态无功储备下降等问题，威胁着系统的安全稳定运行。

（二）风光电场设备受恶劣工作环境影响易出现故障

风光电场设备受恶劣工作环境影响易处于非正常运行状态或故障状态，造成并网输出不稳定，甚至引起火灾等严重事故的发生。而风光电装置出现故障时的非计划检修需要消耗较多的人力和物力，很大程度地降低了风电系统的运行效率，增加了运行成本。

（三）风光电站传统运维模式无法满足实际工程需要

风光电站传统运维模式已经无法满足风光电站故障预警和诊断、发电量考核、电站清洗前后发电量对比、清洗方案与清洗周期提醒、电站关键电气设备运行性能分析与评估、电站系统损耗等新要求，存在故障排查时间长、漏检率高、设备隐性故障无法获知、现场安全性低等问题，容易导致故障升级。

（四）风光电场设计、运行和维护缺少大数据集成分析平台的支持

风光机组的传感器以秒级周期将采集数据写入服务器，机组设备型号的不同会使采集的数据类型、位数和存储格式等产生差异，由此形成了海量、多源、异构、复杂、增长迅速的风光机组状态监测数据。而目前风光电场在设计、运行和维护过程中存在机组状态监测数据获取困难、数据质量低等问题，降低了风光电场的规划和运维水平。

第二节　生产场景中的应用

一、新一代信息技术在绿色智能开采场景中的应用

（一）5G通信技术在煤矿生产中的应用

在5G通信技术生态背景下，智能煤矿是指在煤炭生产过程中的“时空一体、万物互联、数据融合、全息感知、业务联动、智能决策”的有机综合体，如图7-1所示。

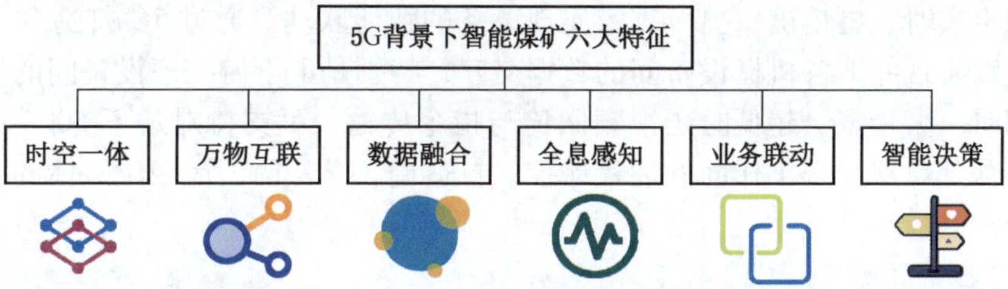

图7-1　5G背景下智能煤矿六大特征

（1）构建透视化的煤田、井下空间。实现煤炭智能生产，需要5G与虚拟现实（Virtual Reality，VR）、电子计算机断层扫描（Computed Tomography，CT）技术结合，赋能磁、核、声、光、电等物理参数综合而成的探测仪器，实现对井下煤田地质环境的实时高清、全息重构，辅以计算机视觉技术，灵活、高效地定位传统人工方式和有线传输方式无法发现的隐蔽致灾隐患，为煤炭采掘、运输机械自动化作业，乃至煤炭地下气化、液化环境搭建奠定基础。

（2）智能感知与融合传输。一方面，打造多源智能感知体系，对人、机、环多因素参数信息进行全面采集，包括矿山地测空间数据、采场及开采扰动区信息采集和灾变前兆信息采集等。另一方面，利用通信网络高效、实时、可靠地进行多源信息交互、回传与共享，连接感知端与云平台。具体应用场景上，可利用5G低时延、大并发特性，为井下瓦斯、矿井水实时监测提供单向传输；可灵活部署煤矿带式输送机，进行输送带振幅、张紧力实时监控，为输送机软启动和自适应张紧智能控制提供数据基础等。

（3）地下高精度定位与导航。地下高精度定位是煤炭机械运行、人员井下

作业的重要保障。井下空间环境复杂，多层多维、狭小拥挤，当前卫星导航定位系统在井下搜索不到足够信号的情况下无法工作，而基于蜂窝网的定位技术又因其定位精度较低亦无法满足需求。而5G从关键技术上使用新的编码方式、波束赋形、大规模天线阵列、毫米波频谱等，具有大带宽，有利于参数估计，为高精度角度、距离测量提供支持。在井区通过密集组网提高基站密度，进而利用多基站协作实现高精度定位。

（4）井下设备协同、远程控制与预测性维护。低时延高可靠是5G最主要的关键能力之一，煤矿采煤机运行过程中，采煤机的姿态、速度、煤岩识别等一系列判定和动作都需要在一定的逻辑控制序列中瞬间完成，空口时延和端对端时延要达到毫秒级，同时要具备高可靠性，而5G的低时延高可靠特性可以使设备远程控制更实时、更精确、更可靠，实现设备的智能联动。通过5G打造井下物联网，可以实现井下各机械设备间的数据交互，特别是上下游工序设备间的流程衔接。同时，大带宽、超低时延视频回传与指令传输，可支持对地下500～1000m范围内深部煤层开采工作面的远程遥控，打造掘、支、锚、运四位一体的智能生产系统。

（二）人工智能在煤矿生产中的应用

国家发改委等八部委在2020年2月发布的《关于加快煤矿智能化发展的指导意见》中指出“煤矿智能化是煤炭工业高质量发展的核心技术支撑”，并确立了近期、中期、远期3个阶段目标，“推动智能化技术与煤炭产业融合发展，提升煤矿智能化水平”是智能煤矿建设必须遵循的指导思想。人工智能技术的普遍应用，为实现煤炭工业真正的安全、高效、清洁迈进了优化技术的新台阶。

利用人工智能技术，可以建设一个集“数据设施”“核心算法”“知识中心”和“云计算中心”的煤矿智能大脑，如图7－2所示。

智能煤矿的感知网络、传输网络和大数据中心可类比于人体的感官系统、神经系统和记忆系统，算力设施则类比于人脑的计算处理部分，算法库类比于人脑已经学会的各种处理决策模型，知识库则对应于大脑已经学到的知识。人类在工作和生活中不断积累经验变得更聪明，而智能煤矿应用平台在数据、算力、算法和知识的支持下，对当前事件做出反馈控制，并完成自我学习和自我演化，从而变得更加智能。

随着人工智能技术的发展，当前越来越多的研究聚焦人工智能技术在煤炭生产中的应用。例如，美国阿拉斯加大学设计了一个用于生产的专家系统，根据具体情况，可以对截煤方案在长壁采煤法或短壁采煤法两者间智能灵活选取，提高了采煤效率。俄罗斯东部矿业大学也对此进行了研究，在生产中运用模糊数学理论设计了专家系统，对爆破对策、参数等进行优化完善，提升生产质效。

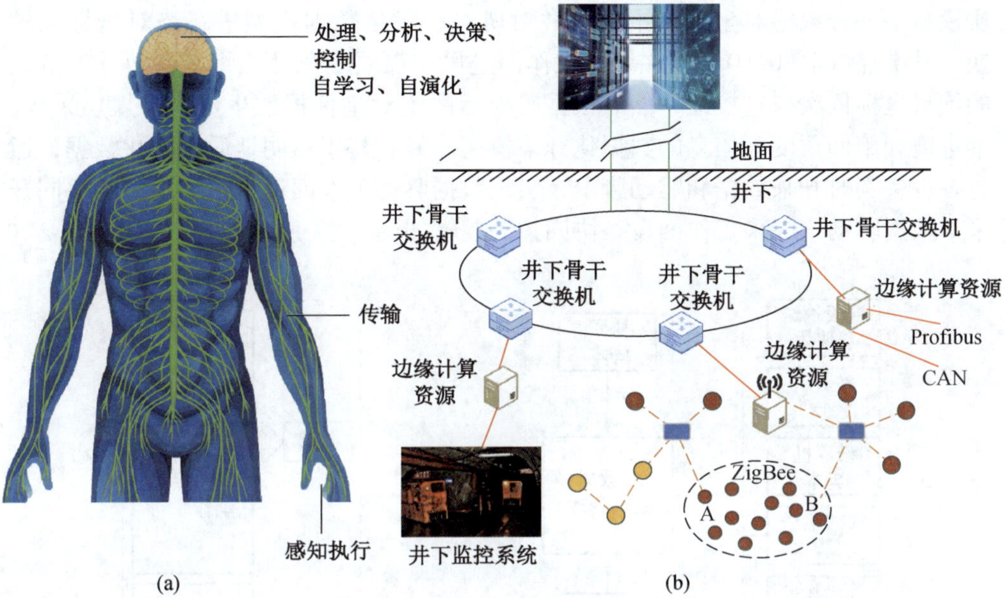

图 7-2　智能人体与智能煤矿的类比关系

在煤矿生产安全方面，同样有诸多人工智能技术的应用实例。以采矿巷道围岩支护为例，针对围岩分类可构建专家系统准确划分围岩类型。同样，可以以巷道支护形式、参数为输入，选择最优井下爆破挖掘方案。

此外，将人工智能技术前移，内嵌入煤炭矿业安全仪表，能够在表计侧即时分析现场数据，做出准确判断从而快速采取正确的处理措施，实现对安全隐患或突发事件的快速响应，将事故危害降低至最小。

（三）大数据与“互联网+”助力煤矿精准开采

随着“互联网+”概念的引入，大数据分析也正式进入煤矿开采领域，经过多年的发展，取得了巨大的进步和丰富的应用场景。

1. 综采工作面大数据智能分析决策技术

基于透明地质大数据信息，融合智能化开采工艺和综采自动化控制技术、惯性导航技术、雷达测距技术和数据分析决策技术，建立一套完整的可自主分析预测和预判预控的综采工作面大数据智能分析决策中心，实时采集生产过程中各系统传感器的海量监测数据，并对数据进行筛选和分析处理，以对开采模型、截割模板等精准决策信息不断进行修正更新。

依据大数据技术建立了基于地质模型的开采模型。在自动切割后的网格化地质模型中，选取绝对坐标基准点，并对所有的设备数据模型进行绝对坐标系转换。基准点（0，0，0）设在综采工作面进风巷煤层底角处，将工作面其他各点的绝对坐标依次与它校准，然后根据转换后的绝对坐标提取生成具有煤层采高、推进度和俯仰角度等信息的数据化开采模型。最后基于透明地质网格化数据，通过各设备实时开采数据和驱动脚本，实现数据驱动工作面设备三维模型的协同开采。数据驱动与综采工作面设备协同控制逻辑如图 7－3 所示。

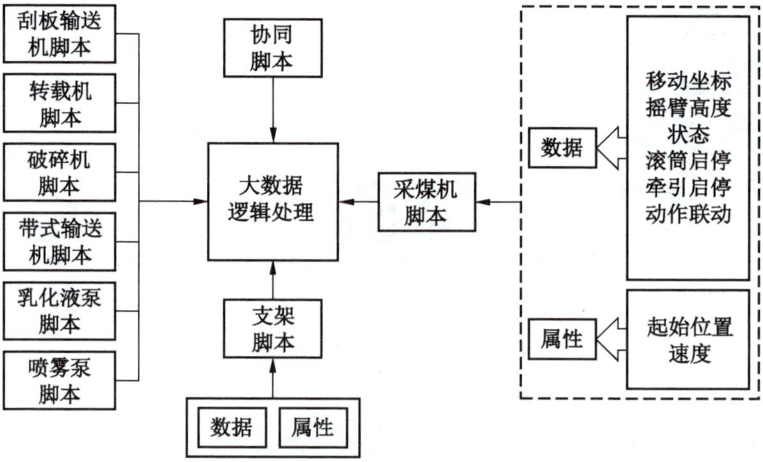

图 7－3　数据驱动与综采工作面设备协同控制逻辑

构建基于地质模型及设备增强感知的开采模型修正技术。基于地质模型，结合雷达、惯导监测技术来增强感知数据内容，通过大数据融合算法对开采模型进行优化修正。工作面设备增强感知数据主要有视频监视画面、雷达测距数据、惯导三维姿态数据；主要修正模型为液压支架支护模型、采煤机开采模型和刮板输送机运输模型。

2. 工作面综采设备空间导航定位及精准控制技术

在透明地质数据、工作面实时监测数据的基础上，结合雷达测距数据和惯性导航三维姿态监测数据，对采煤机截割曲线和液压支架自动跟机拉架、推移刮板输送机行程等关键数据进行实时计算并修正更新，可实现在动态生产过程中的综采设备精准控制和精准连续推进作业。具体应用包括基于工作面三维地质模型的设备空间导航技术和基于大数据智能分析决策的工作面设备精准控制与协调推进技术等。

基于工作面三维地质模型的设备空间导航技术是指通过光纤陀螺仪惯性导航技术集成多元惯导形成阵列，将惯导系统的煤机行进路线曲线计算结果与预切割路线进行比对，对预切割曲线进行加权修正，并实现工作面校直、水平控制等功能。同时通过分析惯性导航 x、y、z 三个方向的位移变化，将实时反映当前采煤机的三维位姿状况，进而通过位姿的变化情况进一步修正更新截割模板中的采高数据，达到进一步精准闭环控制的目的。

基于大数据智能分析决策的工作面设备精准控制与协调推进技术：通过在井下建立精准控制中心，建立综采工作面的集中控制系统。综采工作面各设备的运行数据通过井下工业环网汇聚至大数据智能分析决策中心，进而依据相关模型库和算法生成对应的精准控制开采模型，最后将开采模型下发到井下精准控制中心，从而实现对井下设备的远程精准控制。

（四）数字孪生为智慧矿山赋能

目前，虽然虚拟现实/增强现实（Augmented Reality，AR）技术在矿山虚拟现实可视化领域的研究取得了一些阶段性成果，但其三维重构和数据驱动能力较弱，尚未形成质的飞跃，还不能对复杂条件下矿山综采工作面进行数据孪生、智能控制、实时反馈和交互映射，实现装备的智能协同与实时监控。随着煤炭智能开采与虚拟现实技术进入深度融合阶段，基于数字孪生的无人化精准开采、透明开采，以及全方位、全时空、智能化监控技术将逐渐迈向前台，数字孪生技术将促进煤矿智能化技术发展，为智慧矿山技术赋能。基于数字孪生的智慧矿山一体化方案如图 7－4 所示。

数字孪生在推进矿山建设与管理数字化、智能化内涵式发展方面起到重要作用。现代矿山开发技术与数字孪生、物联网、云计算、5G、大数据和人工智能等新型信息技术的融合，推动形成感知分析、交互反馈、智能控制、智能决策的智能系统，以及矿山无人化开采全息感知、全过程智能化运行、拟人化作业与虚拟场景展现。针对矿井开采工作面数字孪生模型演化的时空特性和重构复杂性，通过构建矿山开采工作面物理实体的数字孪生模型，精确表征数字孪生模型的时空演化特性与映射重构性能，实现矿山开采工作面生产过程远程智能监测、设备性能实时监控和生产场景三维可视化，提升煤炭安全、绿色、高效和智能化开采水平。

利用数字孪生技术建立数字矿山全息感知、业务协同控制、运维数字孪生的智慧化服务体系。为克服目前矿山监控视频数据分离、系统承载受限、可视化效果欠佳等不足，建立基于数字孪生的智能监控系统，通过数字孪生对生产场景实

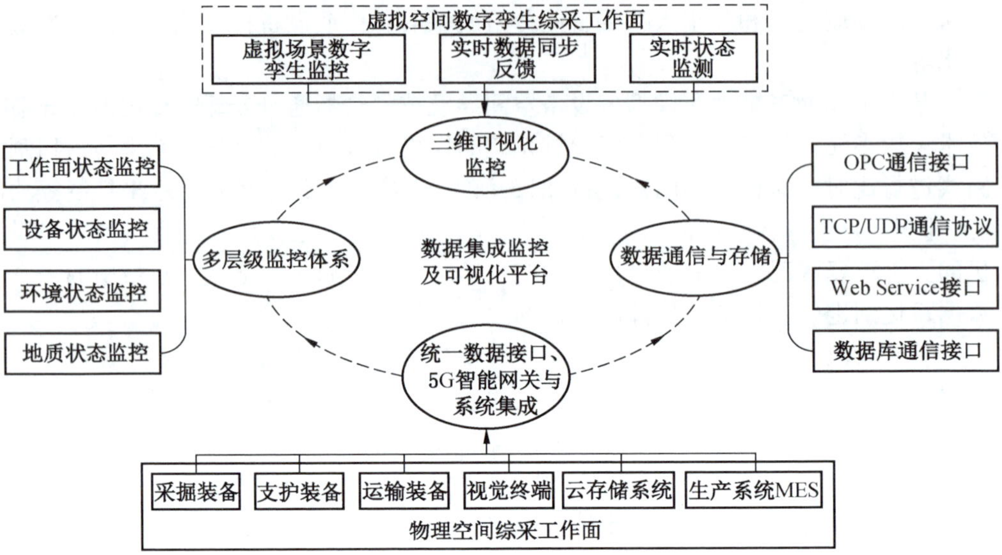

图7-4　基于数字孪生的智慧矿山一体化方案

时监控和虚拟映射，利用三维可视化平台获取井下综采工作面实时运行数据和精确信息，对瓦斯超限、突水前兆、顶板来压等事故进行预警。利用矿山运维数据的多源融合、深度学习迭代优化和自主决策，实现矿山运维服务全生命周期的智能化，以及矿山安全、应急处置、绿色开采的智能化管控。

二、新一代信息技术在煤炭深加工场景中的应用

长期以来，煤炭深度加工利用技术水平不高降低了煤炭资源利用效率，制约了煤炭产业现代化建设与高效绿色发展，因此升级改造煤炭深加工产业成为我国现代化煤炭资源绿色发展的必由之路。煤炭深加工是指原煤经过工业加工，增加其使用价值，提高附加价值的过程，包括煤炭的洗选、焦化、气化液化、水煤浆、型煤与配煤等诸多环节，需要多类型智能设备流水线式协同配合。而新一代信息技术的发展与变革，在场站规划、设备运维、资源管理等多层面，为促进煤炭深加工与综合利用提供了全方位技术支撑。例如，5G具有高速率、低时延、低功耗的特点，广泛应用于煤炭深加工产业设备协同控制、设备实时监控、资源实时调度等业务，打造智慧化工物联网，实现深加工产业链各环节与设备互联互通、协同管理；煤炭深加工运营数据具有巨大的数据挖掘价值，因此基于大数据技术可构建工业管理专家系统与设备图形数据库，实现煤炭深加工设备的智能维

护管理与故障检测预警，同时基于大数据技术可对深加工产品进行精准品质分析，实现煤炭深加工产业的提质增效；人工智能技术的发展变革，为建设智能巡检定位系统、搭建安全监管智能分析平台提供了技术支撑，推动了煤炭深加工产业一体化安全管理，同时也助力深加工产品品质优化控制，降低多类型不确定性因素扰动影响，促进煤炭深加工产业优质发展。

（一）煤炭深加工产业智慧物联网

煤炭洗选是指从原煤中去除矸石或其他杂质的过程，可提高煤炭质量并减少燃煤污染物排放，是煤炭深加工产业链中不可或缺的首要环节，通常包含：①原煤接收、储存、破碎和筛分；②原煤分选；③产品脱水；④产品干燥；⑤煤泥水处理5个连续环节，由重介质旋流器、高效浓缩机、板框压滤机、螺旋卸料离心脱水机等智能化设备协同工作。借助5G通信技术具有的大带宽、低时延和广连接的优势，并将5G通信技术与WiFi、4G、光纤等传统通信方式间进行统一归约转换，实现各类设备传感器的互联互通，可构建洗选工业互联网（图7－5），实现洗选设备间点对点交互，促进工业链设备协调管理。例如，分选阶段中动筛和跳汰机的作用是将精煤灰分控制在14%以下，矸石控制在3%以下。若分级筛选精度不够或跳汰机控制柜参数出现剧烈波动，则严重影响分选效果。基于5G通信部署洗选工业互联网，可通过5G无线信道迅速将当前动筛和跳汰机的运行状态信号传输至控制平台。系统通过故障辨识分析，给予毫秒级自动响应，如自动控制后续流程中浓缩机与压滤机等关键设备停机，或根据筛选精度调整运行模式，最大限度地减少产品质量问题造成的经济损失，提高选煤环节的管理效率。

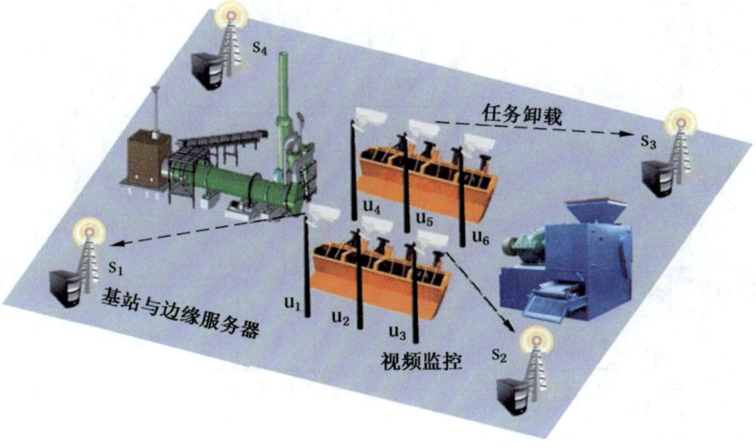

图7－5　基于5G通信技术的煤炭洗选

焦化企业在煤炭深加工产业链中占有重要地位，建设智慧化工物联网同样是其发展转型的目标。煤炭焦化是以煤为原料，在隔绝空气的条件下，经高温干馏生产焦炭，同时获得煤气、煤焦油并回收其他化工产品的一种深加工技术。目前，5G 通信 + 人工智能技术已逐步应用于焦化企业安环监管与设备监控中。例如，在煤炭焦化过程中会产生大量有毒有害气体或颗粒物粉尘，因此煤炭焦化企业对现场有害气体的监管尤为严格，其中硫化氢、二氧化硫、一氧化碳、氨、萘、粗苯、二氧化碳，以及煤灰颗粒物等（主要是转化过程不充分、生产中部分产物挥发以及焦炭等产物与空气接触而生成）排放量都需要严格监测，并实时上送至监管平台，以便安环监管部门做好污染源预防管控，这就需要在现场侧部署大量传感器，并借助 5G 高带宽、广连接和低时延的优良通信信道实现监测数据传输。此外，5G 技术还有力支撑了基于智慧物联网的焦化厂智能配煤系统建设与应用。如图 7 -6 所示，智能配煤系统由云端服务器、控制单元两个核心部分组成。其中控制单元安装 5G 通信模块，基于 5G 通信技术将量测数据高速上传至云端服务器，云端服务器则通过 5G 通信将控制指令、控制配料、控制算法下传至控制单元，整体延时在 1ms 以下。控制单元迅速调节配煤系统的变频器，通过给料机控制单种煤的投放量，同时通过皮带秤对加料重量及库存量进行实时监测与反馈。

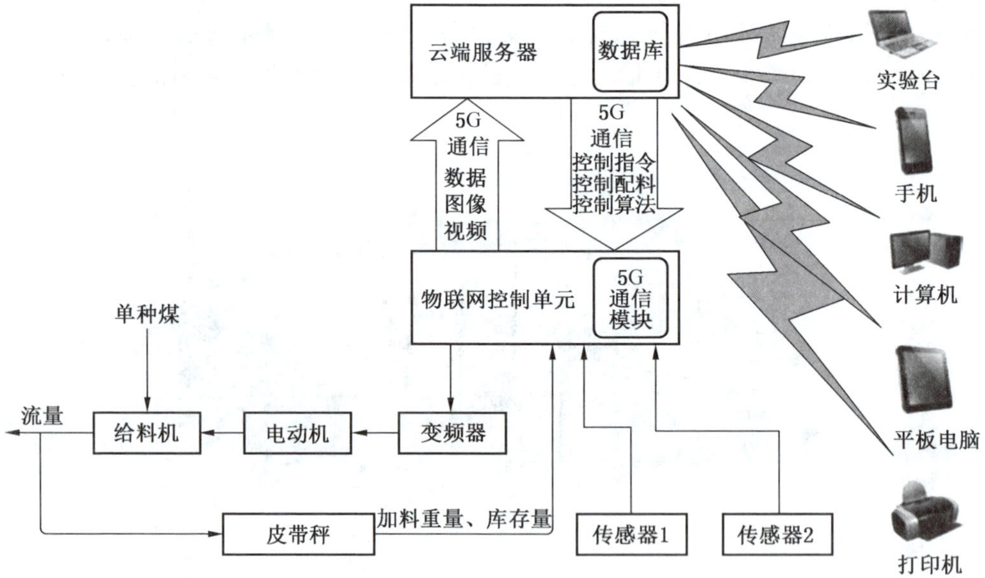

图 7 -6　基于 5G 通信技术的智能配煤系统

（二）煤炭深加工规划设计与运行控制

在选煤领域，往往需要建设大型选煤厂以实现高效选煤管理。选煤厂的规划设计极其复杂，技术要求与工作量对设计人员的知识储备和工作经验提出了严峻考验。而大数据与人工智能技术的发展，有力地支撑了选煤厂科学规划建设。阳泉煤业股份有限公司三矿选煤厂将其设计专家系统分为块煤分选子系统、末煤分选子系统、原煤准备子系统和煤泥处理子系统，对于不宜表达或精确度不高的生产规则，采用魔术子集处理方式，简化知识复杂程度和专业术语的独立性。历史经验数据的高效处理与智能分析为选煤厂专家系统的深度强化学习提供了数据支撑。基于大数据技术构建智能型选煤设备图形数据库，以便于设计人员利用计算机设计并调用 CAD 设备图形，完成选煤厂设备选型与工作手册编制。

除规划设计领域，在煤炭深加工复杂工艺的运行控制方面，新一代信息技术的运用也有效提升了生产效率，保障了产品品质。水煤浆是一种新型、高效、清洁的煤基燃料，是由 65% ~70% 的煤、29% ~34% 的水和约 1% 的化学添加剂制成的混合物。水煤浆气化既可用于生产化工产品，还可用于煤的液化、联合循环发电和以煤气化为基础的多联产等领域。在水煤浆气化系统中，氧煤比控制回路是影响气化质量的关键，由于氧气流量控制回路和煤浆流量控制回路存在数据延时且相互干扰，导致基于常规 PID 控制方法的氧煤比控制回路很难投入自动运行。针对这一难题，空气化工产品神华（上海）气化技术有限公司引入 5G 通信技术，相较于传统工控通信，降低了气化炉温度、中心氧比例、激冷室液位、系统压力等多变量传输延时，使得以多变量动态矩阵控制为基础的先进控制过程成为现实，从而达到理想的控制效果，有效保障了水煤浆气化质量。

（三）煤炭深加工设备故障巡检与安全管理

智能设备安全高效运行，是完成焦化、气化液化、型煤与配煤等环节的基础，是推动煤炭深加工产业智能化转型的保障。近年来，智能诊断大数据系统在煤炭深加工设备运维管理部门得到广泛应用。例如，针对深加工领域洁净煤联合循环发电环节的燃机、汽轮机等核心设备，上海申能崇明发电有限公司基于历史运行数据构建了智能诊断大数据系统，功能架构如图 7－7 所示。按照不同的结构及对应的功能划分，明确其从属关系，建立对应的机组设备树，包括燃机及其附属设备（进气模块、燃料模块等）、气容机及支撑系统（高中压缸等）。智能诊断大数据系统可确定多维度数据标识，深度挖掘机组运行的实际数据，提取其对应的故障特征，基于先进的聚类算法和神经网络算法进行故障预警与诊断，基于隐马尔可夫模型与支持向量机等对各部分机组设备寿命进行预测，从而实现煤炭深加工设备的故障检测与安全风险预警。

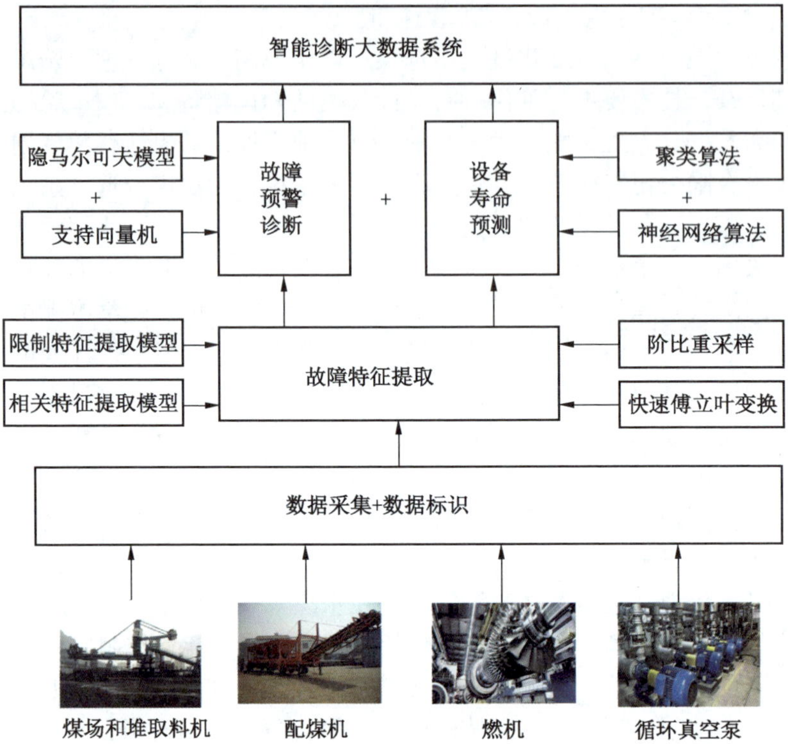

图 7-7　面向煤炭深加工的智能诊断系统功能架构

神华宁夏煤业集团引进了智能巡检定位系统（图 7-8），结合智能诊断大数据系统，搭建了煤炭深加工安全监管智能分析平台，具备巡检自动识别、安全预警、通行实时记录等多种功能。其中利用 5G 通信无线专网将化工生产区巡检信息传输至智能分析平台，基于人工智能与大数据分析技术推理煤炭洗选、煤炭焦化等多类设备故障模式，在时限范围内计算出最优故障处理策略，完成工单下发与事件记录，运行、检修人员和管理人员根据工单协调工作。例如，当自动巡检过程中发现水煤浆气化炉管道出现持续震动现象时，可迅速提取该段泄压管道的压力、水流、三通阀控制信号等监测数据，并基于智能诊断系统发现三通阀泄压动作受阻，进而推断震动直接原因为上游进水与从过滤单元反向流入水对冲。随后智能分析平台立即下发维修人员派遣工单，排查影响三通阀泄压排气的关联组件，通过更换消音器以消除震动异常现象，并将事件记录至智能诊断数据库。因此，基于大数据、人工智能技术，可实现煤炭深加工产业智能设备运维与一体化安全风险管理，推动煤炭深加工产业发展变革。

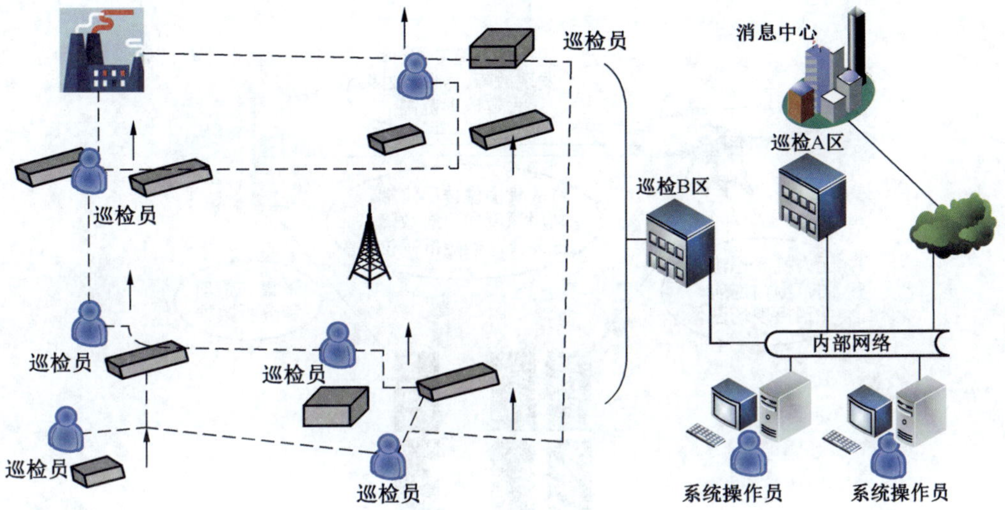

图7-8　神华宁夏煤业集团智能巡检定位系统

三、新一代信息技术在分布式可再生发电场景中的应用

5G通信技术、区块链技术、大数据和人工智能技术等新一代信息技术的广泛应用为电力系统带来重大变革，加速了其清洁化、数字化、信息化、智能化演进进程。

新一代信息技术在分布式可再生发电场景中的应用主要集中于风光电站的工程设计、发电预测、生产调度、过程监控、运行维护、故障诊断等方面，实现可再生能源生产过程与管理决策的智能化。通过虚拟发电厂理念，利用5G、区块链、大数据和人工智能等技术将分布式电源和现有电力系统进行有效整合，提高了分布式电源的渗透率，能够吸引更多的分布式能源参与到系统运行、电力交易和需求侧响应中，实现分布式清洁能源的有效调度管理和最大化利用。

（一）光伏电站无人机智能运维

近年来，航空工业技术、传感器、控制系统，以及人工智能发展迅速，使得利用无人机对光伏电站进行初步巡检成为可能。利用无人机巡检具有面积覆盖率大、图像获取便利、检测速度快、灵活性高、成本低、不受地形限制等优点，可以实现光伏板组件、线缆及其他关键部件的热斑识别、遮挡识别、短路识别，以及光伏终端移动运维等功能，为减少发电损失、提升大规模光伏电站的运维效率打下坚实的基础。典型的光伏电站智能运维流程如图7－9所示。

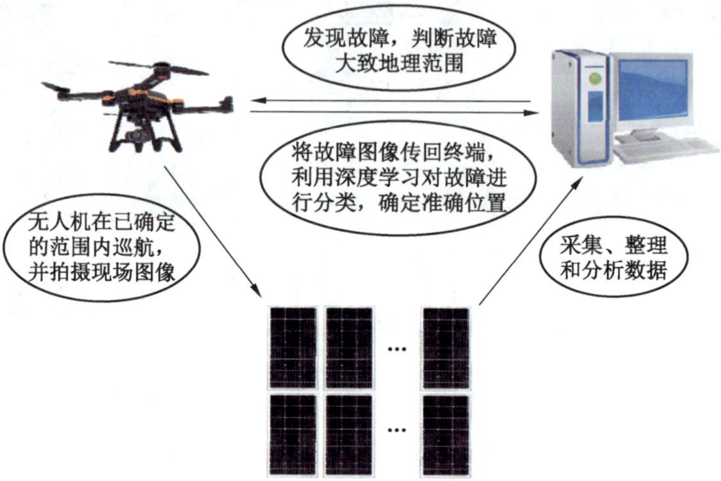

图7－9　光伏电站智能运维流程

（1）收集光伏电站现场的关键数据（如实时光伏发电功率、电流、电压、实时温度、风速、湿度及光照辐射强度等），将数据传给指定计算机进行分析处理，如发现异常情况则说明可能有故障发生，大致判断故障地理范围。

（2）派出无人机按指定巡航路线对该范围内的光伏板、线路或关键部件进行图像拍摄，图像与现场的地理位置对应，将图像传给指定智能设备。

（3）基于深度学习等机器学习算法对上传图像进行分析，找出故障图像并分类，最后派遣人工或机器人处理故障或清洗，保证光伏场站正常高效运行。

在该流程第三步，通过以深度学习为代表的机器学习算法对无人机获取图像进行分析，实现对故障的准确辨识。深度学习算法在图像处理领域应用时无须人工提取特征值，图像预处理要求简单，将深度学习算法中图像分类性能良好的卷积神经网络（Convolutional Neural Networks，CNN）应用于太阳能光伏板的故障检测，有助于实现准确、快速、有效的光伏电站故障诊断及故障预警。

具体的，基于深度学习算法的光伏电站故障位置及类别判断流程：首先，利用实时数据智能分析判断出光伏板故障发生的大致范围；然后，采用无人机巡航的方式得到该区域范围内的电池板图像，利用CNN对其进行自动识别判断，找出有故障电池板的精确位置，以及确定故障类型；最后，对该缺陷电池进行相应处理以保障电站安全高效持续运行。基于深度学习算法的故障位置及类别判断基本流程如图7－10所示。

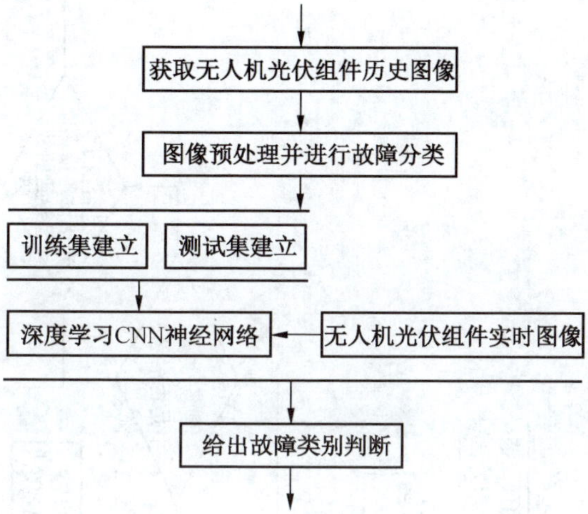

图7－10　基于深度学习算法的故障位置及类别判断基本流程

（二）云计算智能规划运维系统

云计算智能规划运维系统能够针对电站中全部设备的运行特点，应用大数据技术实现精确采集数据，安全、稳定、高效的数据传输和高精度的时序监测数据存储管理，从而真实地反映设备的运行状态和趋势，为客户提供电场规划、资源评估、精细化微观选址、电场设计优化、设备智能诊断、故障预警、经济性评价等全方位的技术解决方案。

以下列举两个云计算智能规划运维系统的典型工程应用实例。

1. eHorus云智能诊断系统

国华卫星数据科技有限公司研发的eHorus云智能诊断系统通过在云端构建光伏设备运行状态大数据中心，采集并存储包括光伏阵列在内的全站光伏设备的实时运行状态数据，建立科学有效的大数据分析模型，实现全站光伏设备运行情况的线上智能巡检。对于诊断出异常的设备，智能诊断系统自动向光伏电站运维工程师推送报警信息并生成故障缺陷单，运维工程师可根据得到的故障诊断信息到达故障设备现场进行故障排查处理，及时消除设备缺陷，提高电站光伏设备利用率，从而降低光伏电站的发电量损失。eHorus云智能诊断系统的报警流程如图7－11所示。

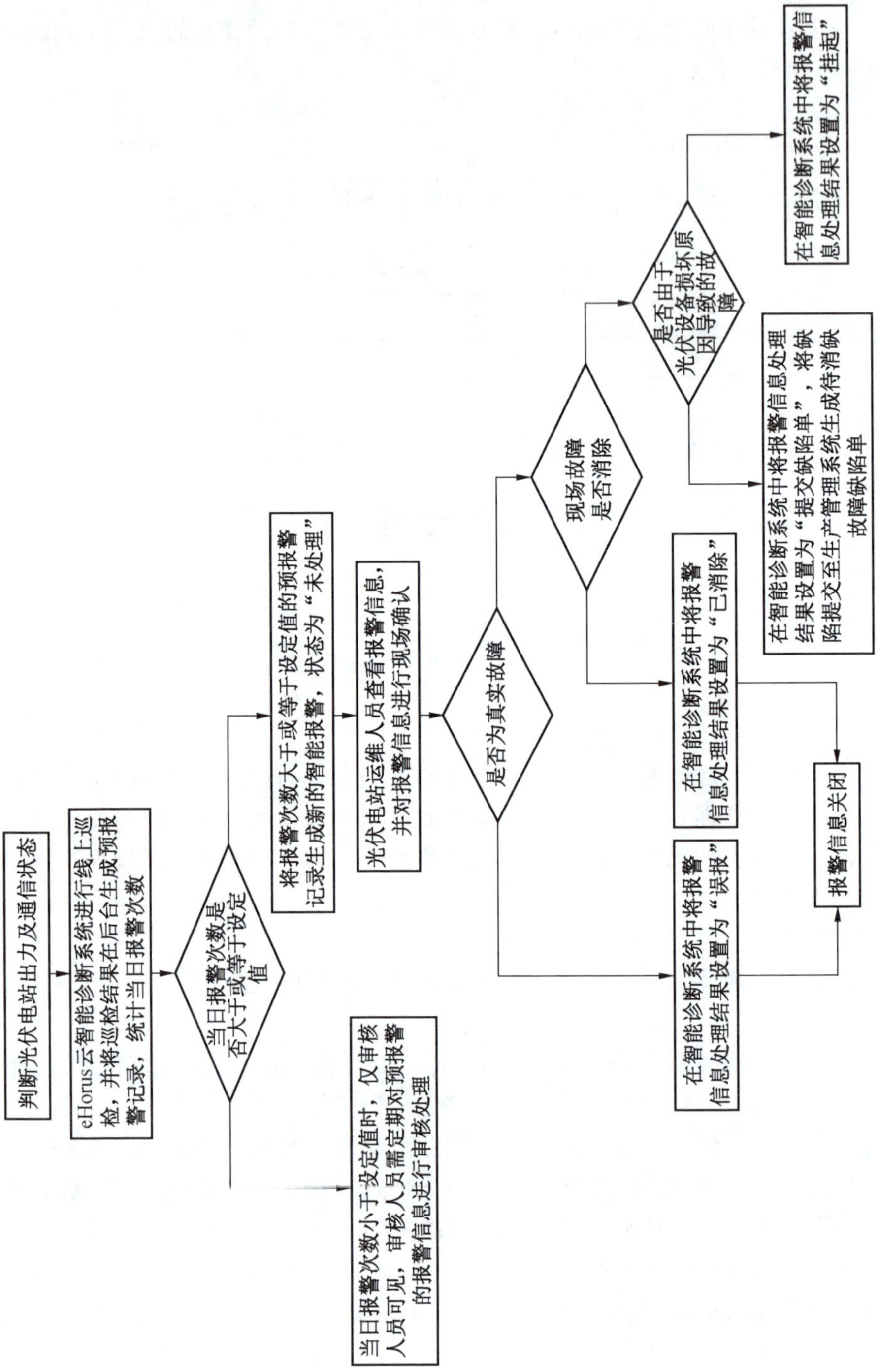

图 7－11　eHorus 云智能诊断系统的报警流程

eHorus 云智能诊断系统可进行采集数据、存储数据、清理数据、查询数据、分析数据、可视化数据等一系列数据操作，其基本流程如图 7－12 所示。该智能诊断系统采用分类分析、回归分析、关联规则等分析算法，能够及时有效地分析、判断光伏设备的异常运行状态，从而达到精确定位异常运行光伏设备的目的。

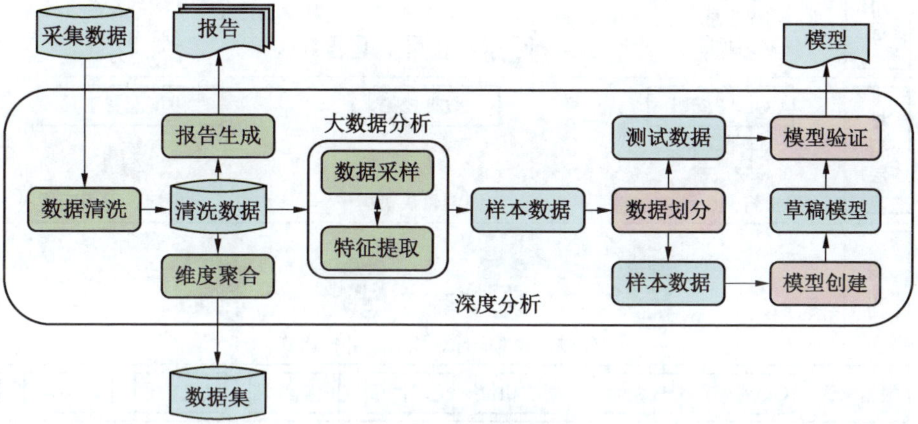

图 7－12　eHorus 云智能诊断系统的数据操作基本流程

2. “格林威治”云平台

“格林威治”云平台是远景能源公司全球首创的智慧风场全生命周期管理系统，架构如图 7－13 所示，该系统具有计算速度快、查询方便、测量精准、经济效益高的特性。该系统利用大数据技术将风电企业数据进行整合，绘制高精度风资源图谱，并在短时间内完成风机布置规划、项目容量和投资收益率计算，进而给出具体的测风方案，使用户在电脑终端或云平台移动端上能够迅速获取某个地方的风速、海拔、风资源情况和风电场规划方案。

中广核风电枣庄山亭 300 MW 低风速复杂山地风电场，是远景“格林威治”云平台实际测试的首个重点项目。该风电场项目位于低山丘陵地区，相当于 6 个 50 MW 常规项目的体量。尽管地形复杂项目设计难度较大，但基于大数据分析和高性能计算技术，远景“格林威治”在 32 s 内完成了宏观选址规划；在 30 min 内完成了高分辨率的流体仿真；在 10 min 内完成了支持多机型混排高精度的高度定制优化微观选址；通过测试发现了 48 个用传统软件无法发现的潜在载荷安全漏洞。基于“格林威治”云平台规划设计全过程管理，可以将风资源数据误差控制在0.5%，将机位风资源误差控制在5%，有效规避了常见的12%的发电量评估错误。

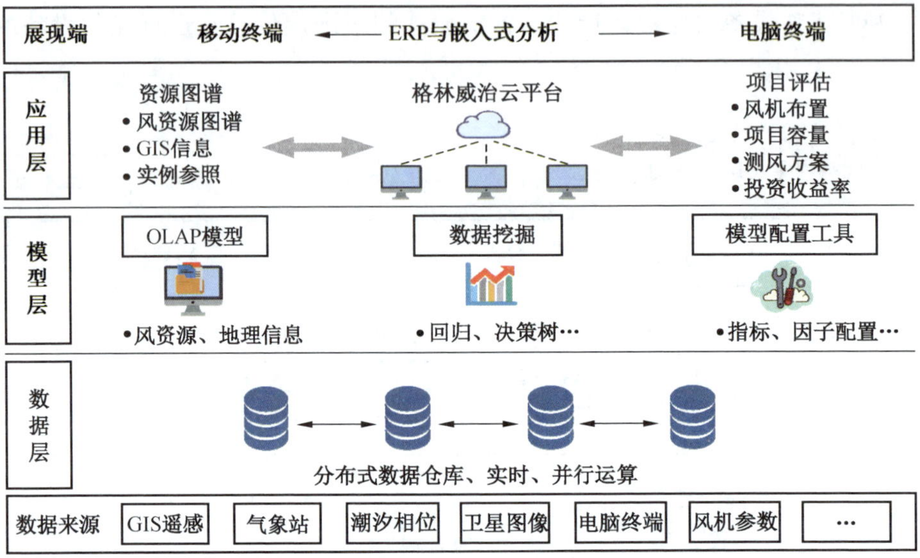

图7－13　“格林威治”云平台架构

（三）虚拟发电厂

虚拟发电厂（Virtual Power Plant，VPP）是一个聚合了多种分布式电源及柔性负荷的虚拟实体，依托于控制中心、电力交易中心等平台，并基于信息数据通信技术，采用适当的管理策略，在保证系统安全、稳定运行的前提下参与电力系统运行，实现一定区域内地理位置相对分散的构成主体的协调控制，以达到提高可再生能源利用率、提升经济利益、降低发电成本、减少温室气体排放、优化资源利用等目标。

VPP的实现依托于构成主体及信息技术的聚合，其中构成主体包括多种类型的发电机组（含有各类清洁分布式电源）、储能装置、可控负荷等，信息技术则主要包括5G、大数据、人工智能等信息采集处理及通信技术。VPP的运营过程涉及构成主体感知、信息传输、优化决策等阶段，图7－14展示了该过程中的能量流及信息流传输过程，并标注了5G通信技术、大数据技术和人工智能技术的应用环节。通过采用以上几项新兴关键技术，可以实现大数据背景下VPP运营能力的大幅度提升。

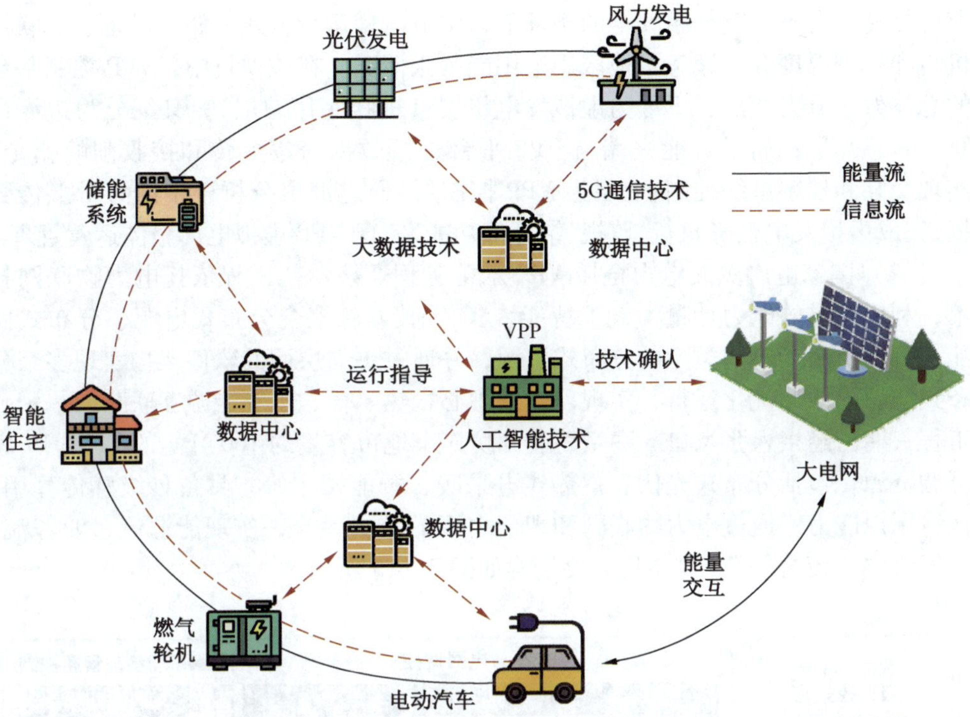

图 7－14　VPP 运营的能量流及信息流

5G 通信技术有助于实现 VPP 广域信息的实时采集及海量传输，为优化决策提供充足的数据支撑，完成更细粒度的分布式电源精准调控。

大数据和人工智能技术为 VPP 处理终端采集设备获取的海量异源异构数据提供有力支撑，有助于实现负荷和可再生能源的精准预测以及基于自学习的最优 VPP 调度控制方案的制定。此外，基于大数据和人工智能技术，充分利用用户侧智能终端计算力，实现数据本地化深度学习，则无须将所有原始数据上传至控制中心，而只选择性地传输学习结果特征，在降低 VPP 中心处理节点压力的同时，有效提高 VPP 的可扩展性及响应速度。

以下列举两个 VPP 的典型工程应用实例。

（1）上海黄浦区试点商业建筑 VPP 示范项目。为引导商业用户与发电侧的互动响应，提升电力需求侧管理水平，上海市开展了“上海黄浦区商业建筑 VPP 项目”研究及实施。该项目开展了包括工业、商业、居民等领域的 VPP 系统研发。通过人工智能和远程控制方式，实现了楼宇中充电桩的充电模式快/慢充可控转；在不影响楼宇安全的条件下，调节电梯运行方式、储能设备、三联供机组和空调温度等，缓解了地区用电用能紧张情况。在该项目中，VPP 控制平台的总体架构分为两层：下层为虚拟发电机层（即楼宇用户层），又细分为边缘计算层和感知层，通过智能终端与 VPP 平台进行数据采集上传和接收削峰指令，实现交互和楼宇系统控制；上层为 VPP 控制层，通过汇聚分析楼宇内海量上传数据，完成虚拟发电任务执行、监视、结算等功能，实现 VPP 虚拟电厂整体运营管理。

（2）国家电网冀北电力全域 VPP 示范工程。该示范工程依托电力物联网技术，利用先进的电力计量、人工智能、5G 等技术，聚合分布式电源、分布式储能、可控负荷等不同类型的分布式资源，并通过更高层面的软件架构实现多个分布式能源的协调优化运行，实现以电为中心，热、气、水等能源互联互通。示范工程一期已经接入张家口、秦皇岛、廊坊 3 个地市容量约 160 MW 的 11 类 19 家可调资源，包括分布式光伏、蓄热式电采暖、智能楼宇等，具备秒级感传算用、亿级用户能力。通过电力物联网和智能电网的技术融合，实现能源流、业务流、数据流“三流合一”。该项目主要架构如图 7－15 所示。

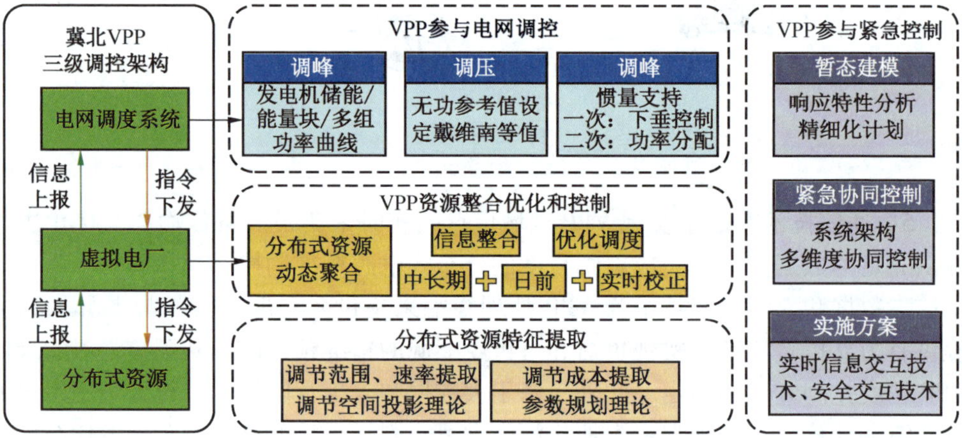

图 7－15　国家电网冀北电力全域 VPP 示范工程主要架构

第三节　生产场景中的发展趋势分析

将传统开采技术与 5G、Wifi6 等通信技术结合，能够解决井下、矿山等复杂环境下数据低可靠、高延时的传输问题，进而有效支撑开采装备精确定位及导航、地下复杂极端环境信息感知及稳定可靠传输、井下大规模设备群网络化协同控制以及井下无人驾驶及智能运输等一系列关键技术的研发和推广应用；基于人工智能、大数据、数字孪生及图像处理等技术，建立面向煤炭矿业开采的综合智能管理分析平台，进而提升煤矿井下安全生产状况、灾害早期发现与预警、专家远程事故诊断、区域安全形势专项预测评估水平，促进煤炭开采实现智能化、可视化、安全化。以上是煤炭矿业开采与新一代信息技术融合发展的趋势。

在煤炭深加工领域，5G、人工智能、大数据、数字孪生等技术能够与生产设备控制系统、监控系统及安全管理系统结合，进一步提升煤炭深加工过程中优化控制性能、监控系统的智能化程度、安全管理效能以及废弃物排放的实时监控能力，实现信息技术与煤炭深加工技术的深度融合，这是新一代信息技术在煤炭深加工领域的发展趋势。

基于人工智能、大数据技术，提升光伏、风电等新能源发电以及各类用户负荷预测的精度，从而更好地支撑分布式新能源发电的并网及需求侧管理，这是新能源发电和人工智能融合发展的趋势。数字孪生、数据融合、深度学习与智能监控系统的深度融合，能够有效提升海上风电场、大型光伏电站、分布式风光发电等实时运行数据和精确信息的获取和处理，进而对线路故障、风机故障、光伏设备失灵等事故进行预警，这是分布式发电监控领域的发展趋势。区块链技术与分布式新能源发电的融合，能够建立面向碳汇交易的碳－区块链，实现能源发电的数据存储、数据鉴证和碳汇管理，进而完成能源开采发电中碳排放的溯源管理，这是新能源发电与区块链等新兴信息技术深度融合的发展趋势。

此外，未来的能源与矿业生产、煤炭深加工过程将更加绿色环保。充分利用5G、大数据、人工智能、数据孪生等技术将能源与矿业生产深加工和生态环境保护深度融合。把矿产看作资源的同时也将土地、河流、地下水、植被等构成环境生态的各种要素都当作资源加以保护和利用；将矿业开采、煤炭深加工、可再生能源发电对环境的扰动控制在允许的范围内，以最小的环境扰动获取最大的资源量和经济效益；避免和控制能源与矿业生产深加工产生的废弃物排放对环境和生态造成污染和破坏，提高能源与矿业生产过程的环境友好度，这是能源与矿业生产和深加工的未来发展趋势和必然要求。

第八章　运输场景应用分析

第一节　运输场景需求分析

一、能源与矿业运输和配送的需求分析

能源供应不足在很大程度上受制于能源运输通道体系不完备。综合分析现有能源运输体系并在此基础上优化建设提升，是保障能源供应的重大战略问题。由于我国资源分布和生产力布局的区域性特征形成特有的能源运输格局（如西气东输、西电东送、北煤南运等），对这些格局进行合理性分析、效果验证以及在此类格局下体系的优化措施（如铁路运输专线的铺设、高电压等级输电网络的扩容等）都将是提升能源与矿业运输发展的核心问题。通过对这些问题的深入分析，可在能源长途运输与就近转换间做出科学的选择。同时有效利用5G、大数据、物联网等新一代信息技术，将促进能源运输行业转型升级，实现多种方式智能化联运，最终实现科学高效经济合理的能源运输通道综合新体系。

分析目前的能源与矿业物流运输，主要存在以下3个方面的问题：

（1）从能源供需区域来看，我国能源与矿业供应区域主要集中在北部和西部地区，而消费区域集中在经济发达的东部和南部地区，这种供给和需求区域在空间上的较大偏离，使得我国的煤炭必须经过由北到南、由西到东的物流大运输，因此必须建立畅通高效、安全可靠、应变能力强的煤炭现代供应链体系，来保障煤炭的供需稳定。

（2）从能源供需时间来看，我国的能源需求高峰季节为秋季和冬季，而煤炭生产企业的产煤主要在春夏秋季，冬季受到自然环境和社会因素的影响，产煤量偏低。因此在供需时间上存在一定程度的偏离。加上冬季我国特有的“春运”运力紧张，使得货运不得不暂时让位于客运，因此如何获取准确的供需数据，统筹规划合理安排煤炭的运输和配送，降低能源运输成本，保证煤炭的稳定供给，需要从全局整体的角度出发借助新兴信息手段开发新一代能源运输系统。

（3）从能源自身质量来看，以煤炭为例，如果未经过任何加工直接进入流

通环节，不但污染环境，降低煤炭使用率，而且严重浪费了紧张的运力资源。此外，由于煤炭是由有机物和无机物构成的，结构复杂、化学成分不均匀，且其地理位置不同、企业管理方式差异，不同的开采、贮存、运输方式造成了市面上存在的煤炭质量参差不齐，甚至有煤矿企业、煤炭经营企业、运输企业在煤炭产品中掺杂、掺假，以次充好，因此深化全面质量管理，确保能源与矿业的优质运输是亟须解决的问题，需要借助新一代信息技术增强运输质量保障和管理能力。

综上所述，由于煤炭在我国能源生产与消费结构中占主导地位，我国煤炭分布和产业布局不平衡性，即煤炭生产地、后备区与消费地在空间上呈现错位性分布，造成了煤炭在全国范围内由西向东、由北向南的大量流动。因而，运输环节在煤炭流通过程中的地位十分重要，已经成为实现煤炭供需平衡的关键所在。利用新一代信息技术对于解决煤炭运输运力限制瓶颈，保证能源可靠供应，降低运输成本，缓解沿海城市能源供应不足具有重要意义。

二、能源与矿业仓储和装卸的需求分析

煤炭储备能力不足会制约经济社会发展。按照我国能源储备制度建设要求，煤炭领域要形成15%左右的储备能力，折合约600 Mt储备量。因此，近年来我国十分重视煤炭储备能力建设，国家发展和改革委员会、国家能源局等部门也在政策上给予大力支持。建立良好的煤炭储备制度，是稳定煤炭市场价格、保障能源安全的重要举措。2020年国家能源局发布的《中华人民共和国能源法（征求意见稿）》提出，建立和完善能源安全储备制度，有效管控战略能源资源开发，完善能源运输战略通道建设和安全保护措施，保障能源安全。

在能源仓储安全性需求方面，由于煤炭自身具有遇明火后易燃易爆的固有特性，因此对仓储过程中温度和湿度的控制要求相对较高，这给库存管理带来了一定的难度和挑战。在进行煤炭仓储的过程中应确保煤炭产品质量达标，同时防止意外事故的发生。这就需要利用新一代5G通信技术、数字平台传感器技术、物联网技术、人工智能故障诊断态势感知技术等新兴技术有效加强对煤炭仓储的管理水平，降低仓储损耗，保障仓储安全，提升企业利润。

在能源仓储经济性方面同样有很大的技术革新需求。我国煤炭物流和仓储企业内部信息传递不准确、信息化程度低、流通环节不畅，导致库存积压。同时，煤炭物流企业在资源整合、线路规划、车辆配载等方面仍存在较多不合理之处，导致物流中转过多、重复物流、多次装卸等浪费现象，增加了人力和物力。考虑以上众多经济性需求，研究通过能源信息系统构建、人工智能辅助决策等技术对煤炭仓储进行全数字化、自动化和智能化管控将有效提升煤炭仓储管理质量，其

有良好的应用和发展前景。

在能源仓储品质保证需求方面，考虑到煤炭能源固有的品类不一、仓储困难、品质维系难以保证等问题，亟须采用精细化仓储技术对能源进行个性化、针对性的仓储管理，同时可以应用区块链技术完成从源头到客户的采购、验收、仓储、运输、装卸全流程信息跟踪，确保服务水平及服务质量。

三、一次能源转化为电能长距离输送的需求分析

广义的能源与矿业运输还包括一次能源转化为电能的长距离传输。如上所述，我国能源与矿业在空间上分布不均衡，直接运输煤炭等一次能源不仅对交通运输系统造成巨大压力，在运输过程中也将产生过多损耗和环境污染，而将能源与矿业转化为电能长距离运输具有经济、高效、环保等优势。为提升电能传输效率，当前跨域输电走廊呈现更长距离、更高电压等级、更大容量的特征，但是目前在该领域依然存在一系列技术瓶颈亟待解决，如高压绝缘问题、继电保护问题、跨域交直流混合输电和稳定控制问题。因此，亟须推进数字新基建成果与电网的深度融合，并将5G、人工智能、物联网等技术充分应用于实际工程，推动电力系统朝着更加智能化方向发展。

在更高的电压等级下，传统的绝缘方式难以满足新型高压输电系统的要求。而新绝缘材料和绝缘技术的研究及应用，需要大数据＋人工智能技术作为支撑。例如，采用大数据分析比对方法进行新型绝缘材料筛选和分析，需要采用大数据技术选出安全性、可靠性和经济性兼备的材料；利用人工智能深度学习方法对绝缘材料、绝缘设备及系统的可靠性进行计算和性能评估，分析其可能存在的绝缘隐患；而在实际输电系统运行中，需要5G＋物联网技术实现对线路、变压器、开关、绝缘端子等各环节进行24 h不间断监测和检测，并运用深度强化学习方法实现故障准确辨识和故障快速处理。

同样，为解决传统继电保护方式存在故障点定位不准确，拒动误动问题难以克服的弊病，智能分布式缓动型、智能分布式速动型、纵差型保护装置被研发并应用于输配电系统中。其中，分布式保护装置的准确判定和动作都需要高速低时延的通信通道（如5G）支撑。

随着直流输电系统/交直流混合输电系统的建设，其灵活性和经济性优势愈加显现，但其中存在大量的科学难题和技术瓶颈有待解决。例如，多端柔性直流、交直流混合系统中的安全稳定运行和系统控制问题等，同样需要通过底层泛在传感、灵活通信和上层模式辨识及智能决策的闭环控制体系加以解决。

第二节 运输场景中的应用

能源与矿业运输是连接能源生产和能源消费的必要环节。受运输物资品种繁多、数量/重量/体积/规模巨大，且运输跨越地域广、地形环境特殊等因素的影响，能源与矿业运输系统庞大，运行机理复杂，对其管理和控制都需要大数据、人工智能、区块链等多种新兴信息技术的支撑，以解决能源与矿业运输领域中的卡脖子技术瓶颈，从而构建运输、装卸、仓储、配送、信息一体化的能源与矿业运输新格局。

一、能源与矿业运输和配送新技术

（一）新技术助力多式联运

我国能源生产与消费在空间上的错位性决定了运输是解决其供需平衡的关键所在。同时，我国当前所进行的运输结构调整和铁路等部门体制改革也将使现有能源运输格局发生新的变化。因此，我国能源与矿业运输正面临着历史性变局，加速推进绿色化、数字化、智慧化是经济结构转型升级的必然发展要求和重要研究课题。打造以信息技术创新应用为核心的能源与矿业多式联运生态体系，将加速推动我国能源运输行业转型升级、服务民生社会事业。

（1）能源运输过程涉及多种运输方式，如何建立一套科学的能源与矿业运输径路优化方案，有利于实现能源资源的高效运输，加强不同运输方式的组合优势？新一代信息技术为能源与矿业的多式联运革新提供了新手段，可在传统路径优化理论的基础上，结合煤炭等矿业多式联运的特性，构建多式联运路径优化模型。具体来说，可以运输成本、时间惩罚成本、转运成本和碳排放成本等不同优化目标作为混合目标函数，以流量平衡、运能限制为约束条件，基于强化学习等人工智能决策方法可设计求解路径优化模型；结合 5G、物联网等大数据共享技术，可实现实时的人工辅助决策系统及最优、备选方案指导，对于整合运力资源、保障能源供应、减少煤炭及矿业等大宗物流运输成本具有十分重要的指导意义。

（2）借助 5G 和物联网等新技术，多个地区不同供应主体（包括高移动性主体）间信息及时传递、智慧化处理，降低了煤炭多式联运的优化压力。具体分析物联网的信息采集可使需求预测更加精准，新型智能技术向供应链前端延伸，可以降低整个煤炭供应链的运输成本，对多式联运有着积极的促进作用；多式联运中煤炭运输主体信息的收集和实时传输需要高带宽低时延的 5G 通信；此外，5G 与北斗卫星联合精准定位、基于气象大数据的天气精准预测、基于互联网的

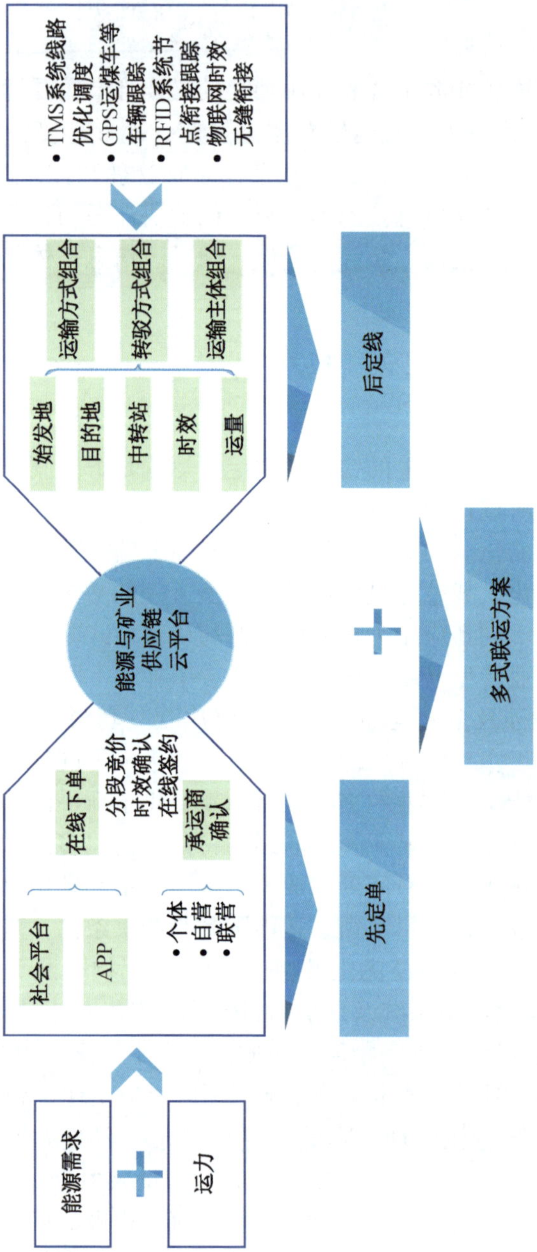

图8-1　多式联运智能中心架构

上下游企业信息实时获取等都将助力优化多式联运，提升联运过程中煤炭集散兼容性和经济性。典型的多式联运智能中心架构如图 8 -1 所示。

除了传统的固态能源及矿物，中国北方地区对于天然气的强劲需求也对燃气运输提出了更高的要求。由于天然气无法短期内迅速提升产量，国内西气东输在遇到天然气需求波动时，往往无法满足需求造成短时“气荒”，诱导国外的液化天然气“坐地起价”，形成制约。新一代信息技术的融合应用，一方面，可结合大数据技术的卫星气象预测，提前预测寒流，降低生产端的压力；另一方面，人工智能计算更优的多式联运方式可从更多的气源国输入天然气，降低供应链成本。此外，智能机器人的石油天然气管道检修、大数据支撑下的天然气需求预测等，也影响液化天然气多式联运的最优策略。

综上所述，对于能源与矿业多式联运而言，新型智能技术的应用有利于中间运输环节的成本优化，提高兼容性和经济性，从而降低供应链风险。

（二）无线 RFID 技术和数字化管控技术支撑能源运输品质保证

在能源运输过程中，可基于智能设备和物联网完成数据的自动采集、存储和传递，尽可能排除人为干扰。在运输过程中，物联网终端与区块链网络融合可用于车号/箱号识别、运输状态监测，可提供准确、可靠的产品信息和物流信息，将其与区块链中可信的数据溯源结合，可以确保产品信息在收集、传递和共享的过程中真实、完整。基于 RFID 标签信息的随机性、秘密性，将无线标签应用于煤炭等矿业运输中，并上传信息至运输平台，可提高煤炭运输的可控性、安全性，使煤炭物流运输系统具有非常高的防控能力。能源与矿业运输全程可视化追踪如图 8 -2 所示。

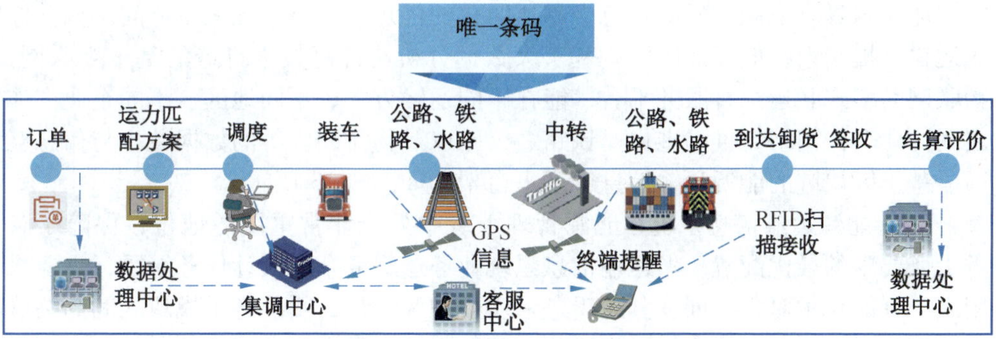

图 8 -2　能源与矿业运输全程可视化追踪

以山西的煤炭公司为例，由于利益驱动，煤炭公路运输途中容易发生盗偷或优质煤被置换成煤泥、矸石及劣质煤等现象。为了加强信息化建设，提高煤炭物流效率，汾西矿业提出了更新现有物流运输管理系统的需求，针对煤炭运输途中易被窃换的现状，汾西矿业通过应用RFID无线标签，开发了煤炭产品运输途中的防盗窃置换系统，并建设相关防控体系，以增强煤炭运输的安全性、完整性、高效性，减少煤炭运输过程的经济损失，提高总体经济效益。在发货点装车前，汾西矿业提供预先制备好的无线标签，每枚无线标签分别对应唯一的代码，用以记录与车辆对应的固定信息及部分随机数据信息。装车过磅后，对运输车辆货箱进行篷布遮盖、钢丝锁紧，并封上微芯密签。发货时，无线发射接收设备先读取标签信息，并将随机产生的密码写入电子铅封中。相关信息通过电脑终端的防控软件处理，并经服务器存储，由互联网传送至集运站计算机终端。当运输车辆到达集运站时，一旦进入集运站无线发射接收设备覆盖范围内，集运站无线发射接收设备将自动读取无线标签代码信息，电脑终端防控软件对运输车辆上实存标签进行代码识别，并与服务器上所收到信息进行比对辨别，自动给出识别结果。若识别结果正常，则作卸货处理；若异常，则进行声光报警，提示车内煤炭产品在途中可能存在被盗窃、置换或非正常状态，需要进行检验核实等进一步处理。因此，该系统提高了煤炭运输的可控性和安全性，使煤炭物流运输系统具有非常高的防控能力。

（三）新一代能源运输信息管理平台迭代提升运输能力

基于智能技术搭建的煤炭、矿产、电力、热力及石化等综合运输平台，可实现运输业务管理一体化，逐步建立生产者—消费者—物流服务提供者信息互通与协作关系，整合产、销、运资源。同时，由于参与能源运输的角色众多，区块链等智能技术具有强制信任和角色交易透明化的优点，能够实现多主体间协调并优化运输，提高系统效率。因此，基于大数据分析与计算技术打造的基于互联网、物联网的多式联运综合服务平台，能在不同运输方式、不同地区、不同企业主体之间构建合作网络，推动港口、铁路、公路以及物流园区等的数据共享与信息互通。基于区块链的能源运输信息管理平台架构如图8－3所示。

（1）能源运输信息系统在能源管理系统中处于非常重要的地位，保障了各类生产要素的最优配置。但运输信息系统业务逻辑复杂，设计任务繁重，需要采用人工智能技术对各不同业务逻辑进一步规划和设计，明确各子模块之间的关联和调用关系，实现业务逻辑过程优化，验证系统功能实现的完整性。例如，港口的可视化管理系统是面向码头生产现场基础管理、综合管理的能源运输管控平台，其基于数据采集、地理信息、物联网、视频监控四大平台，针对不同的应用

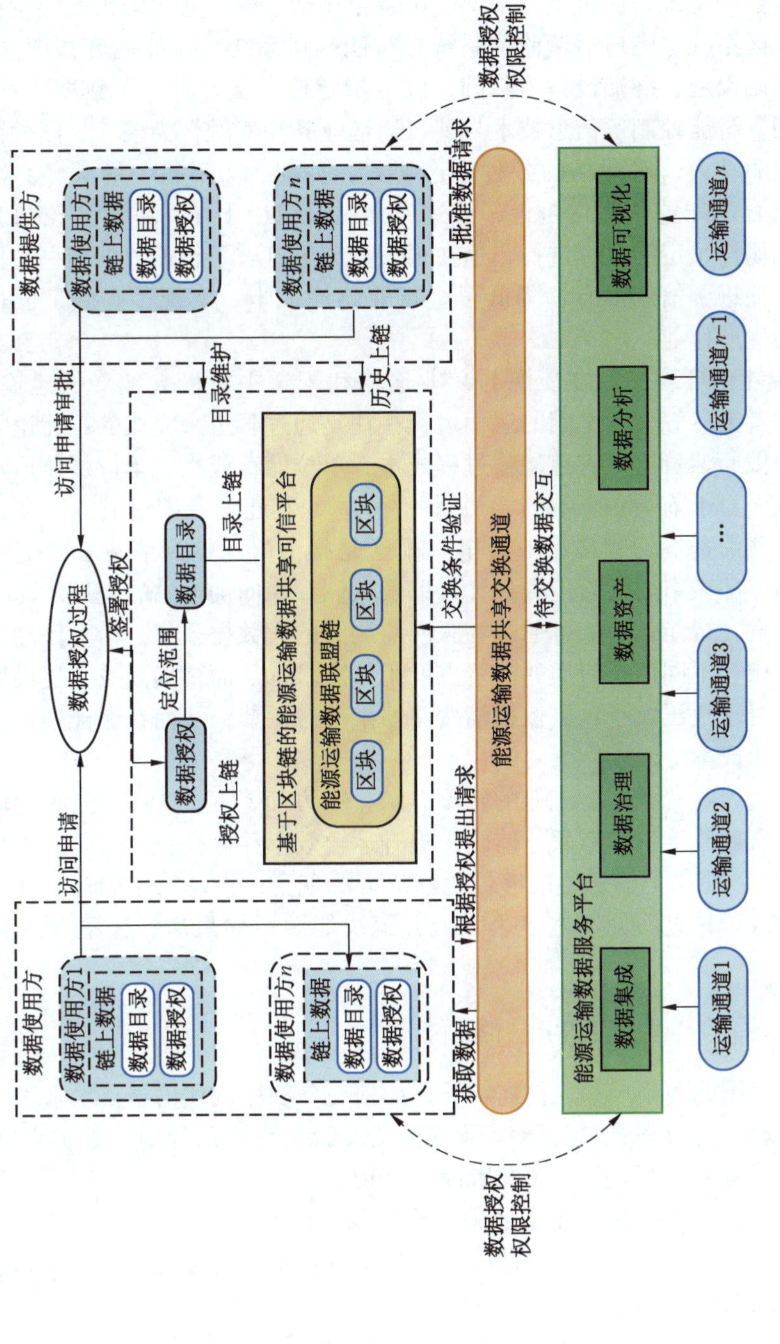

图8-3 基于区块链的能源运输信息管理平台架构

场景相继推出了一系列智慧港口解决方案，包括集装箱码头操作系统、资产管理系统、物资管理系统、流机管理系统、集装箱场站系统、通用码头散杂货操作系统、港口社区系统、港口运营监控系统、智能闸口系统、智能调度指挥系统等。以现代化基础设施、终端设备为基础，以卫星定位、云计算、大数据、物联网、移动互联网、智能控制等信息技术与港口运输业务深度融合为核心，以大数据智能化应用为驱动力，对现场的各种生产要素，如船、人、机、货、场、环（环境）等进行合理配置和优化组合，通过计划、组织、领导、协调和控制等管理职能保证现场按预定的目标进行，这在很大程度上打破了行业数据壁垒，优化了资源配置，促进了信用提升，降低了全行业物流成本，实现了高效、低耗、安全、文明的生产作业。

（2）智能化管理平台在能源与矿业运输和配送中将极大地降低运输成本。对于石油或者天然气，其中间的运输过程往往是通过管道来完成的：无论是西气东输还是中俄原油管道，管道运输过程成本、单位储存成本、单位加压成本都较为固定。然而对于前端和末端的“最后一公里”，其建设及配送成本存在较大优化空间。油气消费端的“最后一公里”配送是指油气运输到消费者的配送管道建设和使用，即城市燃气管道的建设，以及从储存库向加油站的配送。对于城市燃气管道而言，智能化气表可通过物联网监测点的大数据采集，精准预测不同类型、不同区域、不同消费习惯的消费点的用气需求，从而精确高效地建设城市管网。此外，对于气压大小也可依据消费习惯来动态调节，从而在保证用户体验的同时兼顾加压成本。

综上所述，随着我国物流业的转型升级，一方面，“智慧化”能源运输技术的应用能够有效改善消费者服务体验、提升运输效率并提高企业竞争力；另一方面，“共享化”能源运输机制能够优化物流资源配置，推动物流链转型升级和供给侧结构性改革，进而使成本显著降低并解决能源运输最后一公里费用高的难题。

二、能源与矿业装卸和仓储新技术

在当前我国能源格局和运输需求下，如何充分利用现代信息技术来进一步提高储备能力和运输效率，加强能源保障和完善储备制度已经成为业界关注的热点。随着仓库智能化管理对资源配置速度及物流规划影响的日趋增加，相关企业对于以煤炭为主的能源库存智能化管理要求不断提高。目前已经提出的智能化仓储解决方案，但普遍存在若干共性问题，如不符合参与能源与矿业运输流程的小型物流企业运营模式等。

通过对传统能源物流企业进行环境风险评估，了解企业薄弱环节和需求以进一步加强能源与矿业装卸和仓储新技术应用。目前已有研究针对能源仓储环节避免遭到第三方破坏或自然灾害引发事故的需求特性，完善仓储、装卸过程中隐患排查和巡护制度，逐步增加 GPS 巡护定位和无线传感器跟踪监控措施以有效提高巡查效率，同时提升仓储安全稳定性。

（一）供给侧仓储安全稳定性提升

相比传统的通信技术，5G + 大数据共享技术作为稳定的高带宽通信技术将会使物流监控这一核心环节变得更加高效智能。在运输仓储全流程通信过程中，依靠 5G 的高速低时延特性可以将仓储侧信息及时高效地反馈给指挥端，基于智能化物流链技术打造从信息监控到数据传输，再到响应决策的高效透明、便捷快速的全流程操控，整个能源运输链各节点均可实现智能化仓储，并通过专用网络提升安全性，实现基于 5G 的能源与矿业智慧仓库。

5G 与区块链技术的融合实现从能源仓储到装卸的全程追溯，可以提供更加高效、安全和快速的服务体验。二者呈现相辅相成的关系，5G 为实现高效率的能源仓储数字化经济提供信息通道支撑，而区块链技术为仓储安全数字化经济提供安全机制和信任保障。最终，通过 5G 与区块链技术的融合实现在“物流链—供应链”应用场景中高速可靠、安全可信、开放共享的仓储节点全信息可追溯体系。内蒙古伊泰集团打造的智能仓储管理系统通过物联网区块链技术的应用实现了对仓储业务数据的分析查新，直观把控仓储供应链业务全貌，对安全库存预警、物资质量溯源等工作提供了坚实的技术支撑。同时系统解决仓储智慧化的高效率、稳定性运作，大幅度提升能源仓储信息的传输安全性，强化了煤炭企业的综合实力，对未来的仓储物资管理有着重要的借鉴意义。

1. 保证仓储网络设备安全

区块链分布式架构的实现意味着运输物流链各节点仓储过程中设备与设备间传输数据特性可以得到有效保护，这降低了当前物联网仓储环节设备数据容易被篡改和破坏的安全风险。此外，基于分布式架构的区块链机器信任机制可以确保链上的任何一方都能认可链上的交易记录，包括货品信息、进出库记录等全流程信息，既保证了链上数据不可篡改，也确保了能源资产信息安全。

2. 实现仓储网络资源共享

为实现仓储网络资源共享，可将区块链分布式记账的本质及上层智能合约结构的智能结算、价值转移、资源共享的天然优势应用于仓储资源共享流程中。同时，区块链技术能够以智能合约形式存储和验证交易，并通过网络分层（服务器）保存仓储数据资源并共享给获认证第三方，从而实现运输物流链上每个环节的安全透明、可查可追溯，提升结算工作效率，避免争端事件的发生，减少复杂的争端处理和仲裁成本。

（二）能源仓储成本降低

对于能源与矿业运输而言，其主要成本可以分为两种：一种是固有成本，如运输过程中的燃油费用、过路费、税费等，这一类成本的优化空间有限，不会因为新技术、新工艺的应用而在短期内得到明显节省；另一种是存在较大优化空间的成本项目，可以通过新技术、新策略或新工艺的推广使用迅速显著地降低各分项。例如，集散成本可以通过调度优化减少运输过程中的集散次数而降低，配套基础设施可以通过设施智能融合降低建设成本，而与“最后一公里”配送高度相关的仓储装卸成本可以通过智能化的装卸设计或基于 RFID、GPS、GIS 技术实现全程可视化跟踪和运筹管控来得到有效控制和节约（被认为是最具优化空间的项目之一）。

目前能源仓储领域新业务和应用不断涌现，如何充分利用现代信息技术来进一步提高仓储管理效率并降低成本已经成为广受关注的热点。以仓储管理系统作为中转站的信息云平台将上游货源供应商、核心制造商直至下游客户联系起来，打通整条供应链，实现能源运输仓储信息流在整个链条中的无缝透明传递，典型的仓储管理—供应链云平台设计如图 8－4 所示。

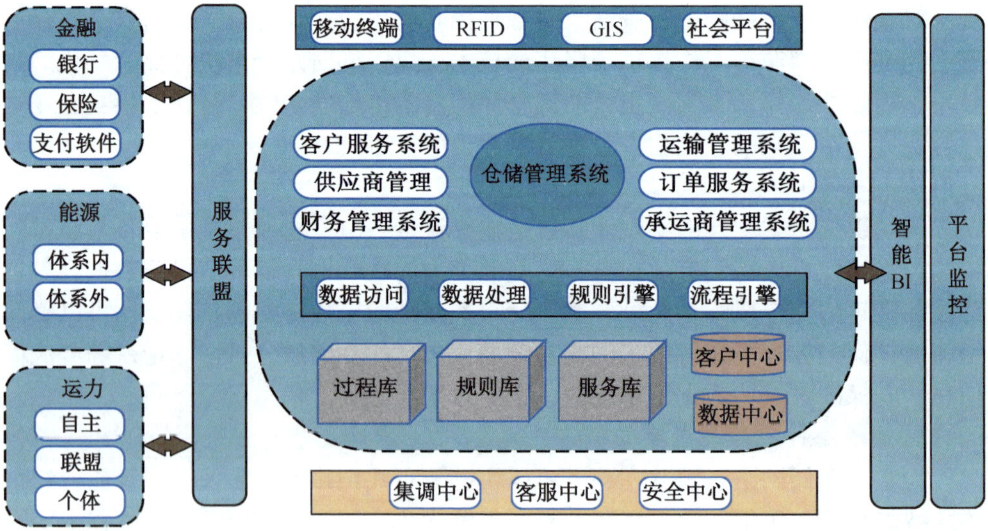

图 8－4　仓储管理—供应链云平台设计

该云平台系统对整个仓储系统进行监控和维护，同时将供应商、承运商、客户的信息进行整合，供应商可以在该系统中随时掌握矿产货源的生产计划进而做出针对性的生产安排，并能随时掌握制造要素部件、成品仓储状态；客户则可在此平台或与之相关的终端 APP 时刻获知各类所需的能源矿产仓储情况，制定经济高效的用能计划安排；制造商可以根据此平台中客户的需求信息进行生产预测，同时通过对全流程信息的综合把控实现对总体仓储成本的趋势预测，完成依据仓储现状 + 市场需求的策略规划。

（三）能源仓储全流程精细化管理技术

针对能源与矿业的仓储科学化管理通常分为规范化、精细化、个性化 3 个层次。当前，现代物流仓储管理都在逐渐向信息化、智能化发展，由传统粗放式管理向精细化管理转变，这是社会分工精细化、服务质量精细化对现代管理的必然要求。能源仓储全流程精细化管理包含进货、存储、出货等过程，可依据不同的能源质量等级进行选货包装、分类仓储、定点环境监控，实现对能源仓储的动态化把控，并及时预测可能出现的风险，采取措施以确保能源品质在仓储过程中始终保持在较高水准。

能源仓储精细化管理主要包括库存管理精细化、货物管理精细化等。能源仓储管理精细化的实现需要依托仓库管理系统（Warehouse Management System，WMS），如图 8－5 所示。

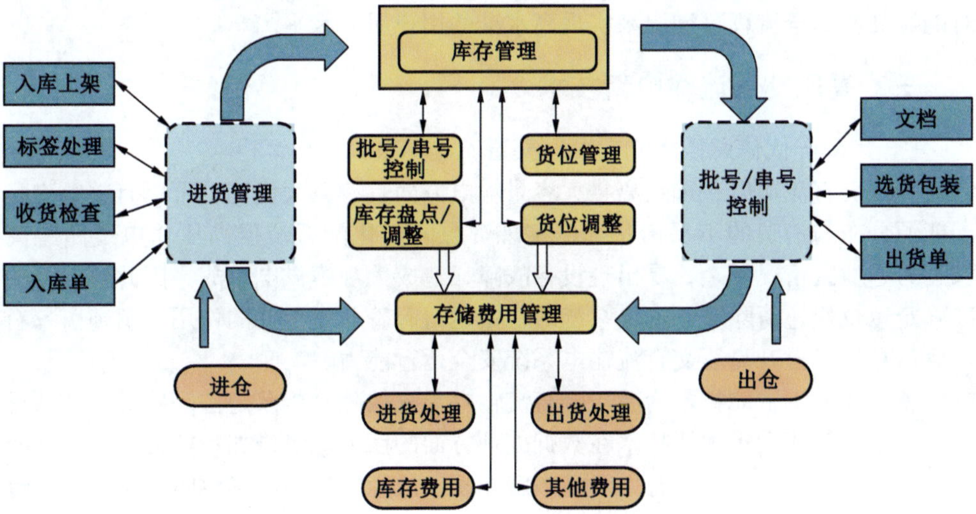

图 8－5　能源与矿业仓储精细化管理

WMS系统是面向仓库的数字化管理平台，目前已经在电商物流领域有了较好的应用落地，可以将其作为参照，转而应用于能源与矿业领域的仓储系统中。WMS系统主要通过解决仓储管理中存在的痛点问题，对业务流程和作业场景中各环节进行管控，使信息流、实物流保持一致，提升仓储管理水平和作业效率，提升库存周转率，降低库存成本。基于RFID技术的自动化设备集成系统，可集成PDA、扫描枪、电子标签、AGV等设备，实现智能设备的灵活调度、统一管理、实时监控，用机器代替人工完成验收、复核、盘点等仓库作业环节，提升仓储自动化程度。例如，紫金矿业集团股份有限公司引入智能仓储系统实现精细化库内作业管理，实现多层级多类型仓库及多货主支持、智能化作业驱动，提高库存准确性，提升仓储作业效率，降低成本。

入库作业过程中WMS系统会对能源货品的信息进行自动采集与记录，随后系统自动对所储备矿产按照质量、性质、存储条件等要求分门别类存储至相对应的货架上并规范摆放，使得仓储空间的利用率、复盘查找时的便捷性与清晰程度最大化，并通过对能源货品的划区域统一管理实现品质保证。

在出库作业中，管理员核对确认能源货品清单无误后，WMS系统就会自动减少相应货品库存，确保仓储库存实时准确。

此外，精细化管理系统还具有数据采集和追溯功能，通过“一货一码”实现每个步骤的作业流程都有码可循，满足正向和反向的追溯需求，一旦出现仓储问题既可以正向追溯至商品的最终到达地，还可以反向追溯至各业务环节，通过对能源品质的全流程可溯源来实现高水准的用户服务水平。

三、高压交直流输电新技术

（一）新一代信息技术助力高压交直流输电系统安全运行

高压交直流输电在远距离、大容量输电方面具有巨大优势，可以有效解决我国能源分布与消费的不平衡状况，实现资源的优化配置。但高压输电线路距离长、跨越地区情况复杂，易出现设备故障，造成大规模供电事故，因此对故障的准确定位及快速清除对于输电系统的稳定运行起着非常重要的作用，亟须引入新一代信息技术提升高压交直流输电系统安全运行能力。

新一代人工智能技术为高压交直流输电系统故障分析及定位问题提供了新思路。借助新一代人工智能技术在数据处理方面的巨大优势，如特征自学习、强非线性拟合、强化学习等，有助于清晰解析复杂故障机理、准确故障定位，进而提升高压交直流输电系统运行稳定性和可靠性。另外，对故障排除与故障征兆之间的关联进行有效鉴别是故障诊断中的难点问题，在高压线路检测中会出现诊断结果模糊不清的情况，导致二次自动装置误判和误动。将人工神经网络技术、模糊逻辑理论融合于高压输电故障诊断环节中，对故障的高度不确定因素进行有效处理，将进一步提升高压交直流输电系统故障识别诊断准确率。

新一代传感和通信技术为高压交直流输电系统继电保护速动性提供保障。新型高精度传感器技术与高压交直流输电系统的继电保护装置深度融合，基于物理状态和多元故障辅助传感信息，结合 5G 公网、LAN 和终端直通（Device to Device，D2D）等无线信息通信技术，可为高压交直流输电系统装置级继电保护提供全新的解决方案。5G 可提升继电保护系统中各模块间的通信速度，减小通信时延，有助于保障继电保护快速判别动作，对智能分布式缓动型、智能分布式速动型和纵差型等多种保护实现提供了可能。另外，结合 LoRa 无线通信技术和智能录波器设备可提出平台级继电保护运维方案，提升高压交直流输电系统的安全性和可靠性。

（二）新技术支撑高压交直流输电系统绝缘健康状况监测

高压交直流输电系统的绝缘配合对系统运行水平和工程投资有极大影响。为确保输电线路的稳定性，避免恶劣环境下发生线路故障问题，需要合理应用关键技术监测绝缘健康状况，以提升交流特高压输电线路及设备的绝缘稳定性能。

目前，人工智能技术在绝缘健康状况监测方面发挥着重要作用。针对绝缘子劣化程度，使用绝缘子串智能检测机器人可实现更高电压等级的架空线路绝缘子带电检测，克服传统人工检测方式劳动强度大、检测费用高且危险性大的缺点，借助智能化手段实现对绝缘子的绝缘电阻、分布电压等相关信息的检测，利用 5G 无线通信技术将绝缘子检测仪获得的海量数据解码并实现信息实时显示，一旦发现零值或低值绝缘子状况，通过后台预警系统及时警报，可有效保障高压输电线路系统安全可靠地运行。

（三）无人机巡检技术推进高压交直流输电系统运维智能化

高压交直流输电系统实现跨省跨地区长距离电能转供，因此对其巡检具有范围广、地域位置偏，且作业现场受天气影响大等难题，依靠人力巡检存在极大的安全隐患。而无人机巡检技术可以在很大程度上节省大量的人力资源和物力资源，对于高压线路巡检运维有十分积极的作用。无人巡检技术改变了以往依靠人工巡检的作业模式，克服了传统人工作业模式效率低、故障巡检实时性差的问题。依托新型人工智能技术以及新型通信技术，目前的无人机巡检作业包括巡检定位、图像采集、路线优化、自动充电等。例如，在绝缘子故障监视中，通过在无人机上搭载双光相机获取绝缘子图像，并对获取的图像利用计算机视觉理论技术进行分析，提取绝缘子区域。基于先进的数据分析方法，根据绝缘子故障情况的历史数据建立绝缘子故障分析模型，用监督学习的方法实现绝缘子故障智能化、自动化检测。通过无人机的运用，结合5G无线传输和边缘计算实现“自主巡视、智能诊断、消缺报告”一体化功能，有效降低运维成本，减少人工巡视带来的个体差异性，提升高压交直流输电系统在运维环节的经济性。

（四）新技术提升高压交直流输电系统信息采集实时性

为解决高压交直流输电系统稳定运行问题、提高电网动态安全水平和防止严重电力事故，需要对高压输电系统乃至整个电力系统各个节点的动态数据进行同步采集，进而为系统在线应用分析和控制研究开发提供实时可靠的数据源。广域测量系统的同步相量测量单元（Phasor Measurement Unit，PMU）利用GPS系统的高精度授时信号可实现高压交直流输电系统相量实时异地同步采集、处理、记录和远程传输，从而作为系统信息实时同步采集的基础平台进行同步分析、状态估计，目前广泛应用于各高压枢纽变电站。

5G可在支持高压交直流输电系统的状态估计方面发挥重要作用。为提升高压交直流输电系统状态估计的可信度，需要更精确的时间同步，以分析同一时刻下电压/电流的相位/幅值等采样数据。而5G技术可以在满足PMU装置基本通信功能及带宽需求的前提下，基于高精度授时功能大大减小现场同步时间误差，使之缩小到240 ns以内，满足现行标准下电力业务时间同步精度达到1 μs的指标要求；并且PMU至主站单向时延可以满足PMU单向最大通信时延50 ms的要求。传统的卫星授时方法存在诸多问题，如室内无GPS覆盖或信号引入困难、室外部署位置受限、容易受天气影响等，导致卫星授时在某些特殊应用场景下可用性差，难以满足需求。与卫星授时方式相比，完成冻结的5G R16标准中，5G基站覆盖灵活，其复用5G通信模块维护成本低，具有更强的适用性和经济性。

因此，5G可使PMU装置的测量精度提升，为高压交直流输电系统的状态估计等工作提供实时可靠的信息支撑。采用5G技术作为高压交直流输电系统状态估计中PMU装置的授时方法将逐渐成为行业关注热点和未来发展趋势。

第三节　运输场景中的发展趋势分析

随着绿色环保的强力推动，扶持政策的持续出台，基础设施的不断完善，以及卫星定位系统、物联网、移动互联网、云计算、边缘计算、人工智能、机理模型、区块链、数字孪生等新技术群落的暴发性和融合性发展，数据的沉淀、算力的提升、算法的革新、网络设施的完善以及应用场景的持续丰富，再加上行业联盟、协会、高校、科研院所以及众多知名企业的多元参与合作，打造以信息技术创新应用为核心、以数据智能驱动的多式联运生态体系，将会加速推动我国运输行业转型升级、服务民生社会事业。

能源与矿业行业在今后的发展中，要加强能源储运设施建设。综合考虑目标市场，产业布局调整，煤电、风电、核电、天然气发电、抽水蓄能等电源点建设和进口能源，以及资源地的水和生态环境承载力等因素，统筹谋划能源输送通道建设。加快既有铁路干线扩能改造和新建铁路煤运通道建设，提高煤炭跨区运输能力，建设配套港口码头。进一步扩大西电东送、北电南送规模，完善区域主干电网，发展特高压等先进输电技术，提高电网资源优化配置能力。加强原油、成品油和天然气主干管网建设，提高油气管输比例，完善区域运输网络，建设沿海大型油气接卸站。严格落实石油天然气管道保护法律法规，确保油气管道安全运行。统筹资源储备和国家储备、商业储备，加强应急保障能力建设，完善原油、成品油、天然气和煤炭储备体系。建立健全煤炭调峰储备，提高能源调峰能力。

新技术条件下，运输企业发展越来越快，规模不断增大，行业竞争力日益激烈。针对这些问题，能源运输行业应结合新技术并着眼于未来发展趋势，创新管理思路，充分发挥信息技术的优势不断拓宽业务渠道，实现信息资源共享，构建全面化、一体化的物流体系，促进物流供应链上下游协同发展，进而创造更高的价值。国家发展和改革委员会印发的《“互联网+”高效物流实施意见》明确指出，要创建物流信息互联共享体系并提升仓储配送智能化水平，进而构建开放共享、合作共赢、高效便捷、绿色安全的智慧物流生态体系。“整合、开放、共享、协同”的智慧物流新生态已成大趋势，能源运输也不能落后，要在能源供应链和物流链上全面升级，以构建运输新格局。

第九章　消费场景应用分析

第一节　消费场景需求分析

一、能源与矿业的消费模式剖析

能源消费模式是由各类消费主体的行为特点共同决定的，我国的能源消费主体主要分为 3 个类别，既包括政府在内的国家机构，又涉及企业和居民用户，三者在能源消费的模式特点及影响因素上具有本质差异。因此，国家、企业与居民 3 类主体共同构成了我国的能源消费市场，各部分的能源消费特点共同决定了我国能源消费模式的总体特征。

（一）国家公共机构是能源消费的主体

2020 年，全国公共机构约 158.6 万家，能源消费总量 164 Mtce，单位建筑面积能耗 18.48 $kgce/m^2$，人均综合能耗 329.56 kgce。对比发现，各项指标与 2015 年相比分别下降了 10.07%、11.11% 和 15.07%，体现了我国在碳减排和保护生态环境方面做出的卓越成绩。同时，能源消费结构持续优化，清洁能源所占比例不断提升。

针对目前的能源利用现状，国家能源消费转型应按“减煤、稳油、增气、加新”的路径持续推进。不断改善产业结构偏重、能源结构偏煤的现状，逐步降低化石能源消费总量的同时大幅度提高清洁型新能源消费比重，以推动“双碳”目标实现。

（二）企业部门是能源消费的推进器

过去 20 年间，工业企业能源消费一直占据我国能源消费总量的 70% 左右。其中能源消费结构相对稳定：煤炭占比一直为 70% 左右，石油占比约为 20%，天然气和电力占比依然较小。同时，高耗能行业占工业能耗的 80% 左右，六大高耗能行业（钢铁、建材、有色、化工、石化和电力）能源消费占工业能源消费的比重达到 70%。通过政策引导与技术革新，2020 年我国重点耗能工业企业单位电石综合能耗下降了 2.1%，吨钢综合能耗下降了 0.3%，每千瓦时火力发电标准煤耗下降了0.6%。同时企业使用电力的比重明显增加，充分表明企业积极响应国家节能减排的号召并取得显著成效，但仍然需要大力建设新能源设施，提高新能源发展首位度，优化能源消费体系结构。

（三）居民用能是能源消费的重要组成

居民生活用能在能源消费总量中占据重要地位，并且消耗量随着经济的增长、生活水平的提高而持续增长。由于我国具有"城—乡"二元特点，居民的能源消费也呈现显著的差异性：一是城乡居民人均生活用能量的差异，虽然目前农村居民用能量整体水平在一定程度上低于城镇居民，但其增长态势明显，且呈加速趋势；二是城乡居民能源消费结构呈现明显的差异，城镇居民生活用能总体向"以清洁能源为主，煤炭为辅"的格局发展，但农村居民仍存在以秸秆、薪柴、沼气等生物质能和煤炭为主的能源消费习惯。基于对居民能源消费模式的剖析，优化居民能源消费结构，则需要倡导智能家居新生活，塑造清洁能源消费新理念，培养绿色低碳用能新习惯。

基于我国能源消费三大主体消费差异性的研究，进一步按照不同种类能源产品进行细致需求变化分析。

（一）我国总体能源消费需求变化分析

总体来看，中国能源消费总量不断增长，能源消费需求相对旺盛。2020年全国能源消费总量4.98 Gtce，比2019年增长2.2%。煤炭消费量增长0.6%，原油消费量增长3.3%，天然气消费量增长7.2%，电力消费量增长3.1%。煤炭消费量占能源消费总量的56.8%，占比最大。纵向统计近年来煤炭消费总量，发现其占全国能源消费总量的比例已呈现逐年下滑的趋势，而天然气消费总量占能源消费总量的比例则呈现上升的趋势，同时水电、核电、风电等清洁能源的消费占比也在逐年提升。综合分析可知，随着消费需求的变化和能源消费模式的多元化发展，未来依赖新一代信息技术推动的环保、清洁型能源将是中国能源市场的消费主趋势。2020年中国能源消费总量结构如图9－1所示。

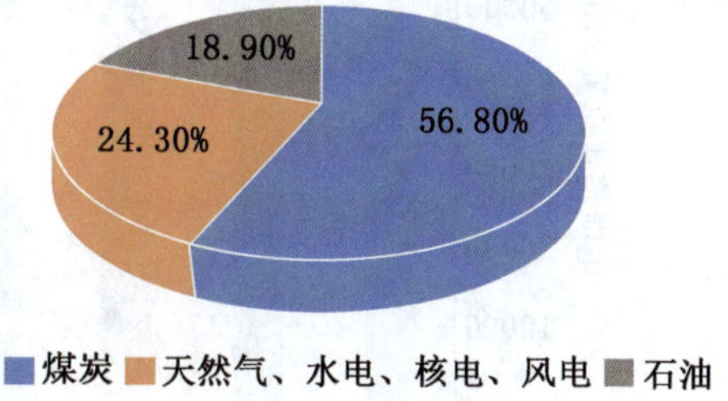

图9－1　2020年中国能源消费总量结构

（二）矿业产品消费需求变化分析

随着社会和经济的进步，矿业产品消费总量激增，消费模式日趋多元化。矿业产品（包括煤炭、金属矿和非金属矿）主要的能源消费量依赖于工业、建筑业等部门。矿业是工业的基础性、支柱性产业，工业部门是矿产品及其相关产品主要的消费部门，其比例高于其他部门，虽然近年来资源消费的比例有所变化，但并没有动摇其占绝对多数的消费地位。而在工业部门内部，石油加工、炼焦及核燃料加工业是主要的矿产品消耗行业。建筑业作为消费比例第二大的行业，近年来总体消耗量的下降趋势明显，这表明随着新技术、新材料在建筑行业的普及，节能节材取得了明显效果。

（三）电力能源消费结构需求变化分析

电力是当今电气化社会最重要的能源之一，其消费模式直接关系经济增长等诸多重要方面。我国2012—2020年电能消费总量如图9－2所示。由图9－2可以看出，我国电能消费总量近年来处于稳步上升的趋势。其中工业领域智能制造不断升级和传统产业不断改造，高技术及装备制造业与现代服务业等新兴产业成为用电量增长的主要推动力。同时，负荷的可调节能力也存在巨大潜力，因此需要有效政策的引导和激励。值得注意的是，鉴于“以电代煤、以电代油”成为当今能源使用的新形式，并且我国已在输配电价改革、电力现货市场试点等方面取得大量成绩，为进一步推进电力能源消费健康持续发展奠定了坚实基础。依靠新一代信息技术的可再生能源消费市场化前景广阔，有力地推动用户参与用电消费市场化交易，探索光伏等新能源企业的冗余电量参与市场交易，为未来电力消费模式变革指明了方向。

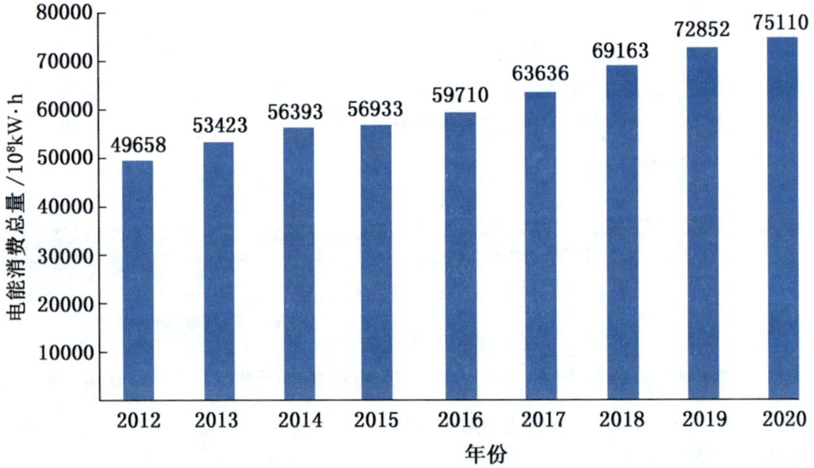

图9－2　2012—2020年电能消费总量

二、能源与矿业消费侧资源优化利用技术发展趋势分析

随着各类用户用能需求的不断增加，消费侧资源优化利用的问题得到重视。

现有典型能源用户（国家公共机构、企业和居民）普遍存在资源利用率低、信息粒度大、数据时效差等问题。能源消费信息以每月电费、煤气费的形式反馈给用户，但这只能告知用户在一定时期内的总能源消费量，难以向用户提供详细有效的资源优化利用方案。同时，用户的能耗行为具有随机性，智能终端设备的参与性较差，难以引导用户自觉采取节能措施，养成节能行为新习惯。基于上述分析，需要利用广域能源消费数据采集技术，实现耗能设备的信息采集和传输，实现跨域数据共享交互，为用户提供资源利用效率提升方案。因此，用户侧能源消费数据采集与用能行为分析是实现用户侧资源优化利用需求的技术基础。

（一）能源消费数据采集需求

能源消费信息采集系统通过采集用户端侧能源消费信息并建立数据库，实现数据统一管理。一方面，为能源系统中的消费侧管理提供多维能源消费信息作为参考，消除能源系统末端数据缺失或数据孤岛，实现资源交互共享，构成大数据时代最具潜力的多样化、海量化的能源网络信息数据库，为提高能源网络的智能分析和科学决策水平提供有效数据支持；另一方面，通过建立能源消费信息数据库，可以为用户提供详细能耗信息，帮助用户分析单位能耗构成，了解自身行为习惯对能耗构成的影响，引导用户养成节能行为习惯，自觉采取节能措施。

通过对能耗设备的集中采集、分析和决策，一方面，可以根据能源调度需求，自动调整用户特定时段的能耗，优化负荷曲线；另一方面，也可为用户提供个性化的耗能设备节能控制策略服务，引导用户科学合理地使用能源。以集中清洁供能场景下的多源异构能源消费信息采集需求为例，给出如图 9 - 3 所示的结构，其主要包括能源消费层、用户层、信息连接层和综合能源消费平台。

（二）能源消费数据分析需求

随着用户能源消耗量的逐步增加，从居民的能源消费行为出发，分析居民能源消费的影响因素和潜在增长能力尤为重要。用户的能源消费行为受多种因素影响。能源消费政策直接影响各类能源消费主体的用能习惯，进而影响能源消费。居民收入直接影响能源消费能力，生活质量的提高也会影响用户的能源消费水平。随着清洁能源价格的不断下调，居民易用能源种类更加丰富，能源消费习惯也将随之变化。此外，人口密度、绿化或污染、地理位置和气候环境因素都将直接影响能源消费。因此，需要结合能源消费影响因素，通过对能源消费历史大数据的分析，获知区域能源消费特性、变化趋势以及可调控能力，从而更好地满足各类能源消费主体的个性化消费服务需求。

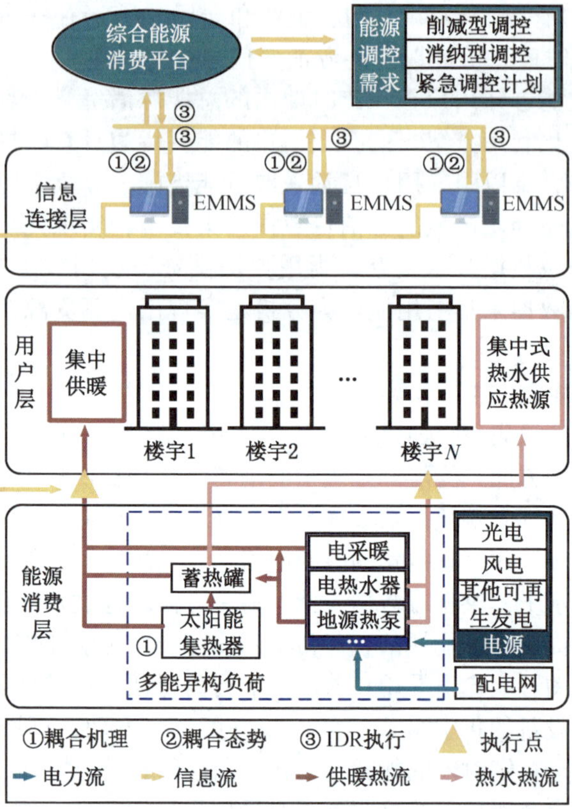

图 9-3　多源异构能源消费信息采集需求结构

三、能源与矿业消费侧安全保障需求分析

随着互联网和信息技术的迅猛发展，煤炭、石油、天然气和电力等能源消费逐渐向网络化发展，线上交易更加便捷，普及度不断提高，消费过程变得更加便利。与此同时，能源与矿业的消费侧的系统安全、信息隐私保护和消费信用等问题也愈发引起重视，各类安全漏洞、隐私漏露和失信问题亦日益凸显。

（一）存在消费信息泄露风险

在网络化的能源消费模式演进过程中，大量用户采用线上消费，其个人信息以及消费数据会上传到网络，极易受到黑客的攻击，导致敏感信息或个人隐私泄露。黑客还可能入侵国家或企业的能源消费管控系统，调取、破坏其中的机密文件，扰乱正常的能源消费秩序，造成严重后果。例如，国家计算机病毒应急处理中心已经多次公开报道电力消费交易系统遭受木马病毒攻击。因此，加强能源消费侧信息安全迫在眉睫。黑客入侵能源消费系统行为模型如图 9－4 所示。

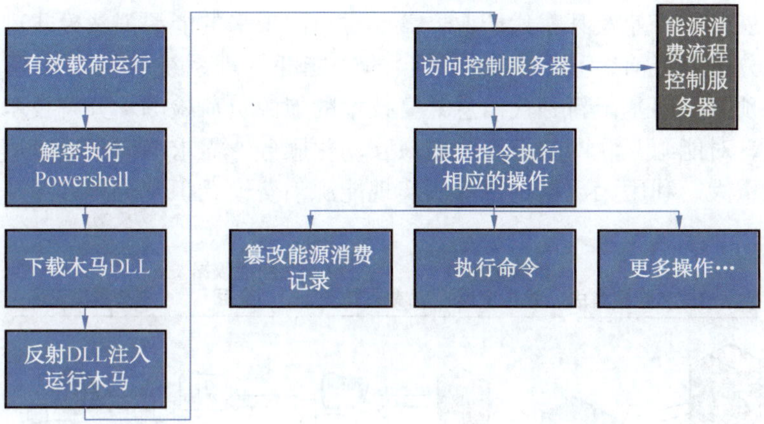

图 9－4 黑客入侵能源消费系统行为模型

（二）存在消费过程恶意违约风险

能源与矿业产品本身极易受到供需关系、采挖成本、国际市场等因素的影响，价格波动大，如果某一时刻供给量严重不足，无法满足消费需求时，价格会面临“弹跃式”上升，消费者不得不接受大幅度攀升与跳水的市场价格，导致能源供消双方交易履约难度提升，引发严重违约事件，鉴于能源消费通常以大宗交易为主，导致系统性风险增大。因此需要引入区块链等新型技术手段，建立更公平、透明的交易模式以及全面高效的能源消费评价体系，防范交易风险，保证能源消费者的利益安全。

第二节 消费场景中的应用

一、新技术助推消费模式剖析

通过新一代信息技术可以获取、存储大量能源消费数据，并且可以利用先进的人工智能算法准确分析大数据，探索能源消费新模式，分析各类能源消费模式背后隐含的用能行为，对能源消费模式发展进行宏观预测和消费引导。同时，新一代信息技术在能源、矿业消费场景中的广泛应用，在降低能源消耗方面也发挥着重要作用，为制定智慧用能策略提供技术支撑与技术保障。

（一）大数据助力能源消费量监测与预测

我国部分特殊能源与矿业资源拥有量不高，未来开采潜力有限。为了科学、高效地发展能源产业及其替代产业，需要对中国未来的能源消费模式进行较为精确的预测分析。目前，基于大数据平台的“能耗管理系统”可以实现工厂能源消费趋势预测。而基于新一代信息共享技术的能源负荷检测、分解技术应用也在逐步推广，对能源互联网的发展、用户互动化服务、需求响应支撑、用户节能等方面意义重大，利用大数据挖掘算法实现能源消费模式识别流程如图 9－5 所示。

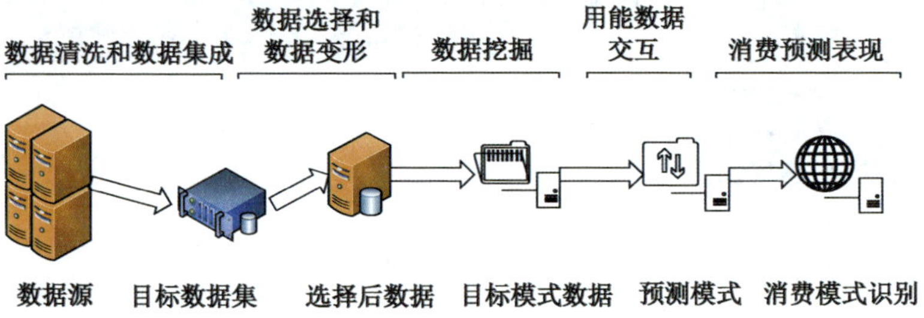

图 9－5　利用大数据挖掘算法实现能源消费模式识别流程

（二）人工智能助推能源消费模式升级

利用新一代信息技术可以实现用户画像与用户能源消费行为特征分析。用户画像作为真实用户的虚拟代表，是建立在真实数据上的用户模型，是挖掘用户需求和价值，进行分类和精准能源营销的基础。基于 5G 通信的智能量测终端、非侵入式负荷分解技术，使能源用户的数据得以实时高密度采集，利用人工智能技术分析这些能源大数据的自相关性和互关联性，解析用户用能习惯和行为特性。基于这些信息建立的用能特征可进一步进行能源消耗量预测，为需求侧响应决策提供消费侧用能依据。在电力能源消费领域，基于多维度海量数据，利用大数据处理方法统计电量和电负荷指标变化特点；采用人工智能技术，可以实现用能模式识别，进而合理预测并分析月度电量指标，通过建立预测模型实现用电量指标预测模块以及电力能源消费负荷预测，从而合理调配能源供给和能源消费的配比，降低成本，使消费端进入绿色消费模式。能源消耗量预测研究架构如图 9－6 所示。

（三）多技术融合促进能源消费平台智能化发展

物联网、大数据和云计算等互联网技术与信息技术、数字技术的深度融合，引发了能源消费系统的深刻变革。基于大数据、5G、人工智能等新一代信息共享技术，打造多式联动能源消费综合服务平台。在不同地区、不同企业主体之间构建合作网络，推动矿业与煤炭、港口及物流园区等企业的能源消费信息共享、资源互通。

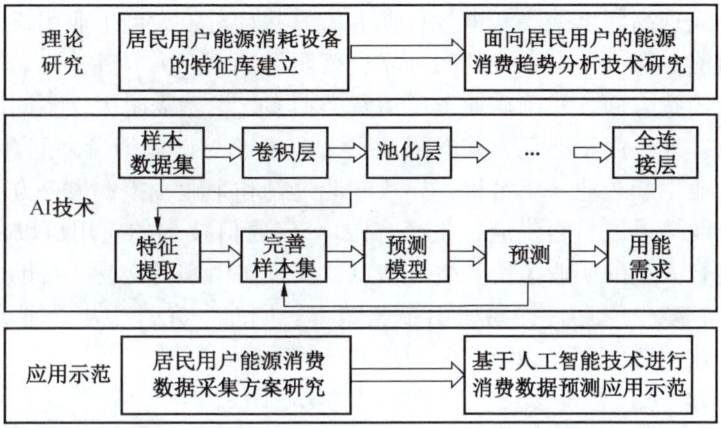

图 9-6　能源消耗量预测研究架构

（1）平台具备能源监控、分析、管理、交易、运营等功能，通过监测能源交易状态，实现消费全景动态展现。

（2）通过构建客户画像，提供差异化服务策略；通过能源消费结算，满足多类型能源消费需求，为能源传输、销售等服务提供运营平台与数据支撑。

（3）通过平台对用户的用电、用水、用气等能源消费数据开展实时监测，利用大数据分析技术，开展区域能耗分析，对区域总体、各行业、各类型用户、企业能源消费开展监测分析、对比，及时帮助政府掌握区域能源供需动态，支撑政府部门开展区域节能降耗、优化能源结构等监管工作。

二、新技术助推用户侧资源优化利用

（一）基于 5G 的用户侧数据采集与监控

在用户能源消费方面，虽然传统能源互联系统中在末端消费侧安装了大量传感器以监控和采集各类能源消费信息数据，但由于通信压力，许多数据只能被丢弃，只保留最基本的信息上传，如每日总用电量等。细粒度信息的缺乏极大地限制了精细化能源消费行为分析的准确性，以及对能源消费侧的可调控部署。5G

通信网络具有“低时延、高可靠性、大连接、高安全性”的优势，可为用户端能耗信息采集、海量访问、实时数据上报提供强有力的技术支持，协助系统完成用户能耗信息的采集、处理和实时监控，实现消费信息的自动采集、计量异常监测、能耗分析与管理、关键信息即时发布、消费主体侧分布式能源和可控负荷的信息交互和调控等。例如，若采用5G通信模式，用户侧智能电能表可获得更多通信资源，实现高频度采集和电量数据上传，并且对于大型工业用户，实现对其电能质量监测，保证用电系统的高可靠、高质量供电。

在矿业消费方面，我国矿业资源消费类型多，消费需求大，不同地区矿业资源消费存在差异。由于通信方式的限制，矿业生产与矿业消费之间存在不平衡。一方面，矿业生产企业缺乏销售，导致产能过剩和企业亏损；另一方面，中小型矿业消费企业缺乏原材料供应，生产有限。5G通信技术的应用可以从一线开采和加工侧整合大量的矿业消费和生产信息，实现矿山实时交易，帮助矿山企业合理安排生产，减少库存，提高矿山企业效率。同时，允许中小企业参与矿业交易，促进矿业消费，实现经济快速增长。

（二）基于人工智能的用户用能数据优化利用

结合人工智能技术，在用户端海量多样数据的支持下，监督学习算法、强化学习等智能算法将在能源消费行为与能源消费预测方面发挥巨大优势。用户侧的能源配置和系统稳定控制将有助于激发能源运营新模式和能源服务新模式，实现各类能源消费业务的智能升级，促进新兴业务的发展。

人工智能中的神经网络具有良好的聚类、分类和预测能力，可以进行能耗行为分析和负荷预测，如图9－7所示，为能源行业合理定价和改善能源结构提供了理论支持，更好地支持了能源供应与消费之间的双向灵活互动。基于智能电表、热力表等的能源消耗测量数据，人工智能聚类方法可以识别不同用户群体的能源消费行为特征，实现科学认知和客户细分，进而提供个性化的营销和服务。目前，对用户能耗行为的分析主要通过直接聚类或间接聚类来实现。直接聚类法采用K－means聚类、层次聚类、基于密度的噪声空间聚类和自组织映射等方法对能耗模式进行分析；间接聚类法首先提取能耗数据的特征，然后对其进行聚类，提高聚类效果。目前，该领域的主要研究工作集中在不同用户能源消费特征提取方法的选择、特征优化、降维和聚类策略等方面。此外，由于各种能源价格在各种内外因素的影响下波动，基于时间序列的简单线性能耗预测模型不适用。人工智能方法具有较强的非线性拟合能力和较高的预测精度，通过样本学习，利用历史电价信息和社会经济因素信息，可以直接模拟能源价格与其影响因素之间的关系。

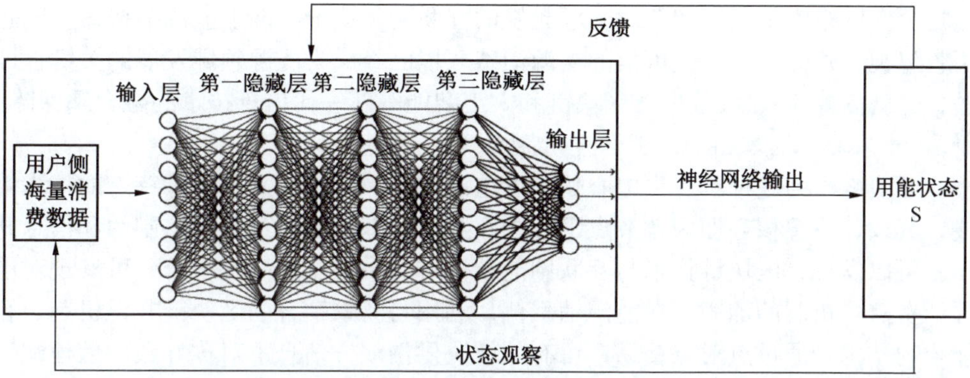

图9－7　消费数据分析流程

（三）用户侧用能稳定性与智能配用电系统控制

在能源消费侧，用户对能源供给质量有着越来越高的要求，为保证能源供给稳定性，如供电质量、供电可靠性等，需要新技术的融合实现系统的性能提升。

基于5G通信技术，可以实现对末端消费侧的泛在感知，并将高密度海量精准计量数据上传至边缘侧设备或主战SCADA系统。同时，采用边缘计算技术与人工智能算法相结合，构建智能分布式配电自动化系统，将实现原有主站的处理逻辑下沉到智能配电终端，实现在近消费侧的智能诊断、分析、故障定位和故障快速处理等功能，通过终端间的点对点通信，实现非故障区域的电源转供和跨区支撑，通过故障处理的全自动化，最大限度地减少故障停电的时间和范围。目前，配电网故障处理时间已由分钟级提高到毫秒级，使得停电面积更小，居民停电次数更少，全年停电时长更短，用户对用电量的满意度更高。

此外，基于5G＋人工智能技术，用户用能分析系统可有效分析和管理用能设备的能量能耗，并结合影响能源消费的气候、温湿度、时间段以及分布式能源发电情况等因素，实现用户和供能公司的信息双向互动。用户可以通过5G高级测量与传感通信技术了解即时用能量、能源价格和质量等信息，方便用户根据自身实际情况调节用能活动，参与需求响应活动，实现消费侧的能源稳定供应。供能公司可以通过系统分析用户用能情况，结合人工智能算法对用户用能行为进行分析和辅助决策，并为用户提供经济节能的能源消费方案。

三、新技术保障消费安全

电子商务作为一种全新的商业应用模式，改变了传统能源消费的运行模式，极大地提高了能源消费侧的效率，使得网上能源消费取代实体消费成为新潮流。

但是，在网络安全问题和信用问题频发的互联网环境下，网上能源消费安全问题不容忽视，建立一个安全可信的能源消费环境已经成为能源领域发展的关键性课题，这就需要5G、大数据、区块链和人工智能等新一代信息技术的融合和保障。

（一）基于区块链技术的互信机制

区块链作为一种具有去中心化、可追溯、集体维护和高可信等特点的技术堆栈，其设计思想核心即为各节点平等，在互联的基础上相互合作、制约和信息共享。可以发现，区块链技术与互联网能源消费的设计思想高度契合，可实现对能源消费互信机制的加固。在能源消费侧，利用与场景耦合的区块链共识机制、智能合约技术，通过点对点交易，可有效解决供消双方信息不对称导致的信任缺失问题。同时，区块链具有去中心化和可溯源的特点，链上的消费数据由所有节点共同维护，消费信息的修改需要经过每个节点的同意，增加了黑客攻击难度，保证了用户消费安全，能源消费区块链的实现方式如图9－8所示。

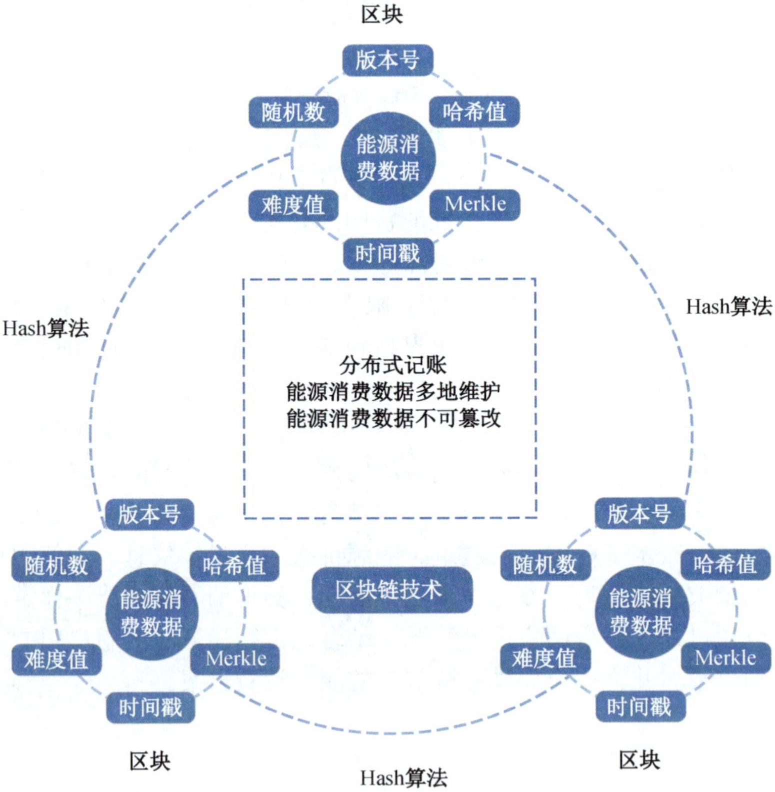

图9－8 能源消费区块链的实现方式

随着数字化建设的推进，能源消费主体已由实体产品向数据演进，区块链面向数据交易具有天然优势：能源交易信息被保留在区块链主体链状结构中，可追溯能源消费的来龙去脉，实现交易过程追溯。另外，共享账本中信息可以低成本向链上所有节点开放广播，有助于消除信息壁垒、降低各节点信任成本及信息不对称风险；此外，基于区块链打造 P2P 运行模式，让各能源消费主体之间可以建立直接联系，减少消费过程中的中间媒介，并有助于消费侧能源互济，提升消费灵活度和运营效率。

区块链提供开放的能源消费数据交换环境，实现能源消费者对参与过程的集体维护，将交易过程纠偏和监督的过程“放权”给参与节点。区块链实现能源交易议价的自动可靠交付，数据需求提出、供给响应、记账、支付等环节均在区块链框架内自主完成，可自动完成价值传递，进一步防止出现人为操控或数据篡改等问题，能源网络区块链消费结算流程，如图 9－9 所示。

（二）基于人工智能技术的能源消费信用体系

目前，社会诚实守信的约束力还不强，随着互联网能源消费的推进，能源消费市场中信息数据不对称使得参与主体产生不公平竞争现象，给部分违规经营以可乘之机，时常出现失信违约扰乱正常能源消费市场的情况。因此，对能源企业的信用评价体系建设迫在眉睫。目前已经有部分地区开始对煤炭、电力消费群体进行信用评价。但从整体上来看，信用体系的配套建设相对滞后，多数能源消费主体还没有深刻意识到其重要性和紧迫性。

1. 人工智能动态评价模型

基于人工智能技术构建能源消费领域的动态评价模型将有效解决信用评价体系中诸多问题。首先建立行之有效的评价复合指标集，能源与矿业消费企业评级信用指标体系如图 9－10 所示。随后根据具体信用指标选择合适的信用风险度量模型，如 Z－Score 模型、KMV 模型、Cred－itMetrics 模型等，并基于 AHP 层级分析法进行信用风险评价。

2. 人工智能信用档案助手

信用档案的建立是能源消费信用评级工作中的首要基础步骤，如果能源消费企业没有建立有效的评级档案，则很难保证其评级的可持续性和有效性。针对评级过程中大量的文字处理工作，人工智能有着得天独厚的优势。在信用档案中，人工智能可以智能识别不同企业提交给评级机构的介绍信息，并根据对应的内容快速翔实地记录在响应的能源消费信用档案内，全程数据化、自动化操作，方便信用评级人员查询和修改相关数据。同时，借助人工智能信用档案助手的语音对话功能，还可以实现对待查企业的问询，保证信用档案内容的完整性。

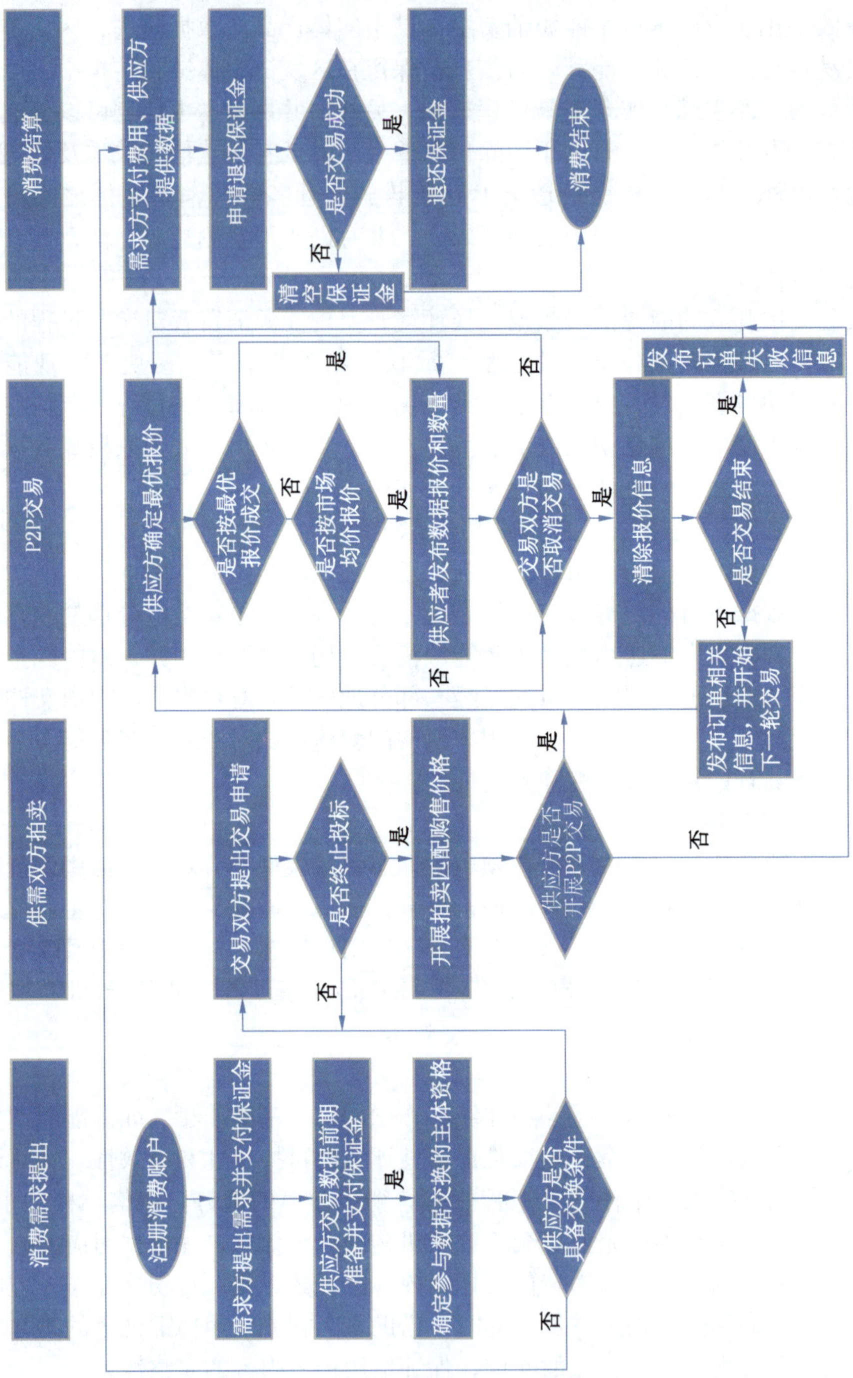

图9-9 能源网络区块链消费结算流程

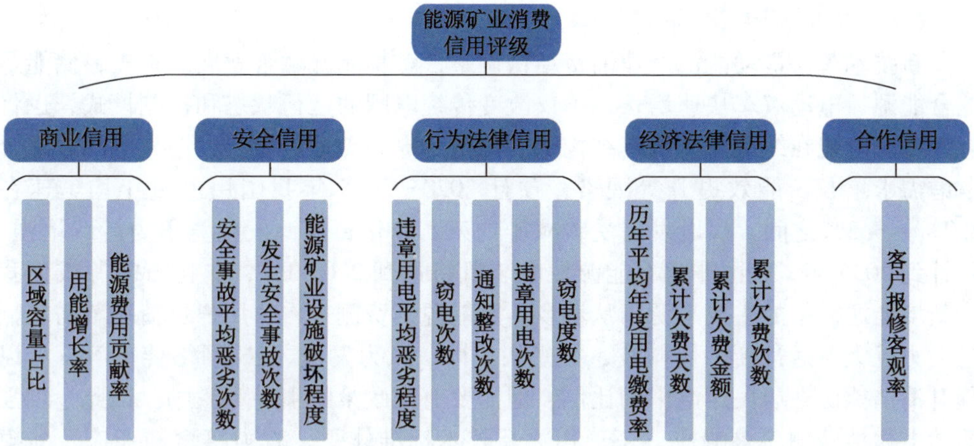

图 9－10　能源与矿业消费企业评级信用指标体系

3. 人工智能多维信用评级

传统的信用评级对短期表象指标依赖度高，关键信息获取滞后，无法全面建立能源消费企业的信用评级。借助人工智能技术，信用评级可以实现定性分析和定量评判相结合，进行多维度的信用评级。其中，定性分析从宏观环境、违约可能性和违约意愿等多层面分析评级主体的信用状况；随后再借助人工智能的算力量化各个定性指标。人工智能负责定量分析，使用动态 LEAD 模型应用路径，并根据具体的消费场景，如煤炭供应短缺或失期、企业碳排放指数或污染指数等情况，完成企业信用评级，再使用现有的数据不断演算和修正计算结果，最终完成能源消费多维人工智能信用评级。

第三节　消费场景中的发展趋势分析

一、建立能源消费新模式

新一代信息技术推动能源消费新模式建立。我国能源与矿业种类丰富、地域消费存在差异，各种能源消费行为贯穿不同种类、不同地域的企业和用户。利用 5G 通信技术实现信息有效传输、利用大数据技术实现消费信息采集和集成、利用人工智能技术实现智能处理各类消费信息，基于新一代信息共享技术，构建能源消费新模式。

（一）优化能源产业消费结构

新技术革命推动能源产业消费结构调整，多种能源融合发展。首先，储能及综合能源、电动汽车快速增长，不仅改变传统电网的运行状态和控制模式，也将有效提升电能在终端能源消费结构中的比重。电力需求具有较大增长空间，综合考虑需求增长、能效提升等因素，预计2020—2035年我国用电量年均增速在2.7%～3.3%之间。煤电发展受碳减排约束，非化石能源发电竞争力持续增强。预计到2035年，我国非化石能源发电装机将达到2.03 TW，非化石能源成为我国新增能源需求的主要来源。从城乡居民能源消费侧来看，用户负荷调节需求响应潜力巨大，通过新一代科技，如光伏发电、风力发电、5G网络传输等，可以提升清洁能源在居民用电中的比例，但需要有效政策的引导和激励。因此，加强清洁电力消费侧需求响应，完善相关新技术标准体系，着力培育新业态、新模式，促进电力、燃气、热力、储能等资源互联互通，提升多种新能源综合消费效率，逐步构建以新能源为主的能源消费结构。

（二）助推智慧用能新模式建立

以云计算、大数据、物联网、5G移动互联网、人工智能为代表的新一代科学技术的应用，在促进能源效率提升和系统安全稳定运行的同时，极大地助推了智慧用能模式发展。进一步普及推广清洁高效的企业用能，推动家庭电器智能化，做到节能提质、人走灯灭，从源头上降低能源消耗；基于5G通信技术的高速率、低时延传输特性，进一步提升农村清洁能源消费结构调整，提升农村电力保障能力，推广农业生产、农民生活领域电驱动器具，促进提升农村电气化水平；通过大数据技术深入研究推动能源碳交易市场与电力市场的深度融合，构建碳—电综合市场，发挥市场高效配置资源优势，实现碳减排与能源转型协同推进。面向企业、公共服务机构等能源消费者，提供专业的能源管家服务、精准的能耗诊断分析、前期资源规划配置等一站式综合能源服务，提高能源利用效率，降低用能成本，提升能源服务体验，为消费者提供高质量、多元化智慧能源消费综合服务。另外，借助数据挖掘、数据分析技术，电网配置资源的能力持续增强，以电力为中心的能源结构趋向进一步加速，横向的多能互补与纵向的源、网、荷、储深度融合，将助力以新能源为主体的智慧能源消费模式发展。

（三）构建能源消费一体化平台

新技术发展推动了我国能源体制变革，促进了能源消费结构转型，能源系统形态呈现新的发展趋势，综合能源消费服务进入快速发展阶段。作为满足用户多元化需求、拓展能源企业盈利空间、提升整体能源消费模式的重要抓手，能源消费一体化平台吸引了各方高度关注，构建能源消费一体化平台，将是未来一段时间内我国综合能源消费服务的发展重点。构建统一开放、高效运转的能源交易市场体系，重点完善与全国能源消费市场相适应的交易机制，逐步统一省间能源交易规则，促进跨区跨省直接交易，打破省间壁垒和市场分割。基于云平台获取的海量能源交易数据资产，利用大数据和人工智能技术，结合专家团队，提供专业化、可视化、智能化的能源消费分析报告，开展区域能源智能分析、企业能源智能分析、综合能耗能效分析、异常用能智能分析，为政府未来能源布局、产业规划等重大决策提供支撑，帮助用户节约用能成本、提高能源利用效率。为满足终端客户多元化能源消费的能源服务方式，由单一售电模式转为电、气、冷、热等多元化能源供应和多样化增值服务模式，为区域内分布式能源和能源消费用户在统一平台上提供冷、热、电等多种能源的一站式交易服务。能源消费一体化平台的基本体系架构如图 9－11 所示。

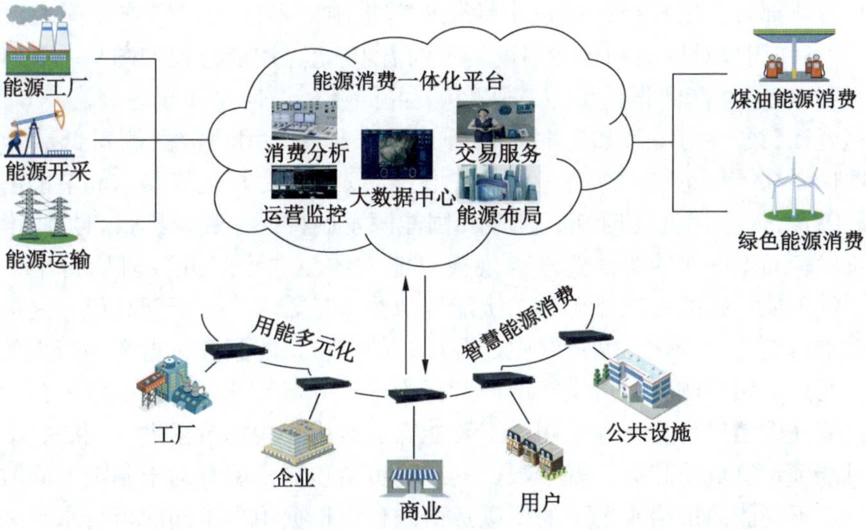

图 9－11　能源消费一体化平台的基本体系架构

二、用户消费智能化服务

（一）个性化能源消费服务

目前，我国对能源与矿业消费的研究主要集中在工业能源消费与经济增长的关系以及各种能源消费对经济增长的影响上。目前，对用户侧生活能耗的研究较少，难以为用户提供个性化服务，更缺少整体的个性化服务系统的形成和构建。然而，随着社会转型和居民生活水平的提高，居民能源消费呈现快速增长的趋势。年增长率略高于能源消费总量的增长，占能源消费总量的比重也在上升。在此期间，由于经济发展，能源需求将继续增长。随着居民生活水平的提高，居民能源消费将不断增加，这将导致工业生产耗能与居民生活用能之间的分配不均衡问题，工业生产用能决定了区域和国家经济发展水平，而生活能源消费水平又直接影响中国居民的生活水平。为了实现国民经济的可持续发展，提高居民生活水平，不仅要保证工业生产的能耗，还要保证居民的正常生活。因此，制定个性化能源服务战略至关重要。为了实现国民经济的稳定可持续发展，需要开展用户之间、用户与能源供应商之间的互动，进而制定相关的个性化服务，降低工业生产能耗，控制居民生活能耗，减少不必要的能源消耗。通过能源服务提供商与信息连接层之间的能源服务代理，可以实现多能源异构负载的大量信息聚合和集群调整，从而实现个性化能源消费服务：充分考虑用户的个人热消费需求，将调节命令的执行点部署在用户级，通过个性化调节措施对不同用户实施不同的温度调节,满足不同用户对取暖和环境温度的不同需求,上述用能过程如图 9－12 所示。

（二）能源消费侧积极参与“双碳”目标实现

随着社会各界对“双碳”目标的呼声越来越高，用户消费侧对低碳能源的关注度也呈高增长态势。综合考虑经济增长、碳排放尽早达峰要求和节能的可能贡献等因素，“十四五”时期，预期我国能源发展将处于数量扩张与提质增效并行的阶段，新增一次能源消费需求规模可能大体与“十三五”时期持平；清洁高效、低碳或零碳的一次能源和二次能源消费增量需求将处于新高位，终端能源用户需求将更为综合化，贴近终端能源用户的综合供能服务将占有相当大的市场份额。通过对用户侧大量历史能源消费行为进行分析处理，研究以电负荷为主的各类负荷高碳消耗行为，并采用人工智能算法对用户能耗数据进行训练，在短时间内可准确预测负荷趋势。基于数据的准确负荷预测模型有助于制定不同时期不同用户在不同能源价格水平下的低碳负荷调整。根据用户不同的负荷水平和能耗特点，对供能方案进行综合管理。同时，根据不同用户的能源需求和业务特点，开展个性化智能能源供应，引导用户转移高碳负荷。进一步研究负荷分解算法，全面感知消费系统中各用户用能设备的运行状态，分析整个研究系统的负荷构成。根据负荷分解提供的各级详细能耗数据，研究用户负荷的发展趋势，研究负荷预测模型的建立方法，分析传统预测方法的不足，并根据数据的特点选择合适的能耗预测方法，将提高用户对能耗的精细感知，智能引导能源消费侧选择碳减排方案。

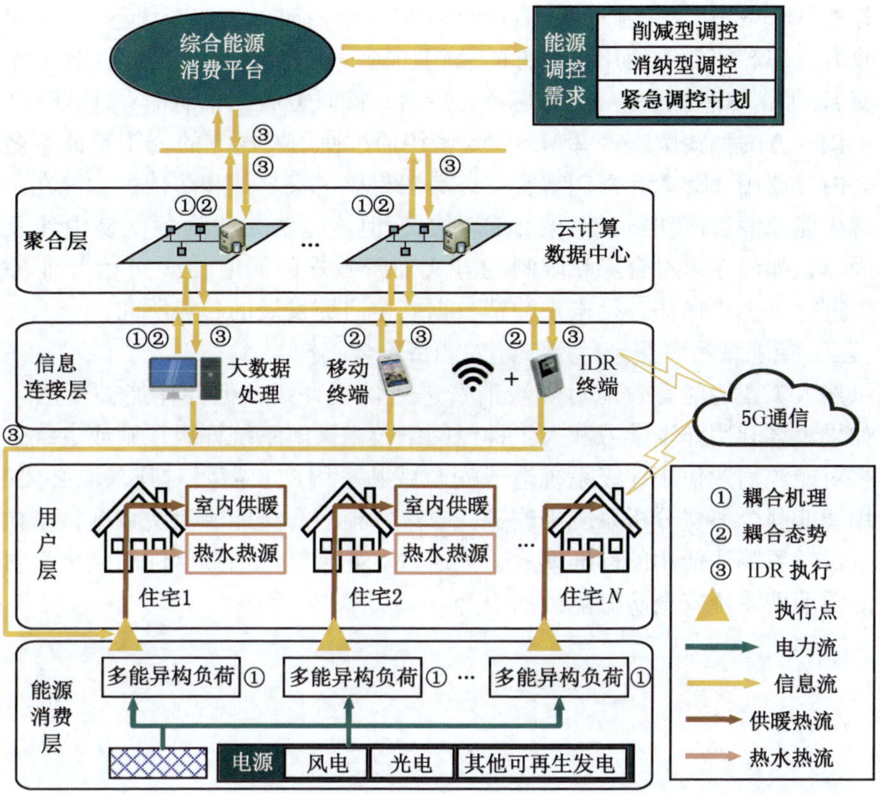

图 9－12　用户用能过程

三、安全保障新举措

（一）新一代数据加密技术助力消费数据安全

基于能源区块链的去中心化消费新模式解决了传统集中模式的诸多弊端，极大地提升了消费侧执行效率。然而也必须看到，其存在的信息泄露问题还有待解决，这是因为分类账本中记录着所有能源消费数据，虽然是以加密形式存储的，但也无法从根本上保证数据的机密性。因此，亟须新一代信息处理技术加以克服解决。例如，通过环签名数据加密技术对区块链中的能源消费数据进行加密加固保护。该加密技术的主要步骤为：首先，所有能源网络消费涉众都发出一个非对称密钥对，并在网络之外交换它们的公钥。然后，在交换能源消费信息时：①生成一个随机数；②由这个随机数生成一个对称的 AES 256 密钥；③发送方使用其私钥签署 AES 密钥（签名）；④消息使用 AES 密钥加密（加密消息）；⑤对于每个接收方，AES 密钥都使用接收方的公钥加密（加密密钥）。因此，分类账中记录了签名/加密信息/加密密钥的内容。最后，接收方收到信息时：①AES 256 密钥使用接收方的私钥解密；②AES 256 密钥通过使用发送方的公钥验证签名来控制；③内容使用 AES 256 密钥解密。该算法提供了安全性和防伪性，能在一定程度上解决能源消费区块链的信息泄露问题，但该方法无法隐藏交易中涉及的各方。因此，如何在以符合隐私限制的方式加密数据的同时让“可信”业务逻辑对数据进行进一步操作，是未来消费数据安全研究发展的趋势所向。

（二）智能联合消费分析系统助力消费安全防护

虽然人工智能能有效地对煤炭消费进行信用评级，但同样能被不法人员利用，如果黑客利用深度学习和人工神经网络技术破解系统评级规则或者绕过防火墙，将对能源消费信用评级系统造成安全威胁。因此，需要对其采取必要措施，如应用智能联合消费分析系统来改进，收集并梳理海量能源消费数据，结构化是可供机器学习算法使用的标准模式，并通过对异常能源消费事件的强化学习，实现对能源消费系统安全防御能力的提升。

第十章　市场场景应用分析

第一节　市场场景需求分析

一、交易机制的需求

目前，我国传统的能源交易机制以交易所交易为主，同时发展场外交易（Over The Counter，OTC）模式，能源与矿业市场典型交易机制如图 10－1 所示。

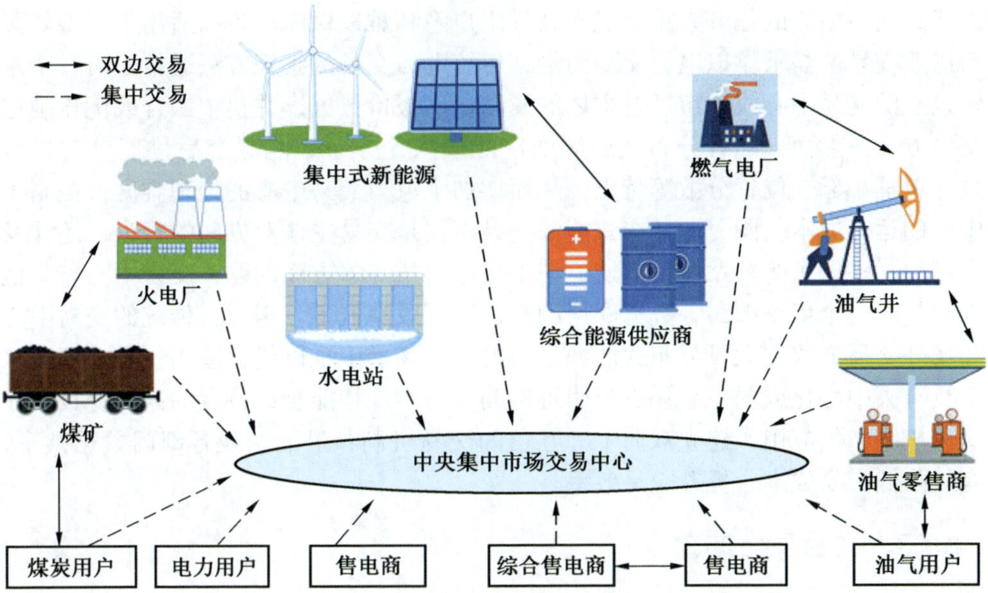

图 10－1　能源与矿业市场典型交易机制

交易所模式下的能源交易一般由交易中心进行规划和管理，负责能源系统的整体平衡，同时需要大量的第三方机构来保障交易的安全可信，如评级、保险、信托和融资租赁公司等，产生了昂贵的第三方成本，而且中心机构数据库需要时刻维护，存在较大的人力和物力资源消耗。在交易清算的过程中，中心机构要与银行等第三方金融机构进行频繁的信息校对，时间成本较高，不利于通过互联网进行高效的实时交易。

场外交易，又称双边交易，是指在交易所以外通过电话和计算机通信网络进行联系，由买卖双方协商议价完成交易。通常情况下，OTC 市场交易没有固定的交易场所，在现代信息网络技术的支持下，交易方利用网络终端即可完成交易，交易方式较灵活，对市场参与者也没有限制，为用户广泛参与市场提供了机会。交易基本上是投资者与做市商之间、做市商与做市商之间的直接交易，价格中不包含交易佣金。然而，OTC 模式也存在缺陷,其中最主要的是信用风险和额外成本。买卖报价价差来源于信息不对称,当信息不对称程度加大时就可能使得市场失效,交易双方需要承担较大的风险。同时市商需要从其设定的买卖报价价差中得到一定的补偿,以弥补交易成本和损失,使得交易增加了额外的市场成本。

由以上分析可以看出，传统能源交易主要是一种集中式优化决策的资源配置方式，交易中心的任务繁重，成本高且用户隐私难以保障，难以适用于新型能源与矿业交易的需求。以电力交易为例，传统电力交易的组织方法通常是由一个专门设立的交易中心收集市场各主体的发用电、报价数据，并集中撮合或优化确定交易方案。然而，随着分布式能源的广泛接入，分布式能源交易呈现参与者海量、单笔小额、位置分散等特点，从而增加了电力交易中心的处理难度，提高了中心的运行成本。同时，分布式能源交易不仅是交易主体双方间的行为，还涉及多部门、多层级的补贴政策落实、消纳责任考核等多方面问题，交易中心与其他部门是一个个信息孤岛，数据联通困难，协同效率低下。因此，传统的交易中心和场外交易方式在大量分布式能源参与的交易场景中难以优化适用，需要深化探索具有去中心化或弱中心化、透明可追溯、易实现智能合约特点的区块链技术在交易机制中的应用，建立双向平等互信的交易机制，进而实现各部门数据共享，有效降低交易成本，提升交易效率。

二、交易平台的需求

全球能源结构朝着煤、油、气、核、新能源、可再生能源多轮驱动的方向发展，不同能源在生产侧、传输侧和消费侧等不同环节以及在物理、信息等不同层面存在各类能源相互渗透和相互融合。目前，我国的能源与矿业领域交易市场缺乏多种能源互通的交易体系与交易平台，多层次市场交易平台未完善，导致能源矿产交易机制作用发挥不足，市场交易信息的形成和传输功能受到了限制。因此，需要一个开放、标准、安全的国际化跨行业能源交易平台来实现各行业之间的信息共享，可靠通信与安全交易，利用大数据、5G等新一代通信技术，打通全国能源与矿业交易信息壁垒，实现多种能源之间的通信部署共享，搭建多层次能源与矿业统一交易平台。具体需求如下。

（一）跨行业、多能源信息共享

全球能源互联网下，由于能源与矿业不同领域系统遵循信息模型并不统一，需要在平台搭建电力网、天然气网、供热系统、供冷系统、管道系统等能源涉及网络的统一模型。可以基于公共信息模型（Common Information Model，CIM）构建规范统一的能源互联网业务描述；利用知识图谱实体抽取技术，实现煤、矿、电、气、热、石油、交通等网络以及涉及对象的统一建模；支撑跨域多能源数据共享，打破能源互联网跨领域跨区域跨业务数据交易壁垒。

（二）平台业务数据高效处理

以数据中台为转型抓手，逐步加快煤、矿、电、气、热、交通各领域网络向能源互联网转型，加快智能化建设步伐。利用数据中台技术，将能源互联网海量数据转化为高质量数据资产，为平台业务提供更深层的客户洞察，从而为客户提供更具个性化和智能化的产品和服务。充分利用煤、矿、电、气、热、交通数据，打破数据孤岛现状，打造能源互联网持续增值的数据资产，并利用人工智能聚类算法分析海量数据，挖掘数据的内在规律，为上层业务提供底层数据基础。将大数据变成资产并服务于业务，牢牢抓住客户，提升市场竞争力。

（三）通信与部署

在通信与部署方面，针对能源交易过程中产生的海量图像、视频、文本数据，利用5G通信技术降低传输延时与提高数据可靠传输，实现煤矿运营商、电力系统运营商、天然气运营商、石油运营商和终端用户之间进行低时延、大带宽、高效、可靠、安全的数据交互。

（四）平台风险防范

对于跨越行业的通信，如电力行业与天然气行业之间、电力行业与石油行业之间等，如何保证信息安全问题，也是全球能源互联网下能源交易需要解决的问题。考虑使用区块链技术进行能源交易，利用区块链技术的“去中心化、不可篡改、可追溯”可以保证能源交易公开透明、安全地进行，确保用户资金和交易安全。

三、市场风险量化评估的需求

能源与矿业市场风险评估是指对潜在问题可能导致的风险及后果实行量化，

并确定严重程度。鉴于能源与矿业市场所面临的风险繁杂多样，对其风险进行有效评估，对不可接受风险做进一步分析，制定补偿措施，将可接受风险减至最小或可以接受的水平，这是一个急需解决的问题。能源与矿业市场主体包括市场监管者、供给方、投资企业、中介机构以及客户。由于不同主体间面临的风险不同，其需求也不尽相同。

市场监管者包括政府、政府授权的机构以及依法设立的行业自律组织。这些机构旨在降低市场系统风险、保护矿业权交易相关各方利益，并依据矿业权相关法律、法规、条例和政策，对各矿业市场主体和活动进行监督、管理、指导和协调。同所有其他的金融市场一样，矿业市场也会助长经济波动，带来系统性风险。这就要求监管者必须从宏观审慎的角度重新思考其倾向性政策的实施，健全评估行业质量监控机制，使投资者和市场主体都能以合理的成本得到完全的数据信息。

供给方为国家和部分勘探公司。其中，地质勘查工作的自然风险较大，矿产勘查投入资金量与收益的正相关性很小，投资回收周期长，因此需要建设成熟的矿业权二级市场，扩大融资渠道，充分发挥市场在资源配置中的基础性作用。

投资企业除了一般矿业权人之外，多为风险投资。风险投资是一种资金与专业技术相结合的投资，在金融和技术两方面都要求极强的专业性与操作性；风险投资对人才的要求极高，可以说是资金投入和人才投入相结合的投资，需要极其出色的资金管理和人才管理。

在市场中，中介机构通过设计、创造和运用各种金融或投资工具，沟通各方关系，为能源勘探、转让、交易等市场活动提供融资、技术、财务和法律等各种技术服务。其面临的风险主要是评估管理风险，即当国家授权的职能部门缺乏正确的组织领导和有效的协调，对评估问题纠纷不能及时公正地处理，则无法建立正常的矿业权评估工作秩序，导致评估风险的发生。

客户方面临的市场风险主要包括：能源、矿产资源开发根据实际储量不同，应设定合理的开发年限。开发年限内一般不能停产，更不能转产。因此能源与矿产品的市场价格波动将会影响能源与矿业权的价值，增加客户风险。

目前，我国能源与矿业市场的风险管理意识和风险防范能力距离实际需求还有一定的距离。实际上，对于上述风险，可以先根据风险过程产生的数据量化风险指标，然后借助大数据技术，发挥大数据的预判功能，建立不同市场主体风险预警体系，实现对市场主体的动态监管、全程监管，提升监管的精确度和风险研判的及时性。具体来说：一是利用大数据做好市场主体的动态分析，实时掌握市场的运行状况，对潜在的风险采取适当干预，实现宏观调控的科学性；二是构建大数据监管模型，设定重点区域、重点行业和重点企业，对高危行业、高风险主体进行关联分析，主动发现违法违规现象，提升监管的针对性；三是锁定具体的违法主体，及时掌握其经营行为、违法事实，依法采取相关行政手段，及时纠正扰乱市场秩序的违法行为。总之，大数据技术可以建立科学高效的市场风险预警和快速防控机制，合理有效地对市场风险进行量化评估。

第二节　市场场景中的应用

一、交易机制的应用

在新型能源交易机制领域，区块链技术以其去中心化或弱中心化、透明可追溯、易实现智能合约的特点，能够解决传统交易机制下易出现的交易结算难、用户数量激增、经济刺激落实不到位等问题。以风光发电的新型交易机制为例，现今国内外的分布式光伏、风力发电市场急剧扩张，发电装机容量逐渐增加，参与市场的用户和生产者都迅速增长。海量增加的用户带来了市场信息流通问题；传统交易机制下信息流通不及时，会造成新能源市场交易滞后、割裂，使得市场自我调节能力大大削弱；同时政府机构或清洁能源产业组织对于风光发电的优惠政策和补贴也在迅速变动，这在传统交易机制下将会对市场产生各种复杂的影响，难以厘清政策补贴的落实情况，无法定量分析政策力度和执行情况。

面对这一难题，区块链技术可以发挥其固有特点，助力新型交易机制的建立和完善。区块链技术加持下的新型能源交易机制如图 10－2 所示，如在新能源风光发电交易中，电力公司可以利用区块链技术构建新型交易机制，利用储存在每

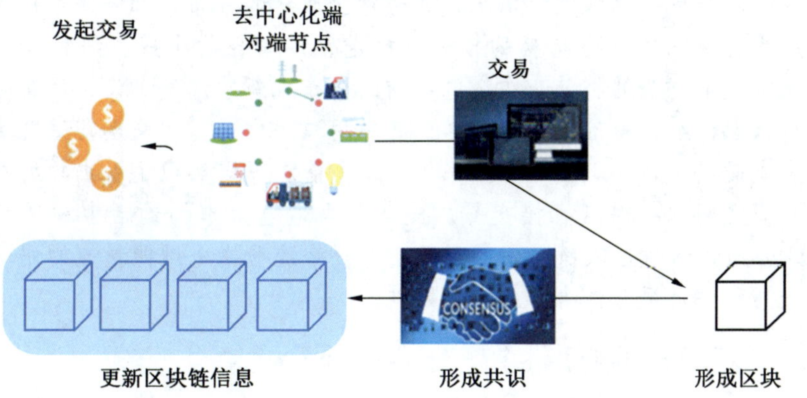

图 10－2　区块链技术加持下的新型能源交易机制

个区块链节点的分布式账本取代传统中心化记账系统，不再需要依托电网公司完成电力生产和消费的出清结算工作，降低新能源交易中的流程复杂程度和计算成本。

为了加强交易的安全性，区块链平台还提供了透明可追溯的访问机制，利用特有的数字加密技术提供持久、双向平等和安全的访问机制，解决大量发电和购电涌入风光交易市场之后，传统交易机制下的参与者互信机制的问题。同时考虑各国政府监管力度与习惯，可以采用弱中心化的交易机制，将传统公开账本的审阅、检查、维护工作交给由相关政府部门和电力公司认证过的具有良好信誉值的第三方机构或民间机构，利用每笔交易的可追溯性，共同做出决定，识别作恶节点做出处罚并将其剔除网络。

实例分析：布鲁克林光伏发电新型交易机制

美国纽约州布鲁克林构建的区块链技术支持下的光伏电力交易机制。美国电力设施的建设、运营和维护费用是由区域电网公司支出的。当地中央电网相关公司以区域总用电量为参考，以优先保证公司盈利为目的，计算出相关费用，再转嫁给用电居民承担。因此各地往往用电成本较高，居民负担较重。美国能源公司LO3 Energy与西门子数字电网公司合作，在布鲁克林微电网建立了全球第一个基于区块链技术的能源项目——基于区块链系统的可交互电网平台TransActive Grid。此项目不再使用中心化交易机制，即通过电力公司构建的，以维护电力公司自身利益最大化为目的的交易中心来完成电力能源交易的方式，构建了新型去中心化交易机制，其中用户可以从自身用电成本考虑自由选择新能源电力交易方案。利用区块链技术允许居民通过网络终端获取由智能电表等新型电网设备采集的发电量、用电量等电网实时信息，并通过区块链的分布式加密账本技术、智能合约生成等功能完成电力交易的抄表、报送、订单合约生成、结算等程序；同时，区块链技术还能够将分布在微电网内的分布式新能源发电设备的实时发电信息和运行状态详细、准确、及时地送到各个用户手中，为用户实现采购决策和订单自动生成提供了帮助。通过以上系统，LO3能源公司实现了用户与用户、用户与发电厂商之间的点对点直接交易，提高了当地电力市场的活力和透明度。同时，LO3公司还通过区块链技术实现了交易资金流与微电网能量流的协同管理和调配，提高了公司运营能力和用户满意度。

二、交易平台的应用

传统能源矿产交易平台的分布具有明显的地域性，往往集中于矿石产地、交通枢纽等地或依托于资本聚集地，导致交易所区域化分布、各自为政等问题较为突出，难以满足未来新型智能工业的需求，极大地限制了新型能源矿产行业的发展。利用区块链、人工智能、大数据等新一代信息技术，可以为以上问题提供新型的研究思路和可靠的解决方案。

新型区块链技术加持下的交易平台如图10-3所示，基于区块链特点和技术优势，通过构建资产数据区块链交易模型，可以进一步探索能源矿产市场中的资产登记、资产交易、用户账户、后台管理、行业云区块链和数据节点等技术，并设计产品与资本高效对接的技术交易平台，有针对性地克服区域分化、各自为政的交易壁垒等问题，推动科技成果转化工作快速发展。同时，面对复杂的市场变动趋势，也有研究人员尝试使用大数据和人工智能技术创立新能源交易平台，利用大数据技术收集并处理平台内市场参与者详细的能源生产和消费数据，并使用人工智能技术对市场趋势、商品价格走势等问题进行预测，以实现平台内市场交易高效运行。

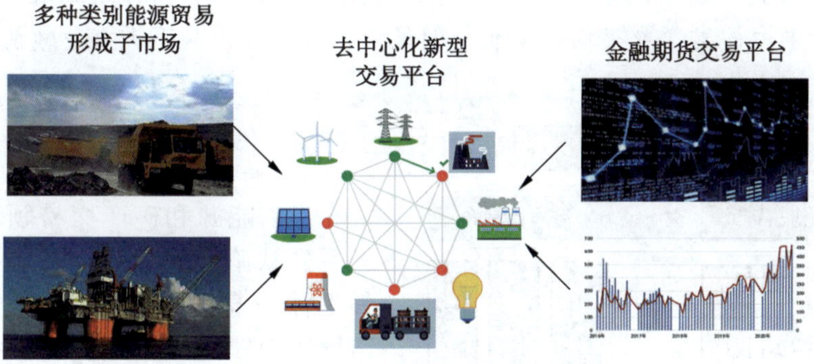

图10-3　新型区块链技术加持下的交易平台

实例分析：瑞士新型融资平台

瑞士的区块链贸易融资平台Komgo，于2018年在瑞士日内瓦由15家包括金融、会计、能源、咨询等领域的大型机构或公司共同成立。经过数年的发展，Komgo平台逐渐发展成为包括大宗贸易与融资等功能在内的一条龙能源交易平台，能够满足能源交易各方的交易和融资需求。在Komgo平台中任何参与者在区块链网络内均处于平等地位，都拥有对各个节点储存的数据和使用流水情况进行检查的权限，区块链系统构成框架中各数据节点参与者共同构成和维持了整个数据节点的更新，以此构建了各级能源与矿业市场交易共有储量平台。该平台通过区块链的防篡改特性实现了用户交易过程中的身份识别和智能合约生成等功能，可以链接原有各个自交易平台的用户，共同形成新型具有共识的市场数据，避免因市场或地域因素限制而影响各区域平台的影响力。一旦子交易所用户对应的交易发生状态变更，如挂牌、流转、摘牌、信息修改等操作，单个能源矿产市场的数据就会发生变化，经区块链共识判定有效后将直接写入整个区块链中，以解决大规模能源矿产市场的信息流通问题。在满足市场参与者交易习惯的前提下，实现了无纸化电子交单和审查，确保了电子单据的合法性，提高了交易安全程度；同时允许数组货币或数字信用凭证进行大宗商品的融资、交易和结算。

实例分析：美国雅典娜光伏发电管理平台

2016 年，为了提高光伏发电项目的能源利用效率，位于加利福尼亚州的 Stem 公司开发了代号为 Athena 的光伏发电管理平台。该平台利用人工智能技术采集并感知网络内的能源流动情况，并允许客户实时查询并跟踪电力价格的波动，为企业提供实时的自动化能源优化管理服务。该平台通过实时获取光伏发电设备和电网负载数据，结合电费、天气预报等各种外部数据，预测未来电价的变化，进行电力的发送或存储，使企业储能价值最大化，从而更有效地使用被储存的能源。

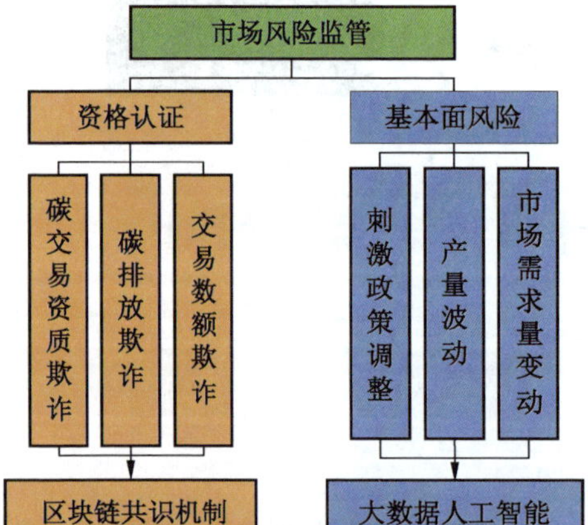

图 10－4　新一代信息技术在碳排放交易领域、市场监管风险领域的应用

三、市场风险量化评估的应用

当前能源和矿产交易领域中存在一系列缺陷，如交易产品单一化、交易主体信息不对称、交易监管缺位、市场风险较高等问题。以碳排放交易权为例，如图 10－4 所示，国际国内的碳排放交易市场对碳排放量有不同的交易要求，有各自不同的认知，这就造成了国际企业跨区域碳交易缺少市场规范化，存在大量不正当套利空间，对市场价格缺少预估，提高了市场风险性，阻碍了碳交易市场规范化发展。同时由于信息不对称，往往造成市场资源错配，各国政府部门和环保机构对碳排放有不同的定义和法规，不同企业在排放领域执行不同标准，甚至存在作弊行为，容易造成错误的成交量和价格匹配，导致市场自我优化资源配比能力丧失，提高了市场系统性风险。利用现

代通信技术结合区块链技术可以解决市场风险的痛点。在参与碳排放市场的相关企业内建立智能传感网络，精确收集企业实时排放信息，利用大数据和区块链技术处理和存储企业排碳排污情况，形成数据共识。确定市场参与者的碳许可配额，对达标的企业发放交易许可，并利用区块链节点储存能力对交易历史数据进行实时追踪，提高市场透明度，降低市场风险。

实例分析：欧洲 VAKT 区块链石油交易平台

2018 年，由英国石油公司、荷兰皇家壳牌公司、挪威国家石油公司以及瑞士摩科瑞能源集团等 13 家国际石油、贸易金融巨头共同参与，欧洲建成了世界上第一个企业级的能源大宗商品区块链平台——VAKT 区块链石油交易平台。利用区块链技术实现了能源产品交易中交易回顾、确认、形成合同、物流和开票等流程的全自动化，提高了企业运转效率。VAKT 区块链石油交易平台通过区块链技术将能源交易市场中的产业链各个角色的相关信息进行汇总、加密、流转，提高市场信息透明度，保证市场流通信息可查验可追溯。这样既实现了市场风险的量化考核，为企业安全高效运营发展提供数据支持，又保证了交易过程中所有流程的透明和参与角色的互信，保证历史数据可查验，提高弄虚作假的门槛，消除交易过程中参与者对平台和其他角色的不信任。

第三节　市场场景中的发展趋势分析

一、交易机制的趋势

在传统能源系统中，不同能源行业相对封闭，互联程度有限，同时不同能源系统大都孤立规划和运行，造成了能效不高和可再生能源消纳程度难以提升的困境。未来能源交易将会呈现主体多元化、商品多样化、决策分散化、信息透明化、时间即时化、管理市场化和约束层次化的特点。此外，能源互联网在传统能源网的基础上引入了互联网理念，将使得能源系统的面貌焕然一新，具有开放互联、以用户为中心和分布式对等共享等新内涵。

在能源互联网中，能源交易模式将由集中式向分布式发展，区块链的去中心化、安全可信、智能合约和公开透明性等技术特点，适用于能源互联网中的能源交易机制。能源互联网将打破不同能源系统间的壁垒，同时大量接入风能、太阳能、潮汐能、地热能、生物能等多种分布式可再生能源，利用包括新型发电技术和储能技术等在内的多种先进技术，实现电、热、冷、气、油、交通等多个系统的互联交汇，实现多能源综合利用，形成开放互联的综合能源系统。

随着能源互联网中产消型能源用户的增多以及市场参与意识、节能环保意识的加强，用户不再单纯地局限于能源消费，而是出现了对增值服务的新需求。各类负荷和新能源出力的准确预测、不同类型用户的用能行为分析，以及用能方案的定制化咨询管理等增值服务商品都将为客户带来可观的经济效益以及别致的用能体验，而新一代信息技术与能源系统的深度融合也可以为基于数据分析的各种增值服务商品提供有力的技术支持。

能源互联网市场化程度越高，能源的金融属性就越凸显。为了进一步增加交易的流动性、降低市场风险，伴随着新一代信息技术与市场交易机制的创新应用，开发合理的金融衍生商品不可或缺。例如，电、气、热等能源期货和期权，电、气、热等能源输送权和碳排放权等环境权益类金融衍生商品对于促进能源互联网市场的稳定繁荣以及实现全社会的节能减排起到重要的作用。

二、交易平台的趋势

未来的能源社会将会向着去碳化、分布式以及数字化的方向积极转型。作为我国“十四五”开局之年所推出的深化关键领域改革重磅文件，中共中央办公厅、国务院办公厅发布的《建设高标准市场体系行动方案》中明确提出将在油气、电力、煤炭等领域积极培育形成运营规范、具有较大影响力的能源商品交易平台。该平台将促进油气、电力、煤炭领域相关商品市场化程度提升及相关交易市场日趋成熟；同时有利于进一步完善相关治理机制，实现权责利的统一，并能通过适度的市场竞争来提高平台运行效率和服务质量，更好地保障产业运行和民生。

未来能源与矿业商品交易平台将推进全国范围内煤炭、矿业、电力和绿证交易系统的信息互联共享，打破不同省份间机制和规则设计的交易障碍，为交易主体提供公开透明的交易信息，提高交易透明度和灵活性，降低绿证交易市场的交易成本，避免市场主体的违规行为，寻求绿证的公允市场价格。推进不同能源跨领域跨区域交易的业务贯通与数据融合，通过知识图谱的“实体－属性－关系”三要素进行多能源网络中的实体识别和关系抽取实现多能源数据信息间深度耦合。再利用知识图谱贯通技术进一步实现全球能源互联网下跨区域、跨行业的各类能源业务的有机融合。

同时，新型交易平台还将加强利用大数据、人工智能技术对交易平台加以监测，通过监测包括石油、煤炭、太阳能、风能等能源的消费数据信息，对比分析各类能源的消费数据，从而提高能源利用率。同时利用人工智能对非结构化信息进行解读，挖掘海量数据之间的潜在意义和联系，进一步实现各个网络间信息共享和数据高效调用。由于未来能源互联网的交易是多元化的，新型交易平台将利用区块链技术的去中心化保证交易记录无法被篡改，保证交易系统的安全可靠；利用区块链签署智能合约，签署完毕在条件达成后强制自动执行，可以保障合约的执行力与可靠性，有利于交易市场的公平可靠。

此外，GPS 定位技术的全景地图功能在船舶信息网络、城市综合管理系统等各个领域都非常成熟。未来交易平台可以增加全景地图跟踪功能，定位并显示储煤位置和船舶实时定位，提高煤矿物流效率。此外，在移动客户端上实现了百度地图的离线地图功能，使定位更加经济快捷。可与铁路系统物流平台合作，实现双赢模式。在此基础上，平台还可考虑为重要用户提供定制化服务，以更好地满足用户需求，注重用户体验，提高平台的服务性与竞争力。

三、市场风险量化评估趋势

大数据技术赋能市场监管是推进市场监管治理体系和治理能力现代化的重要手段，也是未来的发展趋势。

1. 实施数据监测分析，强化信用监管，有效提高市场监管精准度

加强基础平台建设，强化信用监管。借助大数据技术，市场监管部门通过加强市场监管信息平台建设，实现跨部门数据归集，建立监管信息一张网；通过建立市场主体信息动态管理制度，将监管部门数据与第三方机构（如信用评级机构、企业评估机构、产品评价机构等）数据进行整合，依据企业信用等级和行业风险等级分别设计监测频次，积极推进信用联合惩治和激励措施，增强信用监管的约束力；通过开放监管数据和推进企业自主承诺制度，改变市场交易双方信息不对称的现状，让市场主体变得更“透明”。

完善数据收集，支撑精准监管。通过对市场主体的基本信息、日常监管信息、执法处罚信息、经营信息和第三方评价等多维信息数据的归集，为信用监管提供了更多的原始数据，再利用大数据思维进行分析、动态评估，刻画出某个市场主体或者行业的“个性化画像”，准确、及时地预警潜在市场风险。市场监管部门因地制宜、分类施策地制定监管政策或采取监管措施，将有效提升市场监管执法的靶向性，有助于执法资源的优化配置，减少监管成本。

2. 实施数据共享融合，深化协同监管，形成市场监管合力

大数据的包容性理念和数据处理技术，能够打破信息孤岛，使部门上下级、同级间甚至跨区域的数据流动得以畅通，提高监管的联动性和覆盖面。数据的互联互通拉长了数据的价值链，将不断提升数据的实用性与延展性，推动部门间的

协同与合作，打造一体化的跨部门协同治理体系。随着市场监管机构改革的深入，构建市场监管大数据体系将更加顺畅，可以从根源上解决监管资源碎片化问题，形成监管合力。自商事制度改革以来，“双告知、双承诺”制度的实施和市场监管信息平台的应用，实现了跨部门行政审批信息和监管处罚信息的“无缝隙”衔接，促成了市场监管领域多部门的联动响应，促使部门间能够理性地追求协同监管效益。

3. 实施大数据监管，提升服务企业能力，增强政府部门公信力

随着机构改革的推进和商事制度改革的深入，如何更好地服务企业、服务经济发展、营造公平竞争的市场环境，成为各级政府部门面对的重要问题。目前，越来越多的政府部门向社会公开信息，供公众查询使用，同时还开放应用程序开发接口，方便社会机构对信息资源深入挖掘利用。市场监管部门已通过企业信息公示系统将部分监管数据公示于众，让其他部门、社会各界和群众共同参与监管，实现预警提示，解决市场监管部门未能解决的问题，实现社会共治。同时，大数据的开放性使得权力在阳光下运行，在此基础上通过积极推行“双随机”抽查，有效减少选择性执法和权力寻租空间，从而提高政府的公信力。

第十一章　政府监管场景应用分析

第一节　政府监管需求分析

一、能源与矿业产业安全监管

随着中国经济的高速发展，我国能源与矿业行业常年保持高强度作业，存在诸多安全隐患。无论是自然灾害引发的能源生产中断应急响应的缺乏，还是人为操作失误导致的能源生产事故的频发，都使得安全生产形势极为严峻，直接影响能源安全和社会稳定。同时，在与能源需求和生产相对应的能源运输产业，不同运输方式的成本和效率差异明显，少数能源与矿业企业为降低成本采用低价高风险运输方式也存在一定风险。具体分析目前能源与矿业安全监管领域，主要存在以下两个方面的问题。

（1）在能源与矿业安全生产方面，以煤矿安全生产为例，可能出现瓦斯爆炸、坑道坍塌、透水等事故。而这类恶性事故的发生往往是由于各类机械及安全设备严重老化或者带故障运行，导致机电设备检修质量难以达标，且设备操作人员对于设备检修工作重视度不足，不愿对设备进行大规模停机并实施预防性维护，影响了采煤作业的安全运行。因此，迫切需要引入最新的信息技术以提升设备安全运行监管能力。例如，可以在选煤机械设备各个关键零件和部位加装状态检测传感器，及时收集设备工作状态相关有效信息，为制定维修监管预案提供数据依据。然而，随着生产过程的进行，各类传感器不断生成海量监测数据，仅依靠人工难以进行有效整理和分析，无法充分提取数据价值。因此，需要增强大数据技术应用意识，构建大数据应用平台，利用最新监管数据中心大数据分析技术和手段，对设备运行状态进行基于人工智能的实时预警，并建立智能监管分级机制，对企业实时安全生产信息进行自动化分级，动态应急资源分配，提升监管效率。

（2）在能源与矿业安全运输方面，监管亦是不可或缺的。从能源地理分布来看，如煤炭和天然气资源，多分布于我国西北地区，而相应的能源消费却集中于东南沿海区域，与之相适应，我国建立了从西到东、从北到南的完善的能源运输通道。然而，我国目前还缺乏对全局实时能源运输态势的掌控手段，一旦出现运力供应紧张状况，无法及时进行运力调配，将严重影响工业生产和居民生活的正常进行。同时，天然气资源运输主要依赖管道进行，技术要求高，安全风险大，会造成潜在环境影响，目前尚未建立完善科学的监管框架。因此，为确保能源运输安全稳定，需要利用新一代5G和大数据技术建立监管平台，实时准确地获取和分析能源运输相关监管信息，促进监管措施快速实施。

综上所述，为了提高能源与矿业领域的政府监管水平和效率，需要利用大数据、人工智能、5G等新一代信息技术，提升监管信息覆盖广度，实现对能源与矿业生产设备和安全设备运行状态的全方位监管，并实现全供应链实时运输状态的有效跟踪。同时，还应加强安全生产流程的监管深度，保证能源与矿业安全生产和运输，维护我国能源安全。

二、能源与矿业产业市场监管

加强能源市场监管是推进能源市场体系建设的重要保障，构建政府监管下政企分开、公平竞争、开放有序、健康发展的能源市场体系是能源体制改革的基本目标，需要在全国范围内对整个行业实行统一的监管和规划。目前来看，我国能源与矿业市场化进程总体起步较晚，缺乏统一的交易信息平台和覆盖能源与矿业全产业链的综合交易平台，难以对交易主体进行有效监管和约束，导致大量监管空白和漏洞的存在。同时，在交易过程中存在人为制造稀缺，抬高能源和矿石价格，利用垄断地位抬高市场准入门槛等行为。上述问题严重制约着能源市场的健康快速发展。特别是在我国能源交易流通总量不断增加、能源形式不断多样发展的趋势下，亟须建立能源与矿业市场监管平台，有效利用大数据和区块链等新一代信息技术，促进打破政府、能源与矿业企业和能源消费者之间的信息壁垒，协助监管部门掌握真实透明的能源生产、交易和消费全流程数据，从而提升政府监管的时效性和准确性。

在交易监管方面，以铁矿石交易为例，2020年，中国作为全球最大的铁矿石进口国，铁矿石进口量达1.17 Gt，而在期货市场上，铁矿石交易量比2019年增长了54.06%。伴随着铁矿石交易量快速增长，市场上存在大量实施垄断协议、散播涨价信息等异常交易和恶意炒作行为。同时，传统交易流程中所涉及的进口商、通知银行、出口商、议付银行等多方机构产生的数据也不断形成各自封闭的“数据孤岛”，而银行只能分别与各个“孤岛”进行信息交互，导致交易周期过长，严重拖累交易方资金周转，无形中抬升了铁矿石的成本。为了促进矿石现货交易平台健康发展，鼓励相关市场主体依法合规交易，需要充分利用大数据、区块链等新一代信息技术，对能源与矿业整个交易流程进行全面监管，从期现货市场价格、资金、港口库存及客户结构等方面多维度监测分析市场，实现克服监管信息孤岛问题，提升监管透明度。同时利用区块链技术提升监管数据的安全性，防止因人员篡改造成的伪造监管数据等情况的发生，并实现监管行为历史追溯，为后续复盘分析，优化监管体系建设，提供高可靠性的历史数据支撑。

在能源价格监管方面，以天然气价格为例，作为绿色低碳能源的代表，天然气在我国能源消费中的占比日益加大。2020 年，中国已成为全球最大液化天然气进口国。为此，我国不断推进天然气市场化改革，完善天然气价格监管机制，以解决天然气供气环节过多、加价水平过高等问题，降低下游企业用气成本。然而，当前天然气市场中尚存在部分企业局部垄断，无法有效开展管道等基础设施第三方公平准入等问题，带来了一系列的价格监管难题。因此，为了促进天然气行业持续健康发展，需要借助大数据技术，深化油气管网设施公平开放监管，包括实时快速地获取各级管辖区域内气源、运输、配气和销售等各环节的天然气当前价格。在此基础上，亟须以区块链技术为依托，对天然气输配企业各项收费进行监管，以建立安全可靠的收费记录机制，为违法行为追责提供可靠依据。

综上所述，由于能源与矿业产业具有自然垄断特征，存在产业信息透明度不足等问题，导致一定程度上的市场失灵。同时，当前能源监管工作还存在诸多痛点，特别是缺乏对能源与矿业领域市场交易行为和市场价格形成过程的有效监管，延缓了行业有效竞争格局的形成，导致行业总体效率低下和能源服务价格不合理等问题。因此，需要借助新一代信息技术切实加强能源市场监管能力和行业监管能力的建设，维护公平公正的能源市场秩序，保障国家能源战略落地，推动构建安全高效的现代能源体系建设。

三、能源与矿业产业环保监管

在矿山开采作业范围内，存在山水林田湖草等多重自然资源，是人类赖以生存与发展的基础。然而，由于认知和历史政策等原因，不合理的矿产资源开发常常造成矿区资源损毁，诱发地质灾害，污染水体、土壤等一系列生态环境问题，严重恶化当地生态环境，影响周围居民日常生活，制约我国经济可持续发展。习近平总书记在 2017 年十九大报告中指出，坚持人与自然和谐共生，必须树立和践行“绿水青山就是金山银山”的理念，坚持节约资源和保护环境的基本国策。这对能源与矿业生产相伴随的环保监管工作提出了更加迫切的需求。具体分析目前能源与矿业环保监管领域主要存在以下 3 个方面的问题。

（1）在环保监管时效性方面，当前监管能力还存在一定不足。例如，在煤炭生产行业，排污企业点多面广，环保设备投入严重不足，环境治理设施长期处于停运状态，偷排偷放现象屡禁不止。例如，在2021年4月，中央第一生态环境保护督察组对山西焦煤集团斜沟煤矿开展督察时，发现违法排污问题突出，排放污染物种类繁多，对污染水体未经处理直接排放等问题。因此，需要加快推进最新通信技术和大数据技术与能源、矿业产业环保监管工作的融合，如利用5G和物联网对企业环保设备运行状态进行24 h监督，着力推进无人化监管。同时对能源与矿业企业排污种类、排污量进行实时监测，并能够对海量监测数据进行基于人工智能的分析与早期预警，在对周边生态环境造成严重影响之前及时采取预防措施。

（2）在环保监管覆盖区域方面，能源与矿业企业普遍位于偏远地区，且生产区域覆盖范围较广，部分企业为躲避环保部门的执法，经常进行偷挖盗采。定期巡检或通过群众举报等传统监管方式难以对相关违法行为实现精准锁定和打击。例如，2017年1月，中央电视台曝光了祁连山煤炭开采导致的环境破坏问题，存在长期大规模违规探矿，偷挖偷采现象严重，保护区局部水土流失、地表塌陷等环境问题严重。因此，如何实现对违法违规企业进行有效监管成为亟须解决的难题，需要借助新兴信息技术，通过遥感数据、无人机航拍数据和物联网采集数据等的采集融合，加强监管区域环境数据获取能力。同时，面对由智能终端采集的企业海量生产环境监管数据，也可以先利用人工智能进行聚类、梳理、预研判等以提升监管精准度。

（3）在环保监管对象方面，监管对象种类繁多，呈现多样性的状态。尤其在信息层面，涉及多种类型数据，其检测结果往往是多类异构信息。例如，在露天矿山开采过程中，会产生大量的固体废弃物、粉尘以及生产废水，需要针对空气、水质、土壤及气象等进行全方位检测。因此，应设置不同类型的传感器进行数据的采样收集，监测结果包括空气质量监测数据、水质监测数据、土壤监测数据以及气象监测数据等，不仅数据底层组织架构不同，且对数据中有效信息的提取和分析方式也存在显著差异。在现有政府监管体系中，不同类型的数据通常由不同部门负责，造成多种类型的数据采集、分析及处理难以实现统一管理。因此在未来监管工作中，亟须构建集中统一的环保监管大数据平台，全方位整合各类环境异构数据，为大气、水、土壤和生态环境管理等提供大数据分析服务。

由以上分析可知，当前能源与矿业产业环保监管领域的瓶颈是监管实效性不强、监管覆盖区域有限、监管对象数据类型缺乏统一标准和统一数据处理平台，因此可利用新一代信息技术，包括5G、大数据、人工智能等改善现有监管技术短板，优化预警反馈流程，全面整合监管信息，促进不同政府部门监管信息共享。

第二节　政府监管场景中的应用

一、能源与矿业产业安全监管新技术

近年来，各级能源监管部门在煤矿、石油、天然气、电力等能源领域的安全生产信息化、智能化建设上投入了大量的人力、物力和财力，极大地推动了能源与矿业生产过程高效、精细监管的快速发展。5G、人工智能、大数据和云计算等新技术的广泛应用促进了能源产业安全监管工作的深度开展。为了保障能源产业安全生产，能源监管机构需要及时获取各种信息，而5G具备全新的网络架构、至少十倍于4G的峰值速率、毫秒级的传输时延和千亿级的连接能力，是提升能源生产监管信息化、智能化程度的重要手段。矿业生产安全监管过程中需要精准区分各种复杂危险环境的潜在危险，人工智能能够使计算机更加精准、快速、便捷地完成人类大脑无力承担的复杂科学计算，实现对人脑的部分代替、延伸和加强，进而代替人类完成能源与矿业生产过程中复杂危险的监管作业。大数据与云计算技术在多样化信息资产的应用使得生产监管系统具有更强的决策力和洞察力，并且可以加强各种信息之间的整合，适用于能源与矿业生产过程中海量、高增长率业务信息的监管。基于安全生产大数据的能源生产监管示意如图11－1所示，通过从能源与矿业产业获取生产管理数据，建立能源生产安全基本信息表和生产实况图。

图11－1　基于安全生产大数据的能源生产监管示意图

（一）基于5G的安全监管技术，提升生产安全监管的响应能力

能源生产过程中各类生产设备分布分散且生产过程面临较高的安全风险，基于低时延高带宽的特性，可以利用5G对各类设备进行实时监管，提升安全生产预警处理效率，进而提升源头治理能力，预防和减少安全生产事故的发生。5G以全新的网络架构、超高的峰值速率、极低的传输时延和强大的连接能力，开启了能源生产作业区广泛互联的新时代，推动了能源生产领域全面数字化、网络化和智能化转型，推动了工业互联网基础设施与平台的建设部署，为能源与矿业生产安全监管带来了全新的手段。

实例分析：全国首座5G智慧煤矿

2020年6月，中国移动与阳煤集团、华为公司联手打造的全国首座5G智慧煤矿正式落成，阳煤集团新元煤矿依托目前国内地下最低的5G网——井下534 m“超千兆上行”煤矿5G专用网，与山西省煤矿监管平台进行链接，实现了煤矿产业安全智慧监管功能。5G在智慧煤矿生产的诸多关键环节均得到了应用，建立了基于5G网络的井下隔爆基站，通过井下工业环网和PTN传输设备提供稳定的井下网络传输，在此基础上打造了井下智能融合通信管控平台；建立了基于5G网络的矿山生产场景高清视频监控，实现了人员行为分析、设备安全分析，完成了煤矿生产过程中对人员安全的监管；实施了透明化矿山建设，5G能够满足至少50路高清视频的同时传输，极大地提升了安全生产监管效率。建立了基于5G网络的无人交通运输系统，降低了工作人员发生事故的概率，完成了煤矿生产过程中对矿区交通安全的监管；通过在矿卡本体加装高清摄像头、激光雷达、定位终端等，叠加高精度地图技术，搭建了整套车辆行为管理平台，基于5G网络的高速通信能力降低了信息通信时延，实现了矿区矿卡的行为监管。

（二）基于人工智能与数据挖掘的安全监管技术，提升矿业生产感知能力

作为一种新兴的科学技术，人工智能可以被应用于矿业生产的掘进过程中。掘进是矿井生产中最关键的环节之一，在生产中挖煤机的工作状态、人员操作的规范性都起到了关键作用。掘进现场空间小、环境复杂，人员违规操作行为时有发生。基于人工智能的图像识别技术可以对人员行为进行实时分析，当发现特定禁入区域有人员闯入或者操作不规范时实时产生警示，提升了矿井生产的安全性。电能是能源生产中重要的一环，随着信息化的不断推进，电力系统信息密集型的特点越来越突出，基于人工智能的故障诊断方法，能够快速准确高效地对采集到的信息进行分类，快速匹配电力系统的运行状态，达到实时监管的目的，从而保证电网的可靠运行。

在能源与矿业生产领域，大部分工厂都积累了大量的实际生产数据，这些数据大多以数据库、数据文件、生产记录等形式存在，它们蕴涵了与生产设备、生产过程相关的许多规律性知识、生产决策、操作决策和控制经验。由于缺乏必要的数据分析和处理工具，大多数数据被闲置，数据挖掘技术在该领域的应用将使这些数据发挥重要作用，进一步提升生产效率。

（三）基于大数据与云计算的安全监管技术，提升矿业生产的决策能力

大数据是一种具有更强的决策力、洞察发现力和流程优化能力的多样化的信息资产，它适应能源与矿业生产过程中海量、高增长率业务信息的特点，便于监管机构在全局角度进行管理。利用大数据技术对能源与矿业生产过程中产生的海量结构化、半结构化和非结构化数据进行整体的分类汇总，并根据其特点提取数据特征，这对政府掌控能源与矿业产业的生产和消费安全情况，把握能源与矿业产业的生产与消费过程的特点与趋势，把握能源行业发展动向，制定恰当的安全监管政策具有非凡的意义。云计算技术是一种以数据和处理能力为中心的密集型计算模式，融合了多项 ICT（Information and Communications Technology）技术，其中虚拟化技术、分布式存储技术、网格技术和自动化管理技术相结合，能够快速整合各级能源监管部门之间的安全生产监管数据，消除信息孤岛，实现信息共享。

实例分析：福建省“人机联防”煤矿远程安全监管监察系统

福建省依托大数据和云计算技术，建立起省、市、县、煤矿 4 级联网的煤矿远程安全监管监察系统，实现了安全监管由单一“人防”向“人、机联防”结合的转变，推动全省煤矿安全生产形势逐步向好。煤矿远程安全监管监察系统融合了安全生产联网监控、动态监管、应急指挥三大功能，实现了对井下瓦斯、一氧化碳、温度、水位等关键参数和矿区工作场景的实时监控。

该系统通过视频监控技术，随时调阅全省 161 座正在生产煤矿的实时动态画面。利用大数据与物联网技术，在井下各个作业面和关键部位安装传感器，要求每一位工作人员佩戴感应卡，可实时显示井下作业人员数量和动态分布状况，实施定位、跟踪、考勤、禁区报警、历史轨迹查询等动态管理。该系统还引入“黑匣子”功能，可实时采集、保存煤矿生产过程中的数据和图像，并实现参数超限自动报警，可作为事故现场指挥、救援、原因分析和责任认定的依据。2013 年 5 月 23 日，福建煤电公司苏二煤矿发生溃水事故。瞬间来水凶猛，水量约 $9\times10^4\ m^3$。远程安全监管监察系统及时响应，启动了安全警报、人员定位、通信联络等应急响应功能。从 2 时 30 分事故发生到 4 时 30 分左右，井下 89 名工人全部安全撤离到地面。

二、能源与矿业产业市场监管新技术

为了打破传统能源企业的垄断、提高能源管理效率、优化资源配置，构建一个公平、开放、有序、健康的能源市场体系，我国对能源市场进行了以市场化为主导的新一轮改革。其中，为了保证能源市场的稳定性，能源市场监管的重要性尤为凸显。能源市场监管智能化予以赋能的现代新技术主要以大数据、物联网、区块链、人工智能等为代表。具体来说，大数据是可挖掘出能源市场有价值信息的巨量数据集，具有规模性、多样性和高速性等重要特征；物联网是通过信息传感设备，按照约定的协议，把能源市场中的人—物连接起来，进行信息交换和通信，以实现智能化识别、定位、跟踪、监控和管理的一种网络；区块链是一种分布式共享数据库技术，具有去中心化、全程留痕可追溯、信息不可篡改、公开透明等特点，可以打通能源市场监管的"数据壁垒"，解决信息不对称问题；运用现代新技术赋能能源市场监管智能化既是建设高标准能源市场体系、实现高质量发展的内在要求，也是现代新技术全方位融入国家治理的必然趋势。当前，大数据、物联网、区块链、人工智能等现代新技术正逐步融入能源市场监管中，开启能源市场监管的智能化之路。

（一）基于大数据挖掘的能源市场靶向性、稳定性监管能力提升

政府监管平台可以通过大数据挖掘出对能源市场监管有价值的信息，监测能源商品及其衍生品对金融市场产生的影响，便于政府采取相应措施避免能源市场被滥用和操纵，从而防范金融风险和能源价格失控，增强能源市场监管的靶向性和稳定性。同时，通过数据挖掘获得的面向能源市场实时监管的海量数据集，令监管系统具有规模性、多样性和高速性的特点，保证能源市场风险预警的及时有效，并且可以有效提高市场监管能力并降低监管成本。

实例分析：台州市能源大数据中心助力电力市场监管"数智合治"

2021年8月，台州市能源大数据中心正式启用，其电力市场监管作为中心重要的组成部分，代表能源市场监管向"数智合治"工作迈出坚实的一步。作为台州"数智合治"模式的基础性、枢纽性项目，能源大数据中心在汇集和梳理全市能源市场监管业务数据、推动数据资源的可视化与深度挖掘、实现监管系统的指挥调度与上下联动等方面发挥着重要作用。截至目前，能源市场监管智慧运行功能通过一期软件项目已汇聚了全市电力、煤炭、石油、天然气等能源数据500余万条，覆盖台州市5000余家规上企业和重点用能企业，初步实现了信息共享与协同。同时，大数据中心打造了以基础服务平台、数据资源中心、智慧运

行中心等七大业务应用为核心的智慧能源市场监管信息化体系，将从基础数据归集、智慧平台搭建等方面为“数智合治”的市场监管奠定了坚实的基础。下阶段，台州市将不断完善中心平台市场监管功能，组织实施能源数据安全管理业务，开发高污染企业监控、台州七大产业集群电力先行指数、新兴产业及新基建发展指数、区域绿色能源交易等个性化场景应用。同时，结合政府能源“双控”重点工作要求，能源大数据中心将加快开发绿色交通、绿色建筑等相关双控重点场景，提供高品质能源数据服务，让能源大数据中心成为政府部门的“能源驾驶舱”，赋能“电力市场+政务”新内涵。

（二）基于区块链技术打通能源市场交易监管数据安全壁垒

能源消费市场价格异常波动是市场价格操纵和市场过度投机行为的体现，也是国家打击能源市场非法交易的重要线索。基于区块链的能源市场监管技术则利用了区块链去中心化、全程留痕可追溯、信息不可篡改、公开透明的技术特点，保证政府对能源交易源头的监督、审查和依法惩处，同时也降低交易监管的时间成本，打通政府能源市场监管的数据安全壁垒。

实例分析：基于区块链的能源市场数据监管和交易机制

北京市能源电力信息安全工程技术中心和国网冀北电力有限公司电力科学研究院联合提出构建基于企业链、监管链和交易链的能源数据交易机制和监管平台。企业链、监管链和交易链分别属于私有链、联盟链和公有链这3种区块链类型。其中企业链和监管链提供电力数据分布式存储、数据优化、防篡改、可溯源的监管机制等功能，可有效发挥各能源集团大数据中心的价值；交易链基于数学和密码学原理创建信用机制，用户可以进行可信任的价值交换，确保记录在册的每笔交易可追溯，且不可篡改。图11－2是基于区块链的能源数据监管和交易机制，该机制有效促进了电力系统市场交易数据与社会资源互通共享，避免形成数据孤岛，并充分利用软硬件资源，发挥交易数据价值。电力市场交易监管体系利用区块链去中心化、公开性、自治性、防篡改的特性建立安全可信的电力市场交易监管系统，实现电力市场交易数据的可溯源和真实性，提高政府对电力市场交易的监管力度。

（三）基于人工智能的能源市场监管多源信息处理

中国能源交易市场巨大，交易信息多源异构，耦合程度高，但是其中包含相当一部分非法交易信息。人工智能技术可以快速地从多维度提取交易信息的关键特征，从而迅速发现恶意交易节点，为能源监管部门执法提供方向，保证能源市场在物理世界和数字世界中及时感知。相对的，海量交易信息同时也蕴含着宝贵的经验，利用神经网络和深度学习技术对能源市场进行感知、记忆、学习和推理，能够在纷繁复杂的交易网络中发现有价值的交易主体。另外，利用深度学习对交易数据进行整合归纳，能够指明能源市场交易的方向与趋势，从而保证了政府能源市场建设的科学决策，促进了政府对能源市场提前战略布局。

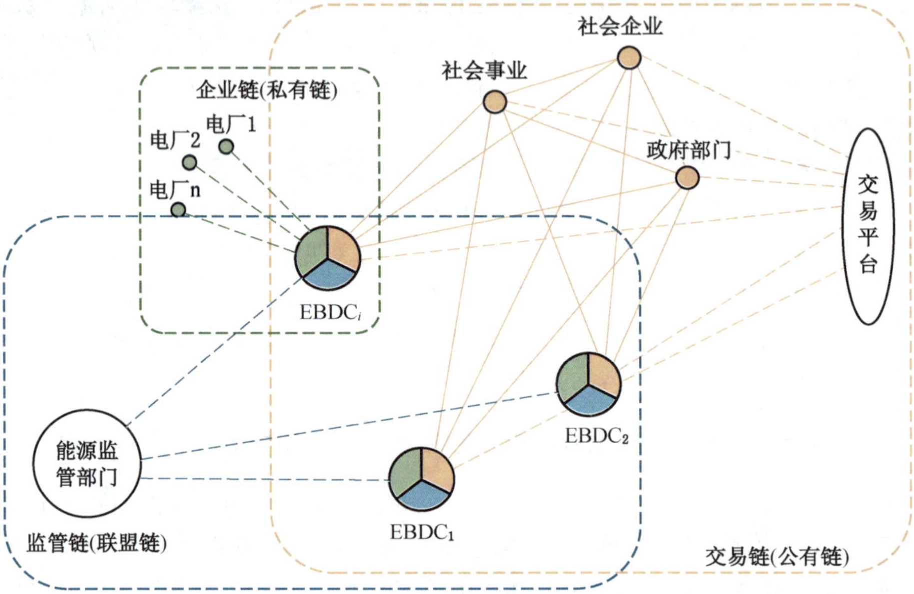

图 11－2　基于区块链的能源数据监管和交易机制

在人工智能时代，利用新技术对能源数据进行分析可以帮助能源市场监管部门形成有效的市场监管方法，未来能源数据监管将是市场监管部门的重要监管手段。在能源数据监管中应坚持体现数据采集的全面可靠、连贯有效以及与能源企业规模相匹配的原则。图 11－3 为舆情监测和数据分析系统，该系统设有 4 个基础模块，包括资格审查、行为审查、数据留存和信用评估。其中，资格审查和行为审查模块配有监测系统，信用评估模块下设风险预警系统，能源市场监管系统还具备风险预警功能。通过建立人工智能数据分析库，能源消费者对交易主体的行为、服务和相关活动进行评价，在数据库进行比对后生成指数，对该能源商家进行信用评级，可作为该能源商品预警的依据。

三、能源与矿业产业环保监管新技术

如今能源产业造成的环境恶化、资源短缺等环境问题依旧严峻，而环境保护是我国的基本国策，因此，能源与矿业生产过程中环保监管是诸多监管项目中不

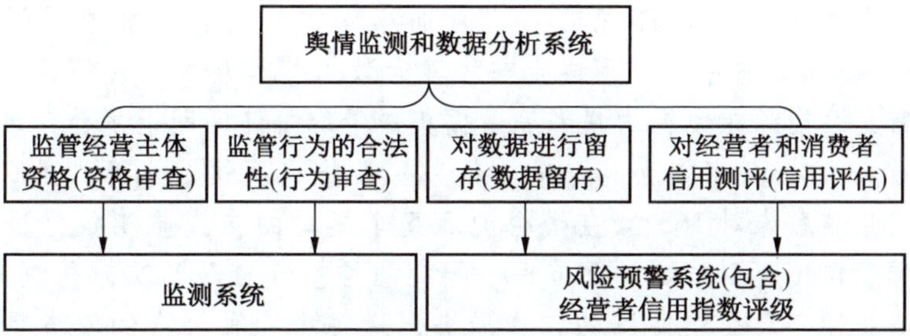

图 11－3　舆情监测和数据分析系统

可或缺的部分。采用新技术、新方式实现能源环保智能化监管，防治能源发展带来的环境问题，改善生态环境，是21世纪综合科技实力日益强大的中国提出的新要求、新目标。传统以人工为基础的环境监管在治理范围、治理周期、治理力度和治理有效性等方面均无法很好地解决能源发展对环境带来的不利影响，难以满足国家对能源与矿业环保生产提出的高水平要求。通过物联网技术构建智能化的环境监管感知体系，采用信息传感、射频识别和全球定位等关键技术建立能源环境感知系统，实时感知能源生产过程中环境的变化，形成能源生产过程环保的全周期实时监测能力。同时，传统能源与矿业生产过程中，环保监管系统无法实时高效地获取环境，以至于监管部门响应措施实施滞后，环境污染加重。新一代5G通信技术与云计算技术，可以快速地将全国各地海量的环保监测数据传输到云计算中心，同时利用云计算中心强大的算力对环保情况进行分类，对高风险节点和恶意节点进行识别，从而快速响应，采取相应举措，将能源与矿业生产过程中的环保污染遏制于源头。

（一）基于物联网与数据挖掘的环保监管技术，建立环保监管的架构体系

物联网技术中的传感通信技术，是监测环境必不可少的一部分。感应器嵌入需要监控的对象或地点，先进的传感通信与互联网结合，实时感知整个系统的状态，从而产生大量数据信息供实时共享。进一步，可以对传感信息进行数字挖掘、分析和控制，更及时有效地做出决策。感知对象每时每刻都能产生、收集大量数据，大数据技术提供处理海量实时数据的能力，揭示被监测环境更多细节的变化，进一步利用海量数据精准预测、防止、治理被监控对象。

实例分析：黄石智慧环保系统建设实践——插上大数据的翅膀

2018年，黄石市生态环境局上线运行“智慧环保”项目，运用大数据、云计算、物联网等现代信息技术手段为环境监管和科学决策提供支撑，解决环境数

据“断裂带”问题，实现环境信息“直通车”式实时互通共享。同时，对接“智慧黄石”城市运营中心，形成生态环境大数据共享开放的大环保格局。系统将环境监测、污染源在线、物联网等数据集成于智慧环保网上平台，基于100路高清监控摄像头对66家重点能源矿业相关企业排口及饮用水源地的24 h监控；污染源在线监测系统对165家在线企业325个排口的在线监测数据进行实时传输；空气质量在线监测系统对全市8个国控省控空气自动站实时数据同步上线。同时，为企业和公众提供便民的在线服务，满足企业和公众的服务需求，实现“让数据多跑路、让群众少跑腿”。

智慧环保真正让黄石市生态环境保护工作插上移动互联网、大数据的翅膀，对全市生态环境实施智能化远程监控，对各种环境信息进行实时智能分析、精准管控、科学预警，对污染治理精准施策。2018年，黄石全市PM10年均浓度和PM2.5年均浓度降幅均位居全省第一位，饮用水水源地水质达标率均为100%，土壤污染综合防治全国先行示范区建设取得明显进展。

（二）基于5G与云计算的环保监管技术，提升环保问题识别能力

水力发电是重要的能源产生形式，然而水力发电带来了诸多环保问题，如生态环境保护、气候影响等。水力发电不仅需要能源侧的监管也需要得到政府环保方面的监管。水力发电蓄水电站水质监测预警系统需要在被监测点安装水质监测传感器设备，信号转换设备等使水质监测数据信息转换成计算机系统可以识别的数据信息，来对蓄水区的生态、水质等情况进行监测。利用5G传输有水质实时变化的大量数据，经过数据传输系统将监测到的数据信息输送到远程服务中心，再通过云计算技术对数据资料进行分析和整理。水电站蓄水区水质监测预警系统能自动监测相关数据，在短时间内快速采集大量有用信息，是保障区域水源水质的有效措施。图11－4为智慧水质环保生态系统架构。

大气的能见度低、空气污染对人体健康产生负面影响，能源产业对大气的影响尤为突出，通过对大气环境的监测实现能源产业管控是能源环保监管的重要内容。现在建设的智慧城市已经将环境监管系统加入城市的多元监管系统中，空气质量监测监管系统利用5G网络和通信线路将图像和各类专业环境监测数据实时上传到环境监管部门的服务器，对能源造成的空气质量、污染物监测等方面严加监控，做到全程可追溯。环境监管系统监测的类别多样，如空气中部分元素含量、湿度、风向、风速等，能做到全天实时地分析当前空气情况，同时也能将实时的空气质量信息利用5G网络转发到移动终端，且对污染源进行检测时，利用北斗定位系统，可以监测到环境污染源具体的位置或具体的单位，从而及时采取措施减少污染物排放量，减少污染物对环境的伤害。

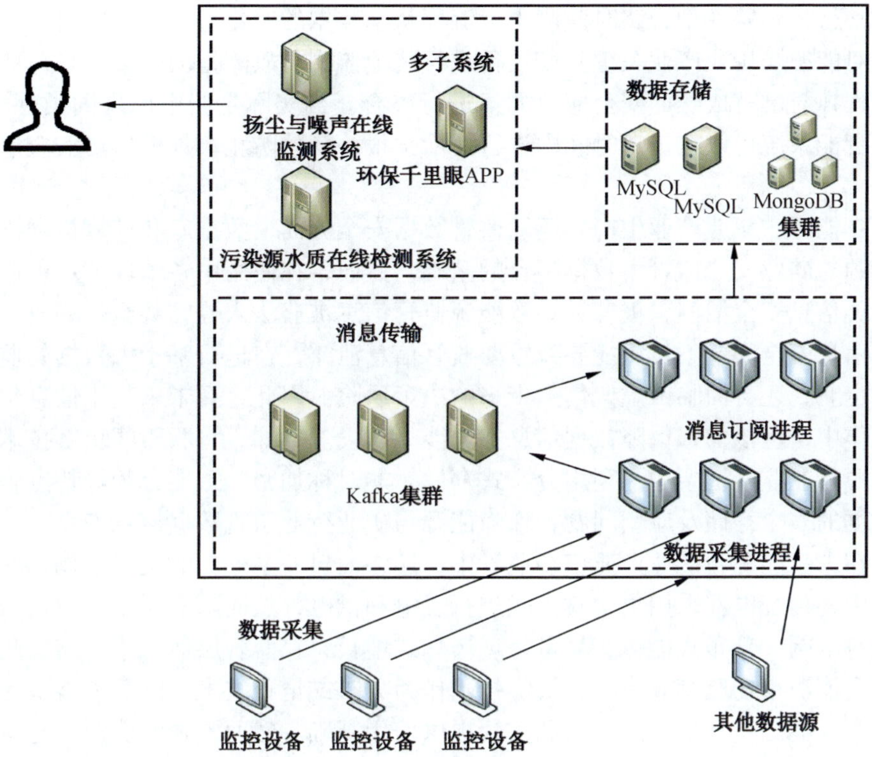

图 11-4　智慧水质环保生态系统架构

第三节　政府监管场景中的发展趋势分析

在当前能源与矿业监管应用中，新一代信息技术，包括5G、大数据、人工智能等技术，已在局部领域进行了小范围初步试点和应用，取得了良好的效果。在未来工作中，能源与矿业产业政府监管将朝着更加智能化和信息化的方向进行研究拓展和实际应用。

在能源与矿业产业生产安全监管方面，与事后治理相比，能源生产安全监管的重点更在于事前预防，因此如何有效利用新一代信息技术，以实现可靠的能源生产安全预警，是未来进一步研究的重点之一。例如，可以进一步加强人工智能的应用范围，以能源生产全流程历史经验数据为基础，利用人工智能进行异常特征提取，归纳梳理各类生产流程中异常和安全事故事件特征，结合分类器建立监管异常行为预警模型，实时监测生产流程状态数据的变化。采用深度自编码网络模型对能源与矿业产业关键生产设备进行装填监测与故障检测，结合具体业务环节流程，对已有成熟的安全应急方案进行整合。当实际生产中出现同类现象时，人工智能系统可以在极短时间内进行提前预报，有效防止大规模生产安全事故的发生。

在能源与矿业产业生产和运输监管数据安全方面，数据库和计算机网络是建立能源与矿业安全监管大数据平台的基础，然而，在使用中各个环节难以避免存在各类信息安全漏洞，极容易导致能源监管信息被非法入侵，甚至被篡改乃至删除。信息安全问题不仅可能导致重要监管信息泄露，在进行基于大数据的监管决策制定时，还会面临由虚假信息带来的决策风险。因此，在未来基于信息化的监管工作中，应该加强保障数据信息安全能力建设。例如，将联盟区块链技术应用于能源行业监管框架中，利用分布式存储、非对称加密、智能合约等特点解决监管数据的安全存储及应用问题，保障能源与矿业行业监管数据信息安全。

在未来能源与矿业产业市场监管中，还将面对一系列新的挑战。例如在电力系统中，传统电网采用集中式模式进行发电和供电，然而随着大量分布式能源接入现有电网，分布式能源交易量呈现爆炸式增长，在监管层面，迫切需要政府部门提升能源市场监管效率。区块链技术作为分布式记账技术，能够为能源互联网中分布式能源交易信息的记录和监管提供信用基础。然而，随着能源交易量的不断增长，当前区块链分布式记录与多节点共识计算机制的处理效率可能存在不足问题。以全国可再生能源超额消纳凭证智能双边交易为例，当前区块链服务网关处理能力已达其理论能力的 42%，随着未来能源业务交易数据和监管数据的不断递增，系统的处理能力将存在严重瓶颈。因此，需要继续从合约底层的执行引擎入手提升监管信息处理效率，通过建立完善混合型存储、多级缓存、内置合约、分层分区识别等技术，优化共识算法，有效提升系统处理性能。同时，还需要完善分级监管机制，针对不同监管对象，需要进一步研究跨链和异构链协作等技术，分别构建私有链、公有链和联盟链。分布式能源供应商采用私有链存储和管理本地运营数据，保证初始数据真实有效。政府能源监管部门则采用联盟链对分布式能源供应商上传数据进行汇总分析，结合大数据挖掘对关键数据进行归类、分析，为监管政策的优化提供依据。

人工智能技术也将继续为能源与矿业产业市场监管工作带来新的变革。例如随着能源市场的不断发展，能源交易主体规模不断增加，交易关系日趋复杂，通过基于人工智能的语义分析技术，对证券发行相关的文档和信息披露进行分析，通过分析交易时间关联以及交易对象关联，在海量交易行为中挖掘潜在的关联，从而对能源市场交易参与者之间的关系进行深度监管。在交易风险监管方面，可以进一步利用人工智能监督学习技术，利用过往交易数据对模型进行训练，建立风险预测模型，并进行基于模型的风险预测，从而有利于政府部门提前制定监管预案，降低监管反应时间。

在未来能源与矿业产业环保监管工作方面，我国已于2020年提出了力争于2030年前达到峰值，争取于2060年前实现碳中和的战略目标。因此，温室气体排放量监管是今后能源产业环保监督的重点环节，如甲烷作为比二氧化碳温室效应更严重的气体，当前甲烷在石油、天然气生产、运输、存储和使用过程中泄漏问题较为严重，此外，煤炭生产过程中煤层气和瓦斯的排放也应严格监管。当前在国家层面和地方层面，监管部门已经建立了气候变化研究交流平台和高时空分辨的多过程碳排放数据库，积累了大量企业级的全领域温室气体排放数据。在此基础上，未来将进一步应用新一代大数据技术和人工智能技术，开发基于大数据的碳排放决策支持系统，分析碳排放的时空动态分布，进行峰值预测，为碳排放监管以及政策措施效果评估提供技术支持。

参 考 文 献

[1] 高歌. 新工业革命中智能制造与能源转型的互动 [J]. 科学管理研究，2017 (5)：45 - 48.

[2] 王国法，赵国瑞，胡亚辉. 5G 技术在煤矿智能化中的应用展望 [J]. 煤炭学报，2020，45 (1)：16 - 23.

[3] 梁伟. 深入浅出区块链核心技术与项目分析 [M]. 北京：电子工业出版社，2019.

[4] 高航，俞学劢，王毛路. 区块链与人工智能　数字经济新时代 [M]. 北京：电子工业出版社，2018.

[5] 杨德昌，赵肖余，徐梓潇，等. 区块链在能源互联网中应用现状分析和前景展望 [J]. 中国电机工程学报，2017，37 (13)：3664 - 3671.

[6] 栾昊，赵简. 区块链在能源互联网应用的前景展望 [J]. 能源，2016 (8)：70 - 72.

[7] Roger Wattenhofer 著；陈晋川等译. 区块链核心算法解析 [M]. 北京：电子工业出版社，2017.

[8] Ghasemi E，Amini H，M Ataei. Application of artificial intelligence techniques for predicting the flyrock distance caused by blasting operation [J]. Arabian Journal of Geosciences，2014，7 (1)：193 - 202.

[9] Yan C，Xin L. Research on big data application in intelligent safety supervision [C] // 2017 IEEE 2nd International Conference on Big Data Analysis (ICBDA). IEEE，2017.

[10] 丁伟，王国成，许爱东，等. 能源区块链的关键技术及信息安全问题研究 [J]. 中国电机工程学报，2018，38 (4)：1026 - 1034，1279.

[11] 李自华，路娟，张伟. 英国加密资产市场发展概况、监管政策以及对我国的启示 [J]. 国际金融，2021 (2)：76 - 80.

[12] Hiemstra L M. Energy trading and the exchange of information between supervisors：effectiveness of fragmented supervision and information sharing [J]. Journal of Energy & Natural Resources Law，2020 (11)：159 - 182.

[13] 唐国强，徐东，付迪，等. 新形势下中国油气勘探开发监管体系的构建 [J]. 天然气工业，2020，40 (1)：141 - 151.

[14] 谭忠真，阳玉香. 衡阳城乡经济低碳化发展及制度建构 [M]. 北京：新华出版社，2014.

[15] 刘洁. 我国煤炭国内贸易格局，影响因素及与经济增长关联研究 [D]. 北京：中国地质大学（北京），2020.

[16] Wang W，Li Z. The evolution of China's interregional coal trade network，1997 - 2016. Physica A：Statistical Mechanics and its Applications，2019 (536)：120974.

[17] Wang W，Li Z，Cheng X. Evolution of the global coal trade network：A complex network analysis [J]. Resources Policy，2019 (62)：496 - 506.

[18] 周家杰. 基于多式联运的煤炭运输径路优化研究 [D]. 北京：北京交通大学，2019.

[19] 吴姗，韩晓龙，刘婵娟，等. 基于复杂网络的全球海运网络脆弱性分析 [J]. 计算机工程与应用，2018，54 (15)：249 - 254.

[20] 王永辉. 基于复杂网络的大宗矿产品国际贸易格局及演变规律研究 [D]. 北京：中国地质大学（北京），2014.

[21] Wang W, Li Z, Cheng X. Evolution of the global coal trade network: A complex network analysis [J]. Resources Policy, 2019 (62): 496 - 506.

[22] Xu H, Qin J. The structure and nodes' role of the world coal trade network [J]. Journal of Chinese Economics and Business Studies, 2015, 13 (1): 33 - 49.

[23] 张天军，许鸿杰，李树刚，等. 温度对煤吸附性能的影响 [J]. 煤炭学报，2009 (6)：802 - 805.

[24] 陈可. 基于多 Agent 的煤炭多式联运系统仿真建模与应用研究 [D]. 武汉：武汉理工大学，2018.

[25] 郭剑波，姚国灿，徐征雄，等. 2020 年以前我国电网出现更高一级交流电压等级的系统技术问题研究：全国联网和更高一级交流电压等级技术问题研究之二 [J]. 电网技术，1998，22 (7)：62 - 64.

[26] 孙龙勇，姚灿江，孟岩，等. 550 kV 投切滤波器组瓷柱式 SF6 断路器可靠性研究 [J]. 高电压技术，2021，47 (7)：2514 - 2525.

[27] 金能，邢家维，林湘宁，等. 一种抗电流互感器饱和的工频变化量保护新方案 [J]. 电工技术学报，2018，33 (S1)：213 - 220.

[28] 郑博文，王增平，吕哲，等. 基于暂态量的继电保护研究 [J]. 电力系统保护与控制，2020，48 (22)：18 - 25.

[29] 刘永生，陈俊，李娟，等. 基于电流暂态量的分布式直流配电网保护方案 [J]. 电力系统自动化，2021，45 (5)：159 - 167.

[30] 戴志辉，刘自强，杨明玉，等. 基于暂态行波幅值积分的柔性直流电网纵联保护 [J]. 中国电机工程学报，2020，40 (20)：6578 - 6593.

[31] 侯俊杰，宋国兵，常仲学，等. 基于暂态功率的高压直流线路单端量保护 [J]. 电力系统自动化，2019，43 (21)：203 - 212.

[32] 段建东，李浩，雷阳，等. 利用同步挤压小波变换的高压交直流混联系统交流线路暂态方向保护 [J]. 中国电机工程学报，2019，39 (13)：3833 - 3842.

[33] 彭楠，王政，梁睿，等. 基于广域行波波头频率分量幅值比信息的输电网非同步故障定位 [J]. 电力自动化设备，2019，39 (4)：56 - 62.

[34] 焦在滨，吴润东，王钊，等. 利用数据融合技术提升输电线路故障定位精度的新方法 [J]. 中国电机工程学报，2017，37 (9)：2571 - 2579.

[35] 朱凌建，荀子涵，王裕鑫，等. 基于 CNN - BiLSTM 的短期电力负荷预测 [J/OL]. 电网技术：1 - 9 [2021 - 24].

参 考 文 献

[36] 王骏东，杨军，裴洋舟，等．基于知识图谱的配电网故障辅助决策研究［J］．电网技术，2021，45（6）：2101－2112.

[37] 乔骥，王新迎，闵睿，等．面向电网调度故障处理的知识图谱框架与关键技术初探［J］．中国电机工程学报，2020，40（18）：5837－5849.

[38] 王守鹏，赵冬梅．电网故障诊断的研究综述与前景展望［J］．电力系统自动化，2017，41（19）：164－175.

[39] 张天宇，宣文博，李慧，等．综合考虑输电结构优化的含可再生能源电网规划方法［J］．电力系统及其自动化学报，2021，33（5）：113－120.

[40] 柳璐，程浩忠，吴耀武，等．面向高比例可再生能源的输电网规划方法研究进展与展望［J］．电力系统自动化，2021，45（13）：176－183.

[41] 周振宇，陈亚鹏，潘超，等．面向智能电力巡检的高可靠低时延移动边缘计算技术［J］．高电压技术，2020，46（6）：1895－1902.

[42] 郭贤珊，刘斌，梅红明，等．渝鄂直流背靠背联网工程交直流系统谐振分析与抑制［J］．电力系统自动化，2020，44（20）：233－243.

[43] 祁兵，夏琰，李彬，等．基于区块链激励机制的光伏交易机制设计［J］．电力系统自动化，2019，43（9）：132－139.

[44] Mengelkamp，Esther，Gaerttner，et al. Designing microgrid energy markets A case study：The Brooklyn Microgrid［J］．Applied Energy，2018（210）：870－880.

[45] 江婷，邵祥东，黄祥国．基于区块链的技术交易平台系统研究［J］．软件导刊，2020，19（1）：231－234.

[46] Lu H，Huang K，Azimi M，et al. Blockchain technology in the oil and gas industry：A review of applications，opportunities，challenges，and risks［J］．Ieee Access，2019（7）：41426－41444.

[47] 郑悦．Stem：把你的能源存起来［J］．It 经理世界，2015（17）：48－49.

[48] 严振亚，李健．基于区块链技术的碳排放交易及监控机制研究［J］．企业经济，2020（6）：31－37.

[49] Andoni M，Robu V，Flynn D，et al. Blockchain technology in the energy sector：A systematic review of challenges and opportunities［J］．Renewable and Sustainable Energy Reviews，2019（100）：143－174.

[50] 钱晖．大数据驱动管理软件生态体系升级［J］．软件和集成电路，2017（1）：38－39.

[51] 田秋莉．中国 PM2.5 浓度值与能源消费的时空关系分析研究［D］．昆明：云南师范大学，2020.

[52] 冯奕，赵琪．电力能源消费的地区差异研究［J］．南京工程学院学报（社会科学版），2020，20（1）：76－80.

[53] 雷殷．云南省公共机构推广合同能源管理研究［D］．昆明：云南财经大学，2015.

[54] 孙毅，李泽坤，鲍荟谕，等．清洁供热模式下多能异构负荷调控框架及关键技术剖析

［J］．中国电机工程学报，2021，8（30）：1－16.

［55］祁兵，叶欣，李彬，等．考虑 IEC 标准的用户侧电力物联网体系架构研究［J］．电力建设，2020，41（5）：92－99.

［56］李钦晓．用户侧用电设备能耗信息采集及远程监控系统［D］．南京：南京邮电大学，2015.

［57］刘友波，王晴，曾琦，等．能源互联网背景下 5G 网络能耗管控关键技术及展望［J］．电力系统自动化，2021，45（12）：174－183.

［58］葛卓然．电子商务中计算机网络安全及措施［J］．环渤海经济瞭望，2020（2）：142－143.

［59］乔佳．基于大数据的非侵入式负荷分解研究［D］．济南：济南大学，2018.

［60］王毅，陈启鑫，张宁，等．5G 通信与泛在电力物联网的融合：应用分析与研究展望［J］．电网技术，2019，43（5）：1575－1585.

［61］高强，张保航，谷海青．用户端电能管理系统的研究现状与发展趋势［J］．电力系统保护与控制，2012，40（7）：148－155.

［62］能源“十三五”体制改革启动：油气、电力改革是重点［J］．电力系统自动化，2014，38（17）：19.

［63］周步祥，张越，臧天磊，等．基于区块链的多虚拟电厂主从博弈优化运行［J/OL］．电力系统自动化：1－13［2021－11－04］．http：//kns. cnki. net/kems/detail/32. 1180. TP. 20210824. 1023. 003. html.

［64］艾崧溥，胡殿凯，张桐．能源互联网电力交易区块链中的关键技术［J］．电力建设，2021，42（6）：14.

［65］范京道，李川，闫振国．融合 5G 技术生态的智能煤矿总体架构及核心场景［J］．煤炭学报，2020，45（6）：1949－1958.

［66］李浩荡，赵永峰，尤文顺，等．新发展格局下国家能源集团煤炭产业高质量发展研究［J］．中国煤炭，2021，47（1）：46－51.

［67］王国法，任怀伟，赵国瑞，等．煤矿智能化十大“痛点”解析及对策［J］．工矿自动化，2021，47（6）：1－11.

［68］张瑞新，毛善君，赵红泽，等．智慧露天矿山建设基本框架及体系设计［J］．煤炭科学技术，2019，47（10）：1－23.

［69］张皓．煤炭精准开采科学构想［J］．化工管理，2020（2）：115.

［70］范京道，闫振国，李川．基于 5G 技术的煤矿智能化开采关键技术探索［J］．煤炭科学技术，2020，48（7）：92－97.

［71］胡青松，钱建生，李世银，等．再论智能煤矿建设路线：人工智能 3.0 视角［J/OL］．煤炭科学技术：1－12［2021－08－23］．http：//kns. cnki. net/kcms/detail/11. 2402. TD. 20210512. 1128. 002. html.

［72］李爽，薛广哲，方新秋，等．煤矿智能化安全保障体系及关键技术［J］．煤炭学报，

2020，45（6）：2320－2330.
［73］高士岗，高登彦，欧阳一博，等．煤矿智能一体化辅助生产系统及关键技术［J］．煤炭科学技术，2020，48（7）：150－160.
［74］毛明仓，张孝斌，张玉良．基于透明地质大数据智能精准开采技术研究［J］．煤炭科学技术，2021，49（1）：286－293.
［75］崔亚仲，白明亮，李波．智能矿山大数据关键技术与发展研究［J］．煤炭科学技术，2019，47（3）：66－74.
［76］张帆，葛世荣，李闯．智慧矿山数字孪生技术研究综述［J］．煤炭科学技术，2020，48（7）：168－176.
［77］丁恩杰，俞啸，廖玉波，等．基于物联网的矿山机械设备状态智能感知与诊断［J］．煤炭学报，2020，45（6）：2308－2319.
［78］王琛．加强煤炭洗选过程质量管理的探究［J］．能源与节能，2021（4）：29－30.
［79］刘富春，周伟．基于物联网、大数据的智慧焦化系统的研究与实现［J］．冶金自动化，2020，44（S1）：105－109.
［80］惠龙龙，方斌，聂旺华．煤化工气化系统智能控制示范成果探讨［J］．化学工业，2019，37（5）：25－29.
［81］徐进，丁显，宫永立，等．无人机智能巡检在风电光伏故障检测中的应用［J］．设备管理与维修，2019（7）：170－172.
［82］赖菲，陈亚鹏，单正涛，等．深度学习算法在光伏电站无人机智能运维中应用［J］．热力发电，2019，48（9）：139－144.
［83］黄凯，熊玉．基于大数据分析的 eHorus 智慧云智能诊断系统在光伏电站巡检中的应用［J］．太阳能，2021（3）：45－50.
［84］“格林威治”云平台颠覆传统宏观选址模式［N］．中国能源报，2015－01－05（4）．
［85］李昭昱，艾芊，张宇帆，等．数据驱动技术在虚拟电厂中的应用综述［J］．电网技术，2020，44（7）：2411－2419.
［86］李可舒，王冬容．欧洲虚拟电厂发展对我国的启示［J］．中国电力企业管理，2020（25）：93－95.
［87］刘洁．我国煤炭国内贸易格局、影响因素及与经济增长关联研究［D］．北京：中国地质大学（北京），2020.
［88］Wang W，Li Z，Cheng X. Evolution of the global coal trade network：A complex network analysis［J］．Resources Policy，2019（62）：496－506.
［89］周家杰．基于多式联运的煤炭运输径路优化研究［D］．北京：北京交通大学，2019.
［90］吴姗，韩晓龙，刘婵娟，等．基于复杂网络的全球海运网络脆弱性分析．计算机工程与应用，2018，54（15）：249－254.
［91］王永辉．基于复杂网络的大宗矿产品国际贸易格局及演变规律研究：［D］．北京：中国地质大学（北京），2014.

[92] Wang W, Li Z, Cheng X. Evolution of the global coal trade network: A complex network analysis [J]. Resources Policy, 2019 (62): 496 - 506.

[93] Xu H, Qin J. The structure and nodes´role of the world coal trade network [J]. Journal of Chinese Economics and Business Studies, 2015, 13 (1): 33 - 49.

[94] 张天军，许鸿杰，李树刚，等．温度对煤吸附性能的影响［J］．煤炭学报，2009 (6): 802 - 805

[95] 陈可．基于多 Agent 的煤炭多式联运系统仿真建模与应用研究［D］．武汉：武汉理工大学，2018.

[96] 郭剑波，姚国灿，徐征雄，等．2020 年以前我国电网出现更高一级交流电压等级的系统技术问题研究：全国联网和更高一级交流电压等级技术问题研究之二［J］．电网技术，1998，22 (7): 62 - 64.

[97] 孙龙勇，姚灿江，孟岩，等．550 kV 投切滤波器组瓷柱式 SF6 断路器可靠性研究［J］．高电压技术，2021，47 (7): 2514 - 2525.

[98] 金能，邢家维，林湘宁，等．一种抗电流互感器饱和的工频变化量保护新方案［J］．电工技术学报，2018，33 (S1): 213 - 220.

[99] 郑博文，王增平，吕哲，等．基于暂态量的继电保护研究［J］．电力系统保护与控制，2020，48 (22): 18 - 25.

[100] 刘永生，陈俊，李娟，等．基于电流暂态量的分布式直流配电网保护方案［J］．电力系统自动化，2021，45 (5): 159 - 167.

[101] 戴志辉，刘自强，杨明玉，等．基于暂态行波幅值积分的柔性直流电网纵联保护［J］．中国电机工程学报，2020，40 (20): 6578 - 6593.

[102] 侯俊杰，宋国兵，常仲学，等．基于暂态功率的高压直流线路单端量保护［J］．电力系统自动化，2019，43 (21): 203 - 212.

[103] 段建东，李浩，雷阳，等．利用同步挤压小波变换的高压交直流混联系统交流线路暂态方向保护［J］．中国电机工程学报，2019，39 (13): 3833 - 3842.

[104] 彭楠，王政，梁睿，等．基于广域行波波头频率分量幅值比信息的输电网非同步故障定位［J］．电力自动化设备，2019，39 (4): 56 - 62.

[105] 焦在滨，吴润东，王钊，等．利用数据融合技术提升输电线路故障定位精度的新方法［J］．中国电机工程学报，2017，37 (9): 2571 - 2579.

[106] 王骏东，杨军，裴洋舟，等．基于知识图谱的配电网故障辅助决策研究［J］．电网技术，2021，45 (6): 2101 - 2112.

[107] 乔骥，王新迎，闵睿，等．面向电网调度故障处理的知识图谱框架与关键技术初探［J］．中国电机工程学报，2020，40 (18): 5837 - 5849.

[108] 王守鹏，赵冬梅．电网故障诊断的研究综述与前景展望［J］．电力系统自动化，2017，41 (19): 164 - 175.

[109] 张天宇，宣文博，李慧，等．综合考虑输电结构优化的含可再生能源电网规划方法

[J]. 电力系统及其自动化学报, 2021, 33 (5): 113-120.

[110] 柳璐, 程浩忠, 吴耀武, 等. 面向高比例可再生能源的输电网规划方法研究进展与展望 [J]. 电力系统自动化, 2021, 45 (13): 176-183.

[111] 周振宇, 陈亚鹏, 潘超, 等. 面向智能电力巡检的高可靠低时延移动边缘计算技术 [J]. 高电压技术, 2020, 46 (6): 1895-1902.

[112] 郭贤珊, 刘斌, 梅红明, 等. 渝鄂直流背靠背联网工程交直流系统谐振分析与抑制 [J]. 电力系统自动化, 2020, 44 (20): 233-243.

图书在版编目（CIP）数据

现代能源与矿业治理体系/王国法等编著. --北京：应急管理出版社，2021

ISBN 978-7-5020-9051-7

Ⅰ. ①现… Ⅱ. ①王… Ⅲ. ①能源管理—管理体系—研究—中国 ②矿业—管理体系—研究—中国 Ⅳ. ①F426.2 ②F426.1

中国版本图书馆 CIP 数据核字（2021）第 226887 号

现代能源与矿业治理体系

编　　著　王国法　王成山　孙春升　庞义辉　等
责任编辑　成联君　杨晓艳
责任校对　邢蕾严
封面设计　于春颖

出版发行　应急管理出版社（北京市朝阳区芍药居 35 号　100029）
电　　话　010-84657898（总编室）　010-84657880（读者服务部）
网　　址　www.cciph.com.cn
印　　刷　中煤（北京）印务有限公司
经　　销　全国新华书店

开　　本　710mm×1000mm $^1/_{16}$　**印张**　14$^3/_4$　**字数**　262 千字
版　　次　2021 年 12 月第 1 版　2021 年 12 月第 1 次印刷
社内编号　20210483　　**定价**　90.00 元
